LAFAYETTE
EN AMÉRIQUE.

I.

PARIS, IMPRIMERIE ET FONDERIE DE FAIN,
RUE RACINE, n°. 4, PLACE DE L'ODÉON.

LAFAYETTE
EN AMÉRIQUE,

EN 1824 ET 1825,

OU

JOURNAL D'UN VOYAGE
AUX ÉTATS-UNIS;

PAR A. LEVASSEUR,

TOME PREMIER

PARIS

RUE DE VAUGIRARD, N°. 17.

1829.

LAFAYETTE
EN AMÉRIQUE,

EN 1824 ET 1825,

OU

JOURNAL D'UN VOYAGE

AUX ETATS-UNIS;

PAR A. LEVASSEUR,
SECRÉTAIRE DU GÉNÉRAL LAFAYETTE PENDANT SON VOYAGE.

ORNÉ DE DOUZE GRAVURES ET D'UNE CARTE.

...
TOME PREMIER.
...

PARIS.
A LA LIBRAIRIE BAUDOUIN,
RUE DE VAUGIRARD, N°. 17.

1829.

AVERTISSEMENT.

En publiant, à cette époque tardive, le Journal du voyage que j'ai fait aux États-Unis, avec le général Lafayette, en 1824 et 1825, je crois devoir rendre compte des circonstances qui ont si long-temps retardé cette publication.

Les fonctions de secrétaire particulier que je remplissais près du général Lafayette, se sont prolongées au-delà de trois années après notre retour. Pendant tout ce temps, j'ai pensé que l'intimité de mes rapports avec lui m'imposait un devoir de délicatesse de ne point faire, en quelque sorte, partir de son cabinet une relation dont il devait être nécessairement le principal objet. Dominé par ce sentiment, j'ai résisté aux instances de mes amis, et j'ai persisté à attendre l'époque, où, devenu tout-à-fait indépendant, en entrant dans la carrière de l'industrie, je pourrais publier mon journal, sans que personne fût exposé à partager avec moi la responsabilité des opinions ou des faits qui y sont consignés. Aujourd'hui cette époque est arrivée, et je ne trouve plus d'inconvénient à livrer au public des détails qui ne lui sont point tout-à-fait étrangers, mais qui ne se retrouvent nulle part aussi complets que dans ce Journal, qui, d'ailleurs, offre un caractère d'authenticité qu'il serait difficile de lui contester, car, outre que je pourrais invoquer au besoin le témoignage de plusieurs millions de témoins, je puis encore dire : *Tout ce que je raconte je l'ai vu.*

Je n'ai pas besoin de dire, qu'en offrant, à mes amis et au public, les détails d'un triomphe qui honore autant la nation qui l'a décerné, que l'homme qui en fut l'objet, et dont le récit sera un jour, je l'espère, le plus grand encouragement qu'on puisse offrir aux sincères amis d'une sage liberté, je me suis moins occupé du soin de parer ma narration, que de lui conserver ce caractère de vérité qui fera son plus grand, peut-être même son seul mérite.

Entraîné, pendant quatorze mois, au milieu du tourbillon des fêtes populaires qui se succédèrent sans interruption, sur les pas de Lafayette, dans les vingt-quatre états de l'Union, ce n'est que pendant les courtes heures de la nuit, et, pour ainsi dire, en présence même des événemens du jour, que j'ai pu écrire mon Journal. Il a dû nécessairement se ressentir de cette extrême agitation; cependant, je n'ai pas cru devoir lui faire subir d'autre changement que celui d'une division en un certain nombre de chapitres, dont chacun renferme une série de faits se rattachant plus particulièrement, ou à une époque ou à une localité. Cette division m'a paru d'autant plus convenable qu'elle m'a permis de supprimer toutes les dates qui embarrassaient la narration, et une foule de détails qui n'auraient eu d'intérêt que pour un petit nombre d'individus.

LAFAYETTE

EN AMÉRIQUE.

CHAPITRE Ier.

INVITATION DU CONGRÈS DES ÉTATS-UNIS AU GÉNÉRAL LAFAYETTE. — DÉPART DU HAVRE. — TRAVERSÉE. — ARRIVÉE A STATEN-ISLAND. — ENTRÉE A NEW-YORK. — REVUE DES MILICES. — FÊTES DONNÉES A LAFAYETTE. — STATISTIQUE DE L'ÉTAT DE NEW-YORK. — SA CONSTITUTION, ETC.

Près d'un demi-siècle s'était écoulé depuis que Lafayette, inspiré par l'amour de la gloire et de la liberté, s'était arraché aux douces affections de famille et aux dangereuses séductions de la cour, pour aller offrir l'appui d'un nom illustre et d'une fortune puissante à une nation qui combattait courageusement, il est vrai, pour son indépendance, mais dont la faiblesse semblait devoir causer la ruine complète, dans une lutte, en apparence si inégale. Depuis sa rentrée en

France, Lafayette, quoique entièrement occupé de la révolution française, pour le succès de laquelle il sacrifia sa fortune et son repos, et exposa quelquefois sa vie et sa popularité, reportait souvent ses souvenirs vers l'Amérique, théâtre de ses premiers exploits; et dans les fers d'Olmutz, comme sous le despotisme impérial, il se consolait par la pensée que là, du moins, l'arbre de la liberté qu'il avait aidé à planter, portait des fruits aussi doux qu'abondans, et qu'un peuple heureux et digne de l'être, lui conservait un vif sentiment de reconnaissance; mais retenu par des motifs de plus d'un genre, il ne pouvait que nourrir le désir de revoir l'Amérique sans prévoir cependant s'il pourrait y retourner un jour. La confiance de ses concitoyens, qui, après les événemens de 1815, le rappela sur la scène politique, semblait être une raison de plus pour le retenir en France; cependant, en 1824, les intrigues d'un ministère aussi corrompu que corrupteur l'ayant éloigné de la représentation nationale, il se trouva libre au moment où le président des États-Unis lui adressa la lettre suivante :

« Washington-City, 7 février 1824.

» Mon cher général, je vous ai écrit, il y a en-
» viron quinze jours, une lettre que j'ai confiée
» à M. Brown, et dans laquelle je vous expri-

» mais le désir de vous envoyer, dans le port de
» France que vous m'indiqueriez, une frégate
» pour vous amener ici, dans le cas où vous seriez
» libre maintenant, pour visiter les États-Unis.
» Depuis, le congrès a pris à ce sujet une résolu-
» tion dans laquelle il vous exprime le sincère
» attachement de la nation toute entière, qui
» désire ardemment vous revoir encore au milieu
» d'elle. L'époque à laquelle vous croirez pou-
» voir vous rendre à cette invitation, est laissée
» tout-à-fait à votre choix ; mais croyez que, quelle
» que soit votre décision, il vous suffira d'avoir
» la bonté de m'en instruire pour qu'aussitôt
» je donne des ordres pour qu'un vaisseau de l'é-
» tat aille vous prendre au port que vous indique-
» rez, et vous amène dans cette patrie adoptive
» de votre jeunesse, qui a toujours conservé le
» plus reconnaissant souvenir de vos importans
» services. Je vous envoie ci-joint la résolution du
» congrès, et j'y ajoute l'assurance de ma haute
» considération et de mes sentimens affectueux.»
« JAMES MONROE. »

Lafayette ne pouvait se refuser à une invitation aussi honorable et aussi pressante, et son
départ fut fixé au mois de juillet. Il avait refusé
les offres du congrès qui voulait lui envoyer un
bâtiment de l'état pour le transporter plus sûrement et plus commodément. Il fut aussi obligé

de repousser une foule de demandes de ses concitoyens, qui, croyant peut-être qu'il était question d'une nouvelle expédition en faveur de la liberté, voulaient en partager avec lui les périls et la gloire; et sans autres compagnons de voyage que son fils et l'auteur de ce journal, il quitta Paris le 11 juillet, et le 12 arriva au Havre, où il était attendu depuis plusieurs semaines par le *Cadmus*, bâtiment de commerce américain.

Le patriotisme des citoyens du Havre lui avait préparé dans cette ville une réception bien capable de toucher son cœur; mais le caractère ridiculement ombrageux de l'autorité troubla la fête, et l'aurait changée en une scène de désordre, et peut-être de sang, si les habitans eussent été moins *sages*. Agens de police, gendarmes et soldats suisses rivalisèrent de zèle pour comprimer les nobles sentimens des citoyens pendant le peu de temps que le général Lafayette resta parmi eux. Cependant, ce fut en présence de la population toute entière, et au milieu des plus vives démonstrations de l'esprit public, qu'il s'embarqua le 13 à midi.

Le ciel et la mer parfaitement calmes nous permirent de passer facilement à bord de notre navire, qui était en rade. Tous les hommes de l'équipage, rangés sur le pont, attendaient avec une expression de joie mêlée d'un noble orgueil, l'arrivée du général. Au moment où il passa sous ce pavillon américain qui lui doit une si grande partie de sa gloire et de son indépendance, l'équipage l'accueillit par un triple *houzza*, auquel répondirent toutes les embarcations du port, et la foule restée sur le rivage. Quelques amis particuliers du général, qui l'avaient accompagné jusqu'à bord du *Cadmus*, reçurent ses derniers adieux. Presqu'aussitôt un vent frais, enflant nos voiles, nous emporta au large, et nous fit perdre de vue cette terre chérie sur laquelle, quoi qu'on dise et qu'on fasse, la vertu et le patriotisme trouveront toujours de courageux défenseurs.

Avec un bon bâtiment aussi habilement commandé et manœuvré que l'était le *Cadmus*, nous ne pouvions que faire une heureuse traversée. Le coup de vent qui vint nous assaillir le lendemain matin, et qui nous brisa deux mâts de perroquet, n'eut d'autre résulat que de nous fournir l'occasion d'admirer le calme de notre excellent capitaine Allyn dans le commandement, et la vigueur de son équipage dans l'exécution.

Le premier août le vent tomba tout-à-coup ; la mer devint immobile, et notre course fut suspendue. Réunis sur le pont, autour du général, avec quatre jeunes passagers américains, nous contemplions avec plaisir la surface unie de la mer que rien n'agitait, quand tout-à-coup nous aperçûmes presque à l'horizon un point noir qui semblait s'avancer vers nous. Pendant près d'une demi-heure, nous nous perdîmes en conjectures sur ce que pouvait être cet objet qui évidemment s'approchait avec assez de rapidité; enfin bientôt le mouvement des rames nous fit reconnaître une chaloupe; et le son d'un bugle [1] nous fit soupçonner qu'elle portait des soldats. Nous ne nous trompions pas. En moins de quelques minutes l'esquif léger portant sept hommes vêtus uniformément, dont deux étaient armés de fusils, vint se ranger près de notre navire. Le chef de cette troupe aventureuse, mesurant d'un œil hardi l'élévation de notre bord, demande l'échelle de corde pour parvenir jusqu'à nous; on la lui jette, et aussitôt ses compagnons et lui sont sur notre pont. D'un ton un peu cavalier, ils annoncent qu'ils sont officiers anglais; qu'un bâtiment de transport, qu'ils nous indiquent du doigt à l'horizon, et qui, comme le nôtre, est retenu par le calme, les conduit à Halifax (Nouvelle-Écosse), où ils vont tenir garnison; enfin que la beauté de la mer, l'ennui, la curiosité, les avaient engagés à venir nous visiter. Notre capitaine les accueillit avec une froide politesse, nos matelots se détournèrent à peine de leurs occupations; mais leur aspect ainsi que leur jactance semblèrent rappeler à nos jeunes passagers américains l'incendie

---

[1] Cor à clefs inventé en Angleterre.

du Capitole. Malgré cette réception peu encourageante, messieurs les officiers anglais commençaient déjà à multiplier leurs questions, quand le capitaine Allyn, pour toute réponse, leur montra et leur nomma le général Lafayette; à ce nom, à cette vue inattendue, leurs manières changèrent entièrement. Ils se découvrirent, et reçurent avec respect la main qu'il leur présenta avec cordialité. Alors on les invita à descendre dans le salon, où on leur servit des rafraîchissemens. La conversation s'engagea; mais souvent pendant cette conversation, ils portaient leurs regards, tantôt sur le général, tantôt sur tous les détails admirables du bâtiment et de l'équipage, et cet examen semblait les jeter dans une grande préoccupation. Que de souvenirs en effet ne dut pas éveiller en eux la vue de ces Américains, hier leurs tributaires, aujourd'hui rivaux redoutables, conduisant au milieu d'eux l'homme qui les a si puissamment secondés dans cette lutte courageuse et juste de la liberté contre l'oppression !

Après une demi-heure d'entretien, comme le soleil commençait à baisser, ils nous quittèrent en acceptant de fort bonne grâce quelques bouteilles de Bordeaux et de Madère que notre capitaine avait fait porter dans leur chaloupe.

Nous continuâmes notre route sans autre événement important, jusqu'au 14, jour où nous découvrîmes enfin la terre. Le 15 au point du jour, le pilote était à notre bord, et quelques heures après nous pouvions facilement reconnaître la fraîche verdure qui décore *Staten-Island*, et les délicieuses maisonnettes blanches qui l'animent, et le mouvement de ses habitans que l'attente d'un grand événement faisait descendre en toute hâte sur le rivage. Déjà la mer se couvrait autour de nous d'une foule de barques longues, étroites et légères, conduites par des matelots vigoureux, agiles, et dont la propreté des vêtemens, la décence des expressions, contrastaient singulièrement avec les idées qu'en général fait naître en Europe la vue de simples marins. Aussitôt qu'une de ces barques arrivait près de notre navire, elle ralentissait son mouvement; ses conducteurs, jetant un regard inquiet vers notre pont, s'informaient de nos matelots, s'ils avaient Lafayette à bord; dès qu'ils avaient reçu la réponse affirmative, la joie éclatait dans tous leurs traits; ils se précipitaient les uns vers les autres, en se serrant la main, en se félicitant du bonheur qu'ils allaient goûter; et puis alors, se retournant vers le vaisseau, ils faisaient mille questions sur la santé du général, sur la manière dont il avait supporté la traversée, etc.; mais sans cris, sans désordre, sans impatience. Nous les entendions se réjouir entre eux, de ce que le voyage de Lafayette avait été doux et rapide, de ce que sa santé n'en était point dérangée, de ce qu'enfin les vœux de leurs concitoyens allaient être comblés; et tout cela comme l'aurait fait une famille qui se réjouit du retour d'un père chéri long-temps attendu. Pendant que je contemplais cette scène si intéressante et si nouvelle pour moi, le bruit du canon appela mon attention d'un autre côté; c'était l'artillerie du fort Lafayette, qui annonçait à la ville de New-York l'arrivée du *Cadmus*. Au même instant, un bateau à vapeur nous abordait, et nous recevions à notre bord une députation, à la tête de laquelle était le jeune Thompkins, fils du vice-président des États-Unis. Il venait annoncer au général que, ce jour étant un dimanche, la ville de New-York, qui voulait lui faire une réception brillante, mais qui cependant ne voulait pas troubler le jour du Seigneur, et qui d'ailleurs avait encore quelques préparatifs à faire, le priait de remettre son entrée au lendemain, et qu'en attendant, le vice-président l'engageait à descendre chez lui à Staten-Island. Le général accepta l'invitation, et peu d'instans après nous étions sur le rivage, où nous trouvâmes le second magistrat d'une grande république, à pied, en casquette et en veste, recevant cordialement son ancien ami, celui qui le lendemain allait commencer au milieu de douze millions d'hommes libres, le triomphe le plus éclatant et le plus pur. M. Thompkins nous fit monter à son habitation, où nous fûmes reçus affectueusement par madame Thompkins et ses filles. Mais le bruit de l'arrivée de Lafayette s'était promptement répandu dans la vaste cité de New-York, et déjà la baie était couverte d'embarcations qui amenaient en foule les citoyens qui se précipitaient vers Staten-Island, pour lui adresser ce premier salut, ce *welcome*, qui ensuite fut répété avec tant d'enthousiasme par la nation toute entière.

Le lendemain 16, de grand matin, les préparatifs s'achevaient à New-York pour la réception du général, et dans le même temps il recevait à Staten-Island, une députation de la ville, plusieurs membres du corps municipal, et le commandant général des milices qui venaient lui annoncer l'arrivée du bateau à vapeur, le *Chancellor Livingston*, qui devait le porter à New-York. A une heure, le canon du *fort Lafayette* donna le signal du départ. Nous descendîmes aussitôt au rivage, où nous trouvâmes plusieurs bateaux à vapeur, tous semblables à des palais flottans. A bord du *Chancellor Livingston* qui nous reçut, étaient les diverses députations de la ville, des généraux et officiers de milices de l'armée et de la marine, un détachement d'infanterie, et plus de deux cents des principaux citoyens de New-York, parmi lesquels le général reconnut plusieurs de ses anciens compagnons d'armes, qui vinrent se précipiter dans ses bras, en se félicitant de le revoir encore, après tant d'années et de dangers passés. Pendant ces scènes touchantes de reconnaissance et de joie, une musique délicieuse exécutait l'air français, *Où peut-on être mieux qu'au sein de sa famille*; et la flotille se mettait en mouvement. Il est impossible de décrire la majesté de cette marche vers la ville. La mer était couverte de bâtimens de toute espèce, élégamment pavoisés, et chargés d'une foule innombrable. Ces bâtimens, dont tous les mouvemens sont d'une légèreté et d'une rapidité inconcevables, semblaient voltiger autour de nous. Le *Cadmus* qui venait à notre suite, paraissait plutôt porté en triomphe que remorqué par les deux bateaux à vapeur qui l'accompagnaient. A mesure que nous avancions, les forts qui protégent le port, ensuite les maisons qui bordent les quais, se dessinaient plus distinctement à nos yeux. Bientôt nous pûmes reconnaître la foule qui partout couvrait le rivage, distinguer son agitation, comprendre ses cris d'allégresse. Enfin, à deux heures, le général débarqua à la batterie, au milieu des acclamations de deux cent mille voix, qui saluaient et bénissaient sa bienvenue. *Les gardes de Lafayette*, vêtus d'un uniforme à la fois élégant et simple, et portant sur leur poitrine le portrait de leur général, le reçurent au milieu d'eux, et l'accompagnèrent jusque devant une longue ligue de bataille formée par les milices qui l'attendaient. Il en parcourut le front, accompagné d'un état-major nombreux et brillant. A mesure qu'il s'avançait, chaque corps inclinait devant lui ses armes et ses drapeaux : tous étaient décorés d'un ruban empreint de son portrait et de cette légende : « *Welcome Lafayette.* » Ces mots se trouvaient écrits partout, étaient répétés par toutes les bouches. Pendant cette revue, le canon retentissait sur le rivage, dans les forts, et sur tous les bâtimens de guerre. « Ah ! puisse ce » *canon du welcome* retentir en Europe ! » me disait un jeune officier américain qui nous accompagnait. « Puisse-t-il inspirer aux puissans qui vous » gouvernent l'amour de la vertu, et aux peuples » l'amour de la liberté ! » — Ces vœux, qui étaient aussi ceux de mon cœur, reportèrent mes pensées vers ma patrie, et je ne pus retenir un soupir.

A l'extrémité de la ligne de bataille étaient des voitures élégantes qui nous attendaient : le général fut placé sur un char attelé de quatre chevaux blancs, et au milieu de la foule qui le pressait de toutes parts, nous nous rendîmes à l'Hôtel-de-Ville. Sur son passage, toutes les rues étaient pavoisées et décorées de tentures, et de toutes les croisées on lui jetait des fleurs et des couronnes. Arrivé à l'Hôtel-de-Ville, il y fut reçu par le corps municipal à la tête duquel était le maire qui lui adressa la harangue suivante.

« Général,

» Organe des autorités et de la population de
» New-York, je viens vous exprimer le plaisir que
» nous avons à vous voir arriver sur un sol qui
» vous doit en partie son bonheur et sa liberté.

» Vos compagnons d'armes, dont un bien pe-
» tit nombre seulement existe encore, n'ont
» point oublié, et leurs descendans n'oublieront
» jamais le jeune et brave Français qui consacra à
» défendre leur cause, sa jeunesse, ses talens et
» sa fortune; qui exposa sa vie, qui versa son sang
» pour leur bien-être et leur indépendance. Tant
» qu'ils seront dignes de la liberté dont ils jouis-
» sent, ils se souviendront que vous parûtes sur
» ces rivages, au moment le plus orageux de leur
» révolution; que vous fîtes cause commune avec
» eux dans le temps où leur cause paraissait
» désespérée. Un demi-siècle s'est écoulé de-
» puis ces grands événemens, et pendant cet
» espace de temps votre nom est devenu aussi
» cher aux amis de la liberté de l'ancien conti-
» nent qu'il l'était déjà à ceux du nouveau.

» Le peuple des États-Unis vous regarde
» comme un de ses enfans les plus chers, et j'es-
» père, général, que sa conduite prouvera l'er-
» reur de ceux qui prétendent qu'une république
» est toujours ingrate envers ses bienfaiteurs. »

Après que le général eut exprimé ses sentimens de reconnaissance pour l'honorable accueil qu'il venait de recevoir, et pour les prodiges dont il venait d'être témoin, on nous conduisit sur le péristyle de l'Hôtel-de-Ville pour y voir défiler cette même armée de milices que nous avions trouvée en bataille sur la batterie. Nous pûmes tout à notre aise remarquer sa composition et sa tenue. Sa composition est telle que doit l'être celle d'une armée vraiment nationale, c'est-à-dire formée de tous les citoyens jeunes, vigoureux, capables de porter les armes et soutenir les fatigues, sans distinction de richesse et de naissance. La marche assurée des divisions, la tournure martiale des hommes me parurent une preuve du soin avec lequel chacun se prépare pour être au besoin un ferme défenseur de son pays. L'artillerie qui défila après l'infanterie, est formidable par le nombre, mais je crois qu'elle est loin de remplir les conditions nécessaires pour faire une bonne artillerie légère. La variété des calibres est nécessairement un embarras pour l'approvisionnement des munitions en campagne. Cet inconvénient disparaîtra bientôt, dit-on, parce que le gouvernement s'est maintenant chargé de fournir les pièces à chaque nouvelle compagnie d'artillerie qui s'organise, et qu'il n'a adopté qu'un très-petit nombre de calibres.

Après que l'armée eut défilé, nous rentrâmes dans une vaste salle de l'Hôtel-de-Ville, décorée des portraits de beaucoup d'hommes qui, par leurs talens ou leur courage, ont rendu quelque service à la patrie; parmi ces portraits était celui du général Lafayette. Les portes de cette salle restèrent ouvertes au public qui s'y précipita, et pendant plus de deux heures, le général fut comme livré à l'adoration du peuple. Des mères de famille l'entouraient en lui présentant leurs enfans pour lesquels elles lui demandaient sa bénédiction, et après l'avoir obtenue, elles les emportaient en les embrassant avec une nouvelle tendresse; des vieillards débiles semblaient se ranimer en lui parlant des nombreux combats qu'ils avaient livrés avec lui pour la conquête de la liberté; des hommes de couleur lui rappelaient avec attendrissement ses efforts philanthropiques, à plusieurs époques, pour les replacer au rang d'où les repoussent encore, dans quelques contrées, d'affreux préjugés; des jeunes gens dont les mains rudes et noircies annonçaient l'obligation du travail, s'arrêtaient devant lui, et lui disaient avec fierté : « Nous aussi, nous sommes du nombre » des dix millions qui te doivent le bonheur et » la liberté!..... » Beaucoup d'autres voulaient aussi lui parler, mais en étaient empêchés par leurs larmes d'attendrissement. Ceux qui ne pouvaient l'approcher cherchaient à s'en dédommager en s'adressant à George Lafayette qu'ils se plaisaient à presser dans leurs bras, en lui parlant de leur admiration pour son père. Enfin à cinq heures, le général s'arracha avec peine aux embrassemens de ses nombreux amis, et fut conduit à *City-Hôtel* qui avait été magnifiquement disposé pour le recevoir. Le pavillon national suspendu au dessus de la porte, indiquait de loin la demeure de *l'Hôte de la Nation*, titre glorieux et touchant dont il fut salué avec acclamations lorsqu'il y entra. Un dîner splendide auquel assistèrent toutes les autorités civiles et militaires, et un grand nombre de citoyens, termina cette journée qui seule pourrait être considérée comme une belle récompense des plus grands sacrifices, et qui n'était cependant que le prélude du triomphe unique réservé à Lafayette.

Pendant les quatre jours qui suivirent, le général eut bien de la peine à diviser son temps de manière à satisfaire les vœux de tout le monde. Il consacra tous les jours deux heures au public dans la salle de l'Hôtel-de-Ville, dans laquelle la foule se pressait comme au premier jour, et où il reçut les nombreuses députations des villes environnantes, ou de divers états qui lui faisaient exprimer le désir et l'espoir de le recevoir. Le reste du temps fut absorbé par les fêtes que lui offrirent les associations savantes de la ville.

La société historique convoquée en assemblée extraordinaire, sous la présidence du docteur Hossack, reçut le général et son fils, membres

honoraires de la société. Le barreau, l'association de Cincinnatus, les Français résidans à New-York, vinrent le complimenter. Ces derniers réunis au nombre de plus de deux cents, sous la présidence de M. Monneron, lui exprimèrent avec chaleur les sentimens que faisait naître en eux le triomphe de leur compatriote. «Général,» lui dirent-ils,
» c'est au nom des Français établis dans cette
» ville, que nous venons vous féliciter de votre
» heureuse arrivée sur ce sol hospitalier, sur cette
» terre dont la vue doit avoir fait naître en vous
» des sentimens si doux; où vous ne pouvez faire
» un pas sans rencontrer un souvenir qui vous
» soit cher. Pour un cœur tel que le vôtre, il n'est
» pas de plaisir plus pur que celui de voir les prin-
» cipes que vous avez défendus au champ d'hon-
» neur et à la tribune, consacrés par le bonheur
» d'un peuple entier. L'hommage libre et spon-
» tané de ce peuple généreux et éclairé, est une
» leçon frappante pour les puissances de la terre,
» elle leur apprend que si une nation oublie ses
» oppresseurs ou ne s'en souvient qu'avec indi-
» gnation, elle lègue comme un héritage à la re-
» connaissance de ses descendans les noms d'un
» Washington et d'un Lafayette. Nous n'essaie-
» rons pas d'exprimer l'émotion que nous éprou-
» vons en vous voyant l'hôte de l'Amérique. Nous
» ne pouvons nous empêcher de former un vœu
» digne de vous, c'est que cette belle France,

» notre patrie commune, qui fonda aussi des
» institutions libérales, soit pour toujours étran-
» gère aux intrigues et aux passions du despo-
» tisme. » — A la fin de ce discours, une petite
fille portée par son père, vint embrasser le général et lui poser une couronne d'immortelles sur la
tête. « C'est un grand bonheur pour moi, » leur
répondit-il avec une profonde émotion, « c'est un
» grand bonheur pour moi, à mon arrivée sur
» cette terre de liberté, d'y recevoir les félicita-
» tions de mes compatriotes. Déjà, au moment
» de mon départ, les témoignages de bienveil-
» lance de la bonne ville du Havre avaient laissé
» dans mon cœur de bien doux souvenirs. J'aime
» à partager avec vous les émotions que j'éprouve
» dans cet heureux pays américain auquel je suis
» attaché par tant de liens. Nous aussi, patriotes
» de 89, nous avons voulu établir la dignité, la
» prospérité, le bonheur de notre belle France sur
» les bases sacrées de la liberté et de l'égalité; et,
» malgré nos mécomptes et nos malheurs, les
» contemporains de cette époque, et nommé-
» ment votre respectable président, vous diront
» que la révolution de 89 a grandement amélioré
» le sort de l'immense majorité du peuple.... »

A ce souvenir des beaux jours de notre révolution, chacun se sentit ému, chacun vint serrer la
main du général, en lui disant : « Oui, le sort de
» l'immense majorité du peuple est amélioré.

» Puisse la France conserver avec soin ce qui lui
» reste de libertés publiques conquises par la ré-
» volution! »

Le 18, la marine nationale voulut aussi donner sa fête à l'hôte de la nation, qui traversa la rivière de l'Est sur un bateau à vapeur pour se rendre à Brooklyn, où s'élèvent le chantier de construction et l'arsenal maritime. Dans cette courte traversée le général fut salué par l'artillerie de plusieurs frégates et vaisseaux de ligne qui se trouvaient dans la rade. Cette course, que les officiers de marine surent rendre à la fois agréable et intéressante, nous fournit l'occasion de visiter une belle frégate à vapeur. Cette machine formidable ressemble à une forteresse flottante; ses bords, soutenus par une forte maçonnerie, sont à l'épreuve du boulet; sa marche, nécessairement très-lente, ne lui permet pas de manœuvrer en haute mer, mais ne la laisse pas moins très-propre à la défense des côtes dont elle peut à volonté aller couvrir les points menacés par l'ennemi, en se mettant elle-même sous la protection des batteries de terre. Le gouvernement a, dit-on, l'intention de compléter son système de défense maritime par la construction de plusieurs frégates semblables.

De Brooklyn, nous pûmes à notre aise contempler l'aspect de New-York, de son port et de sa baie immense. Il est difficile, je crois, de rien voir de plus pittoresque et de plus imposant à la fois. L'Hudson, et la rivière de l'Est qui n'est autre chose qu'un bras de mer qui court entre Long-Island et le continent, baignent deux côtés du vaste triangle dans lequel est renfermée la ville, et viennent en avant de la batterie confondre leurs eaux dans la baie profonde que forment Long-Island et Staten-Island; des larges quais qui bordent ces deux cours d'eau, on voit en toutes saisons une forêt de mâts qui montrent à l'œil étonné les pavillons de toutes les nations. La ville qui, en 1615, n'était qu'un petit fort, bâti par les Hollandais, est aujourd'hui la cité la plus populeuse, la plus vaste, la plus riche et la plus puissante du Nouveau-Monde. A l'exception de l'hôtel-de-ville, il n'y a pas dans New-York, un seul monument public qui mérite l'attention d'un artiste; mais, en revanche, la largeur des rues, la beauté des trottoirs, la propreté des maisons, tout en un mot y est parfaitement calculé pour la santé et la commodité des habitans. Son étendue et sa population s'accroissent chaque année d'une manière remarquable. En 1820, elle renfermait cent vingt-huit mille neuf cent seize habitans; on en compte maintenant cent soixante-dix mille. Il faut comprendre dans ce nombre la population de Brooklyn qui doit être considéré comme un faubourg de New-York. Malgré les grands avantages de sa situation, de son commerce et de sa force, New-Yorck n'est cependant point le siége du gouvernement de l'état du même nom. Dans cet heureux pays, où tout est beaucoup plus calculé pour l'avantage et le bien-être des citoyens, que pour la satisfaction des autorités, il faut avant tout qu'une ville, pour être choisie comme capitale, soit le plus possible au centre de l'état, et New-York est à une des extrémités. Du reste cette cité réunit assez d'autres avantages sans celui-là. La sûreté de son port, l'immensité de sa baie qui pourrait contenir toutes les flottes du monde entier, la facilité de ses communications intérieures par la navigation de l'Hudson, et surtout par celle du grand canal qui joint les eaux du lac Erié à celles de l'Océan, en feront toujours une des plus importantes places de commerce. Plus de quatre-vingts bateaux à vapeur, toujours prêts à braver les vents contraires, vont porter dans toutes les directions les produits, non-seulement de l'état de New-York, mais encore des états voisins. En 1820, l'exportation faite par le port de New-York, fut de treize millions cent soixante-deux mille dollars, dont sept millions huit cent quatre-vingt dix-neuf mille dollars provenaient des produits particuliers de l'état. Ces détails, qui me furent donnés par un officier de marine pendant que des hauteurs de Brooklyn je promenais mes regards sur la scène imposante qui m'entourait, piquèrent vivement ma curiosité,

et me firent prendre la résolution de saisir la première occasion favorable pour avoir de plus amples renseignemens sur une ville et un état qui m'apparaissaient tout à coup avec tant de grandeur et de prospérité. Cette occasion ne se fit pas long-temps attendre : le soir même, après un dîner qu'avait animé la présence d'un grand nombre d'hommes distingués de New-York, je me trouvai à côté de M. M..., vieillard dont la conversation, toujours intéressante et instructive, m'avait appris qu'après avoir consacré sa jeunesse à la conquête de l'indépendance de son pays, il n'avait cessé depuis de s'occuper des moyens d'accroître le bien-être de ses concitoyens. Malgré la circonspection que j'apportai dans mes premières questions, il devina bientôt mon désir, et m'ayant fait asseoir dans un angle du salon :
« J'espère, » me dit-il, « que quoique notre pays
» soit encore bien neuf, et qu'il n'ait pas encore
» reçu comme l'Europe les bienfaits d'une lon-
» gue civilisation, vous n'en aurez pas moins de
» plaisir à le visiter. Vous ne trouverez point ici,
» comme en France, les arts et les sciences por-
» tés à ce haut degré qui fait l'étonnement de
» toutes les nations; mais partout vous rencon-
» trerez la paix, l'abondance et la liberté; par-
» tout vous y verrez une population nombreuse,
» active, se procurant facilement le nécessaire,
» par une industrie que l'autorité n'a jamais le

» droit d'entraver ; et ce tableau est assez rare, je
» crois, en Europe, pour qu'il attire ici votre at-
» tention. Mais, sans entrer dans des détails qu'il
» vaut mieux que vous recueilliez vous-même
» dans vos excursions, je veux, par un court ex-
» posé de l'historique et de la statistique de cet
» état, vous montrer des résultats dans lesquels
» vous serez probablement forcé de reconnaître
» l'influence de nos institutions, que nous n'avons
» point la vanité de considérer comme parfaites,
» mais que nous croyons cependant supérieures
» à celles de toutes les nations qui nous ont pré-
» cédés dans la vaste carrière de la civilisation.
» Notre origine ne se perd point comme la vôtre
» dans la nuit des temps, et les dieux ne se sont
» point donné la peine de témoigner par des pro-
» diges, l'intérêt qu'ils prenaient à nos premiers
» établissemens ; aussi la science de l'histoire
» n'est-elle pas chez nous le monopole de quel-
» ques élus. C'est un domaine national, dont les
» limites, encore fort près de nous, peuvent être
» facilement explorées et reconnues par chacun.
» Ce fut en 1609 que l'Hudson fut découvert
» par le navigateur qui lui donna son nom. Déjà
» en 1610 quelques Hollandais avaient élevé
» leur cabane à côté de la case de l'Indien ; mais
» ce ne fut qu'en 1614 que les établissemens
» prirent de la consistance. Bientôt après, les
» Anglais vinrent disputer aux Hollandais, une

» terre qui n'appartenait ni aux uns ni aux au-
» tres, et le sol fut ensanglanté et couvert de
» forteresses. Enfin un traité fait en 1674, et
» dans lequel les propriétaires légitimes ne fu-
» rent certainement pas consultés, en assura la
» possession tranquille aux Anglais. En 1683,
» les colons assemblèrent pour la première fois
» une chambre représentative pour régler leurs
» intérêts; mais, trois ans après, Jacques II,
» d'Angleterre, s'effraya du système représenta-
» tif et des publications de la presse, et pros-
» crivit l'un et l'autre. Le règne de Marie, qui
» monta sur le trône en 1689, rendit plus de li-
» berté aux colons qui, en 1691, assemblèrent
» de nouveau leurs représentans. La population
» augmenta alors considérablement par les émi-
» grans d'Allemagne qui vinrent en grand nom-
» bre s'établir dans la province. Le premier jour-
» nal qui ait été publié dans la colonie, fut
» imprimé en 1733; mais dès l'année suivante la
» presse fut de nouveau restreinte, et les colons
» retombèrent sous l'arbitraire. Malgré le despo-
» tisme qui pendant les vingt années suivantes
» pesa sur la colonie, le peuple n'en était pas
» moins fort attaché à l'Angleterre, et prit une
» part très-active à la guerre que cette puissance
» fit contre la France, en 1754. Enfin en 1765
» la patience du peuple fut poussée à bout; il
» brûla la loi de l'établissement du timbre, refusa

» les importations de l'Angleterre, et s'engagea
» avec ardeur dans la guerre révolutionnaire.
» L'état de New-York fut pendant tout le temps
» que dura cette guerre le théâtre des opérations,
» et la ville fut presque constamment au pouvoir
» de l'ennemi; mais l'ardeur du peuple ne se
» ralentit pas. Je n'entre avec vous dans aucun
» des détails de cette glorieuse campagne qui eut
» notre affranchissement pour résultat. Placé
» comme vous l'êtes près de l'homme qui par-
» tagea les travaux de notre immortel Washing-
» ton, vous avez sans doute occasion de recueillir
» souvent de sa bouche, des récits plus exacts et
» plus intéressans que ceux que je pourrais vous
» faire. Je vais donc passer de suite au tableau de
» notre situation présente.

» Depuis la paix de 1783, notre état a fait
» dans tous les genres des progrès surprenans;
» notre territoire s'est considérablement agrandi,
» et nos limites ont été déterminées par des
» traités avec les états voisins. Maintenant nous
» sommes bornés au *nord* par le bas Canada; à
» l'*est* par les états de Vermont, de Massachu-
» setts et de Connecticut; au *sud* par le New-
» Jersey et la Pensylvanie; à l'*ouest* et au *nord-*
» *ouest* par le haut Canada, duquel nous som-
» mes séparés par le lac Erié, le lac *Ontario*, le
» Niagara et le St.-Laurent. Ainsi déterminé,
» notre territoire a une surface de quarante-six

» mille deux cents *milles*. Quatre-vingt mille
» âmes au plus, couvraient cette immense éten-
» due au commencement de notre révolution;
» malgré la guerre révolutionnaire qui dura près
» de huit ans, le nombre des habitans augmenta,
» et à la paix de 1783 il était de deux cent
» mille, nombre un peu plus élevé que ne l'est la
» seule population actuelle de la ville. Depuis,
» l'accroissement a eu lieu dans une progression
» qui seule suffirait, je crois, pour démontrer la
» supériorité de nos institutions sur le régime
» colonial dont nous nous sommes débarrassés.
» En 1790, le recensement général nous pré-
» sente une population de trois cent quarante-
» neuf mille cent vingt âmes; en 1800, de cinq
» cent quatre-vingt-six mille cinquante âmes;
» en 1810, de neuf cent cinquante-neuf mille
» quarante âmes; en 1820, d'un million trois
» cent soixante-douze mille huit cent douze, et
» enfin aujourd'hui, nous comptons une popu-
» lation de un million six cent seize mille âmes.

» Notre agriculture, nos manufactures et no-
» tre commerce se sont développés en raison de
» l'accroissement de notre population. Le fro-
» ment est le principal produit de la partie sud
» de l'état; et dans l'ouest nous récoltons le
» chanvre en grande quantité. Deux cent qua-
» tre-vingt mille personnes au moins sont occu-
» pées d'agriculture, et tiennent sept millions

» cent soixante mille neuf cent soixante-sept
» acres de bonnes terres en plein rapport. Nous
» pourrions facilement réunir dans l'état un
» million cinq cent treize mille quatre cent
» vingt-une bêtes à cornes; trois millions quatre
» cent quatre-vingt seize mille six cent vingt-
» huit chevaux ; et un million quatre cent
» soixante-sept mille cinq cent soixante-treize
» porcs. Presque chaque comté a sa société d'a-
» griculture formée des hommes les plus éclai-
» rés, et s'occupant avec succès des progrès de
» l'agriculture, et même des arts et des sciences.

» Un capital de plus de quinze millions de
» dollars, et environ soixante-dix mille person-
» nes sont employés dans nos manufactures de
» tous genres, qui sont principalement situées
» aux environs de New-York, sur les bords
» de l'Hudson, près d'Utica, et dans les fertiles
» régions de l'ouest. Un des derniers recense-
» mens nous apprend que nous avons cent
» soixante-dix forges; cent vingt-cinq moulins
» à huile; deux mille fabriques de potasse per-
» lasse; deux cent cinquante manufactures de
» laine et de coton; douze cent vingt-deux mou-
» lins à foulon; onze cent vingt-neuf distilleries;
» quinze cent quatre-vingt quatre machines à
» carder; deux mille deux cent soixante quatre
» moulins à farine; cinq mille cent quatre-vingt
» quinze moulins à scier..... Mais je vois, » me

dit en s'interrompant mon complaisant *cice-
» rone*, « combien je vous étonne par tous ces
» détails; vous croyez peut-être que j'exagère, ou
» que ma mémoire affaiblie par l'âge, me retrace
» des nombres imaginaires...... Eh bien! vous
» pouvez facilement vous convaincre de l'exac-
» titude de mes calculs; prenez l'excellent ou-
» vrage de *Melish*, ayant pour titre, *Descrip-
» tion géographique des États-Unis*, livre fait
» avec soin et d'après les plus authentiques do-
» cumens, et vous y trouverez bien d'autres ta-
» bleaux qui échappent pour le moment à ma
» mémoire, et qui augmenteront bien autre-
» ment votre étonnement. Si vous connaissiez
» nos institutions, » ajouta-t-il en s'animant,
« vous comprendriez mieux comment tout chez
» nous, tournant au profit de la communauté,
» accroît nécessairement chaque jour sa pros-
» périté et son bonheur. Notre gouvernement
» simple et économique n'a pas besoin, comme
» chez vous, de s'emparer souvent du nécessaire
» des citoyens pour subvenir à des dépenses que
» personne n'a le pouvoir ou le courage de con-
» trôler. Ce que chacun de nous gagne par son
» travail dans une année, lui reste et augmente
» ses moyens d'industrie pour l'année suivante;
» de là vient cet accroissement rapide de ri-
» chesse qui vous surprend si fort.

» Il me reste maintenant à vous parler de la

» forme de notre gouvernement. Je serai très-
» court, car il se fait tard, et je crois qu'il est né-
» cessaire que vous alliez renouveler par quel-
» ques heures de sommeil, des forces dont vous
» aurez besoin pour résister aux fatigues des fê-
» tes que nous savons être préparées depuis long-
» temps sur la route que le général Lafayette
» doit parcourir.

» La constitution de l'état de New-York fut
» adoptée en 1777; elle fut amendée en 1801;
» elle le fut encore en 1821. Les auteurs de notre
» première constitution ont pensé, avec raison,
» je crois, qu'un peuple devait toujours avoir le
» droit de modifier ses lois à mesure que sa si-
» tuation et ses besoins changent; aussi avons-
» nous déja profité de ce droit deux fois, comme
» je viens de vous le dire, et il est à présumer
» que nos enfans, profitant de notre expérience
» et de leurs lumières, perfectionneront encore
» cette œuvre de leurs ancêtres. Cette constitu-
» tion ainsi revue, se rapproche beaucoup de cel-
» les des autres états de l'Union, et établit trois
» pouvoirs dans l'état. Ces trois pouvoirs éma-
» nant du peuple, sont : les pouvoirs législatif,
» exécutif et judiciaire. Le pouvoir législatif est
» confié à un sénat et à une assemblée de repré-
» sentans. Le sénat se compose de trente-deux
» membres élus pour quatre ans, et se renou-
» velle, par quart, chaque année. Pour être sé-

» nateur, il faut avoir trente ans et être proprié-
» taire. La chambre des représentans se compose
» de cent vingt-huit membres élus tous les ans
» par les divers comtés, en raison de leur popu-
» lation; le pouvoir exécutif est confié à un gou-
» verneur et un lieutenant-gouverneur élus par
» le peuple tous les deux ans. Le gouverneur a le
» droit de nommer à tous les emplois publics;
» mais ses choix doivent être approuvés par le
» sénat.

» Le pouvoir judiciaire réside dans une cour
» d'appel composée du sénat, du chancelier et
» des juges de la cour suprême. Les juges de cette
» cour suprême, comme des cours de districts,
» sont inamovibles, mais ne peuvent plus exer-
» cer après l'âge de soixante ans. » — « Com-
» ment ! » m'écriai-je, « à soixante ans un juge
» est déclaré incapable! Croyez-vous donc que
» les facultés de l'homme aient des limites si
» rapprochées, ou bien cette incapacité préma-
» turée est elle due à l'influence de votre cli-
» mat? » — «Ni l'un, ni l'autre, » me répondit-
» il, « c'est tout simplement une grande faute
» commise par les auteurs de notre code politi-
» que; elle sera réparée, espérons-le, à la pre-
» mière révision de notre constitution. Il est ab-
» surde, en effet, de renvoyer un juge au mo-
» ment où le temps et l'expérience ont éclairé
» son esprit et mûri son jugement; il est cruel

» aussi de le renvoyer à un âge où il ne lui reste
» plus ni assez de temps, ni assez de force pour
» s'ouvrir une nouvelle carrière, et de l'exposer,
» par conséquent, à achever dans la misère celle
» qu'il avait si honorablement commencée en
» servant son pays.

» Tout homme blanc ayant atteint l'âge de
» vingt-un ans, ayant résidé six mois dans l'é-
» tat, et payant une taxe quelconque pendant
» l'année électorale, a le droit de suffrage. Tout
» homme de couleur âgé de vingt-un ans, jouis-
» sant du droit de citoyen depuis trois ans, pro-
» priétaire, et payant une taxe de deux cent
» cinquante dollars, a aussi le droit de suffrage.
» Cette distinction entre les couleurs a le droit
» de vous surprendre ; je n'entreprendrai point
» de la justifier ; je me contenterai de vous prier
» d'attendre, pour la condamner, que vous ayez
» parcouru toute l'Union pour juger de la situa-
» tion respective des deux races.

» Ce gouvernement, qui satisfait parfaitement
» à tous nos besoins, ne nous coûte pas cher :
» pour lui et ses principaux employés nous ne
» dépensons pas trois cent mille francs par an ;
» le seul revenu de nos salines de l'ouest s'élève
» au-dessus de cette somme ; de sorte que l'ar-
» gent provenant de la vente de nos terres natio-
» nales, de nos fonds placés dans les banques, des
» diverses locations aux établissemens publics ou

» particuliers, est mis en réserve pour les dé-
» penses de l'état; et que, lorsque nous avons
» quelques dépenses extraordinaires à faire, tel-
» les que des achats d'armes, d'équipages mili-
» taires, constructions d'arsenaux, approvision-
» nement de magasins, etc., etc., nous ne som-
» mes point obligés d'augmenter nos impôts qui,
» depuis l'année 1800, n'ont point varié, et qui
» sont si peu de chose qu'ils n'excèdent pas la
» millième partie de la valeur des biens.

» Grâce à son économie et à sa bonne admi-
» nistration, le gouvernement a trouvé moyen
» d'appliquer un fond de un million sept cent
» trente mille dollars à l'instruction publi-
» que. Cette année encore, le trésor a dépensé
» deux cent mille dollars pour les écoles, qui
» ont aussi reçu, par voie de souscriptions par-
» ticulières, plus de huit cent cinquante mille
» dollars; en sorte que dans ce moment, sept
» mille six cent quarante-deux écoles publiques
» établies dans les divers districts, concourent à
» l'instruction de quatre cent trois mille enfans
» et jeunes gens; c'est-à-dire du quart de la po-
» pulation....... »

Minuit était sonné : tout le monde avait dé-
serté le salon, et je continuais à recueillir avec
avidité et sans songer au sommeil, les détails
précieux que me donnait M. M....., lorsque tout
à coup nous fûmes interrompus par un grand

tumulte de voix auquel se joignirent presque de suite le son des cloches et le bruit retentissant des pompes à incendie, qui roulaient avec rapidité sur le pavé. « Voici pour vous une occasion » qu'il ne faut pas perdre, » s'écria M. M....., « le feu vient d'éclater dans un des quartiers de » la ville, allez-y : ce que vous y verrez vous en » apprendra plus sur nos habitudes d'ordre et de » police que tout ce que je pourrais vous dire » pendant le reste de la nuit. » Ce conseil était presque superflu, car, dès que j'avais pu reconnaître la cause du tumulte, mon premier mouvement avait été de me précipiter vers la porte. Dans l'escalier, je rencontrai M. George Lafayette qui descendait avec le même empressement que moi. Arrivés dans la rue, nous n'eûmes qu'à nous laisser entraîner par le flot du peuple pour arriver promptement au lieu de l'événement. Après une course assez longue, nous arrivâmes à l'extrémité d'une rue donnant sur les quais de la rivière de l'Est, c'est là que venait d'éclater l'incendie. Le feu avait pris d'abord dans un magasin rempli de matières combustibles, et s'était facilement communiqué à quelques maisons contiguës bâties en bois. Les flammes qui s'élevaient avec violence nous laissèrent voir distinctement le lieu de la scène et la foule qui le couvrait. Cinq à six mille personnes rangées sur les quais ou montées sur les mâts et les vergues des vaisseaux qui les bordaient, se tenaient immobiles et presque silencieuses, comme si elles eussent assisté à une représentation de théâtre. Ce silence n'était interrompu que par les horribles craquemens des poutres qui à chaque instant s'abîmaient dans les flammes, par le bruit monotone et cadencé des pompes, et par les commandemens des chefs de pompiers. Pour arriver au pied des maisons incendiées il fallait traverser une grande partie de cette foule qui les environnait, et cela était difficile. Mais à la lueur des flammes nous fûmes reconnus par quelques personnes qui se trouvaient près de nous, et qui prononcèrent le nom de Lafayette. Ce nom, répété par chaque bouche sur notre passage, fut l'heureux talisman qui nous fit arriver au point que nous voulions atteindre. Là, dans un vaste espace laissé libre par la foule, étaient plus de trente pompes, dont quelques-unes seulement jouaient sur le feu ; les autres les alimentant par de longs tuyaux de communication. Chacune de ces pompes portait sur une espèce de plate-forme son chef armé d'un porte-voix, et commandant à une vingtaine d'hommes disposés pour la manœuvre. Lorsque les hommes d'une pompe étaient fatigués ils étaient à l'instant remplacés par d'autres sortant de la foule au commandement du chef qui, d'une voix forte, s'écriait : « Tant d'hommes de telle compagnie,

» avancez. » Aussitôt le nombre d'hommes demandé s'élançait vers la pompe qui avait besoin de secours, et les hommes fatigués se retiraient dans la foule où ils redevenaient paisibles spectateurs. A la tête de cette foule étaient quelques officiers de police que l'on reconnaissait à leur long bâton blanc à l'aide duquel ils maintenaient l'ordre, en le plaçant horizontalement devant les plus impatiens, et en ne laissant passer que les hommes demandés par les chefs de pompes. Nous reconnûmes alors que cette foule si calme et si obéissante n'était autre chose que la jeunesse enrôlée dans les compagnies de pompiers. Un des officiers de police, qui le soir même avait dîné avec nous, nous reconnut et nous adressa quelques complimens. « Nous pre-
» nons un intérêt bien vif au malheur qui né-
» cessite votre présence ici, » lui dit George Lafayette, « et nous nous estimerions heureux si
» nos faibles services pouvaient vous êtres utiles. »
— « Nous vous en remercions, » répondit-il,
« vous voyez vous-même combien ils sont peu
» nécessaires ; mais cependant, si vous désirez
» vous approcher davantage pour mieux juger
» du résultat de nos efforts, vous pouvez me
» suivre. » Il nous conduisit au milieu des pompes, et là nous vîmes avec quel courage et quelle habileté cette jeunesse volontaire se dévouait aux plus grands dangers pour la con-

servation de la propriété des citoyens. Nous nous arrêtâmes un instant auprès de la pompe la plus voisine des bâtimens incendiés, et nous offrîmes le service de nos bras; on l'accepta, mais de manière à nous prouver que ce n'était que par politesse. Au bout de cinq minutes les deux jeunes gens qui nous avaient cédé leurs places, vinrent les reprendre, après nous avoir affectueusement serré la main. Le feu, malgré sa violence, avait été obligé de céder aux efforts de tant de pompes si habilement dirigées, et bientôt nous reconnûmes que le danger était entièrement éloigné. En nous retirant, nous ne pûmes nous empêcher d'exprimer à l'officier de police, notre admiration pour l'ordre et le calme qui avaient constamment régné au milieu de cette foule, que quelques magistrats avaient suffi pour maintenir et diriger sans le secours d'une seule baïonnette ou d'un uniforme, et nous convînmes, en rentrant à City-Hôtel, que la vue d'une pareille scène suffisait pour prouver jusqu'à quel point l'habitude de l'ordre prend d'empire sur un peuple qui fait ses lois lui-même.

CHAPITRE II.

DÉPART DE NEW-YORK. — ROUTE DE NEW-YORK A BOSTON. — ENTRÉE A BOSTON. — VISITE A L'UNIVERSITÉ DE CAMBRIDGE. — VISITE A CHARLESTOWN ET A BUNKER'S-HILL.

Le 20 août, dans la matinée, nous quittâmes New-York pour nous rendre à Boston, dans l'état de Massachusetts. Dès le point du jour, plusieurs corps de milices étaient en bataille devant la porte de l'hôtel, attendant le général pour l'accompagner jusqu'à la sortie de la ville, où le salut d'adieu lui fut donné par une batterie de six pièces de canons, dont deux avaient été prises sur les Anglais au siége d'Yorktown, en 1781. Un grand nombre de citoyens à cheval ou en voiture l'accompagnèrent jusqu'à New-Rochelle, où nous arrêtâmes quelques instans pour lui donner le temps de recevoir quelques-uns de ses vieux compagnons d'armes, qui, n'ayant pu venir jusqu'à New-York, s'étaient réunis sur son passage pour le recevoir et lui serrer la main.

A Saw-Pitts, nous rencontrâmes une escorte de cavalerie qui se joignit à l'escorte de New-

York, qui voulut continuer son service jusqu'à la montagne de *Putnam*, où un arc de triomphe avait été élevé par les soins des jeunes filles des villages environnans ; elles l'avaient orné avec tout le soin possible et y avaient placé une inscription qui exprimait leur reconnaissance pour Lafayette, et rappelait la fuite audacieuse de Putnam. Du pied de l'arc de triomphe on me fit remarquer la pente extrêment raide par laquelle cet homme intrépide se précipita avec son cheval pour échapper aux Anglais qui étaient près de l'atteindre, et qui n'osèrent le suivre par un chemin si effroyable et si dangereux.

Putnam, avant d'apparaître sur la scène de la révolution, sur laquelle il joua un rôle glorieux, était déjà sorti de l'obscurité à laquelle sa vie agricole semblait devoir le condamner. A peine adolescent, il s'était fait parmi ses jeunes camarades une grande réputation de force et d'intrépidité, en allant attaquer, jusque dans l'antre où elle s'était retirée, une louve qui depuis plusieurs années était devenue la terreur du canton qu'il habitait. En 1755, à l'âge de trente-sept ans, il quitta la charrue pour l'épée, et prit le commandement d'une compagnie d'un régiment provincial. Dans la guerre qui éclata en Amérique entre la France et l'Angleterre, il fit l'admiration et l'étonnement de ses compagnons d'armes, comme chef de partisans. Un seul homme pouvait alors lui être comparé, et cet homme était Français : il s'appelait Molang. Dans une rencontre entre ces deux chefs, Putnam fut battu et pris; il dut même la vie à Molang, qui l'arracha des mains des Indiens qui se disposaient à le brûler; mais sa gloire et sa réputation ne souffrirent pas de cet échec, car il avait, par des prodiges de valeur et d'habileté, vigoureusement disputé la victoire à Molang.

Le bruit de la bataille de Lexington l'arracha de nouveau à la vie des champs qu'il avait reprise depuis long-temps. Son ancienne renommée rallia bientôt sous ses ordres un grand nombre de ses concitoyens, à la tête desquels il reparut à la bataille de Bunker's-Hill. Depuis ce jour, jusqu'à la fin de la campagne de 1779, époque à laquelle une attaque de paralysie l'obligea à quitter l'armée, il ne laissa échapper aucune occasion de prouver qu'il avait dévoué sa vie à la cause de la liberté. Sa probité était devenue proverbiale, et l'anecdote suivante pourra donner une idée de la trempe de son caractère. Au printemps de 1777, il avait eu le commandement d'un corps particulier dans l'état de New-York. Un nommé Palmer, lieutenant des torys de nouvelles levées, fut trouvé dans son camp; le gouverneur anglais Tryon le réclama comme officier au service du roi, et menaça Putnam de toute sa colère s'il ne le lui renvoyait pas sur-le-champ. Putnam lui répondit par ce billet :

« Monsieur : Nathan Palmer, lieutenant au
» service de votre roi, a été pris dans mon camp
» comme espion, jugé comme espion, condamné
» comme espion, et sera pendu comme espion.
» *P. S.* Après midi. Il est pendu. »

Par les soins de la corporation de New-York, dont trois membres avaient été désignés pour nous accompagner jusqu'à notre retour, des relais nombreux et excellens avaient été disposés sur toute la route. Malgré cette sage précaution, notre marche fut très-lente, car nous ne pouvions passer un hameau sans y être retenus quelques instans par des réunions de la population accourue de plus de vingt milles à la ronde. Chaque village avait élevé son arc de triomphe sur lequel on voyait presque toujours unis les noms de Washington et de Lafayette, ou les dates des combats de la Brandywine et de Yorktown. Partout annoncé par le bruit du canon, partout reçu et complimenté par les magistrats du peuple, partout obligé de mettre pied à terre pour recevoir les témoignages d'amour de la population toute entière, ce n'est qu'après cinq jours et presque cinq nuits que le général a pu arriver à Boston, qui n'est pourtant qu'à deux cents milles de New-York. Je dis presque cinq nuits, et avec raison, car nous avons constamment voyagé jusqu'à près de minuit, pour nous remettre en marche à cinq heures du matin. Cependant, au milieu de ces scènes touchantes et sublimes de la reconnaissance de tout un peuple, il ne nous était pas permis de songer à la fatigue : nos marches de nuit même avaient un charme qui nous la faisait oublier. Cette longue file de voitures, escortées par des cavaliers munis de flambeaux; ces feux allumés de distance en distance sur le sommet des collines, et autour desquels étaient groupées quelques familles que le désir de voir leur hôte avait tenues éveillées; le bruit un peu sauvage du clairon de notre escorte, répété à plusieurs reprises par les échos des vallons; la vue de la mer qui nous apparaissait de temps en temps à notre droite; le bruit lointain et décroissant des cloches qui avait annoncé notre passage; tout en un mot faisait autour de nous un tableau séduisant et pittoresque, digne de la plume de Cooper. C'est ainsi que nous avons parcouru Fairfield, New-Haven et New-London, dans le Connecticut; Providence dans le Rhode-Island; et enfin la route de Rhode-Island à Boston.

New-Haven est la ville la plus considérable de l'état de Connecticut; elle est, alternativement avec Hartford, le siége du gouvernement. Sa population est de plus de sept mille âmes; sa situation sur une petite baie formée par la rivière de l'Est, est riante. Le court séjour que nous y fîmes, ne nous permit que de visiter à la hâte son collége qui jouit d'une grande réputation, non-seulement dans l'état de Connecticut, mais encore dans toute l'Union. Il fut fondé en 1701, sous le nom de collége de Yale, en l'honneur de Élihu Yale, écuyer de Londres, son principal bienfaiteur, alors gouverneur de la compagnie des Indes orientales; la faveur que le peuple lui a constamment accordée en a fait un établissement considérable; il renferme aujourd'hui plus de quatre cents étudians; il y a un président, quatre professeurs, six précepteurs et un trésorier. Ce collége est dirigé par une corporation composée d'un gouverneur, d'un sous-gouverneur, de six membres anciens du conseil, et de dix agrégés, tous membres du clergé. Les affaires sont traitées par un comité de trois ou quatre membres qui s'assemblent quatre fois par an. Les études dont on s'occupe, sont : 1°. la théologie, qui est professée par le président; 2°. les mathématiques et l'histoire naturelle; 3°. la chimie et la minéralogie; 4°. les langues et l'histoire ecclésiastique; 5°. les lois.

Pour entrer dans la première classe, le candidat doit être capable de traduire l'Ancien Testament grec, Virgile et Cicéron, et d'écrire en latin selon les règles de Clarke; il doit connaître aussi l'arithmétique. Le prix de la nourriture est d'environ deux dollars par semaine.

La bibliothéque contient plus de six mille volumes, et un fonds produisant deux cents dollars par an y est affecté. La plus grande partie des livres classiques, qui ont une grande valeur, proviennent des dons du célèbre Berkley, évêque de Cloyne, en Irlande, qui s'élevèrent à environ mille volumes estimés à quatre cents livres sterlings.

Le laboratoire de chimie est remarquable par le nombre et le choix des appareils. Le cabinet de minéralogie qui d'abord contenait deux mille cinq cents échantillons, a été considérablement enrichi par le général Gibbs, qui lui en a légué vingt-quatre mille pour l'usage des étudians. Ces vingt-quatre mille échantillons sont estimés vingt mille dollars.

Il y aussi dans le collége de Yale, une institution médicale dont les leçons roulent sur les matières suivantes : 1°. théorie et pratique de la médecine; 2°. chirurgie et accouchemens; 3°. anatomie; 4°. chimie, pharmacie et minéralogie.

Le président du collége, les professeurs, les administrateurs nous conduisirent dans toutes les parties de l'établissement, et nous donnèrent des détails avec une complaisance et une précision qui méritèrent toute notre reconnaissance.

On nous dit qu'il y avait aussi à New-Haven une belle manufacture d'armes; mais le peu de temps dont le général pouvait disposer, ne nous permit pas de la visiter.

Comme dans l'état de New-York, et peut-être plus encore, l'instruction publique est, dans l'état de Connecticut, l'objet des soins les plus constans du peuple et du gouvernement. Aussi serait-il difficile de trouver dans cet état un enfant de douze ans ne sachant ni lire, ni écrire. La loi de l'état veut que chaque commune ait une école de grammaire; il y a partout un grand nombre de colléges dans lesquelles les diverses branches des connaissances humaines sont habilement enseignées à peu de frais. La seule ville de New-Haven, outre son grand collége de Yale, a encore seize écoles publiques et huit particulières.

Les fonds destinés aux écoles s'élèvent à un million cinq cent mille dollars, dont les intérêts, avec douze mille dollars provenant des impôts publics, sont employés annuellement aux frais de l'instruction. Chaque ville reçoit en proportion du montant de ses contributions; et les écoles sont dirigées et surveillées par un comité désigné par les habitans, qui ne souffriraient pas qu'une chose aussi importante que l'éducation publique, une des premières garanties de la liberté, devînt le monopole d'une communauté religieuse ou d'une université.

Le peuple du Connecticut est rigide observateur des pratiques religieuses; mais il s'est dépouillé depuis long-temps de cet esprit de persécution qui animait les fondateurs de la colonie, dont la première ordonnance ecclésiastique, en prenant possession du sol en 1637, refusait les priviléges de citoyen à tous ceux qui ne se soumettaient pas entièrement et sans réserves aux formalités de la religion établie. Aujourd'hui que la liberté religieuse est consacrée par la loi, la tolérance réciproque des diverses communions a établi une sorte de fraternité entre elles; nous en eûmes une preuve bien frappante pendant la journée du dimanche que nous passâmes à New-London. En arrivant dans cette ville, le général Lafayette, pour ne blesser en rien les habitudes de cet excellent peuple dont il recevait de si touchantes preuves d'amour, avait exprimé le désir d'assister à l'office divin; aussitôt les congrégationalistes et les épiscopaux, qui forment les communions dominantes de la ville, lui firent offrir leurs temples. Il était difficile d'accepter les offres des uns sans blesser les autres, et le Général leur fit dire qu'il irait volontiers à tous deux. Cette réponse répandit une grande joie dans la ville. Nous nous rendimes d'abord au temple de la congrégation, ensuite au temple épiscopal; nous les trouvâmes tous deux entourés et remplis par la foule sans distinction de communions; dans tous deux le sermon roula sur la morale, sans discussion de dogmes, et se termina par l'éloge de *celui que Dieu avait conduit tant de fois à travers les dangers de l'Océan, pour assurer le bonheur et la liberté de l'Amérique.* Ces sermons furent écoutés avec un égal recueillement par tous. A la sortie du temple, les deux ministres se serrèrent cordialement la main en se félicitant mutuellement du bonheur qu'ils avaient eu de recevoir chez eux l'hôte de la nation.

L'état de Connecticut a en lui-même tous les élémens de prospérité; son sol fertile offre à la fois de riches produits du règne végétal et du règne minéral. Le fer, le plomb, le cuivre, la marcassite, l'antimoine, le marbre, la terre à porcelaine et le charbon de terre, s'y trouvent en grande quantité dans quelques cantons. Pour donner une idée du nombre, de la variété et de l'activité des manufactures, il me suffira de dire que sur une population de près de deux cent quatre-vingt mille âmes, elles occupent constamment plus de dix-huit mille personnes. L'industrie doit au Connecticut plusieurs inventions utiles, entre autres la machine : de *Chittendon* pour faire les dents des machines à carder, inventée en 1784 et très-perfectionnée depuis. Cette machine est mise en mouvement par un mandrin de douze pouces de long et d'un pouce de diamètre, à chaque tour duquel on fait une dent; on en fait trente-six mille à l'heure. La machine de *Miller et de Whitney*, pour séparer le coton de sa graine. Avant cette invention, l'opération se faisait à la main, et si lentement qu'une personne n'en pouvait faire qu'une livre en un jour; par le nouveau procédé on en fait journellement plus de mille livres. L'invention de cette machine a été achetée cinquante mille dollars par le gouvernement de cet état. La machine de *William Humphreys*, pour filer la laine au moyen de l'eau. Douze fuseaux de cette machine, font autant d'ouvrage que quarante fuseaux simples. Le droit de construction est acheté au prix d'un dollar chaque fuseau. La machine de *Culver*, pour nettoyer les bassins et éloigner les barres de sable qui se forment à l'embouchure des rivières. Au moyen de cette machine, on a creusé considérablement le canal de la Tamise [1].

En entrant dans l'état de Rhode-Island, Lafayette éprouva un vif regret de ne pouvoir suspendre un instant sa course triomphale; il aurait eu plaisir à visiter des lieux qui lui rappelaient tant de souvenirs de sa jeunesse.

En 1778, Lafayette avait été détaché de Washington avec deux brigades pour aller seconder Sullivan, qui cherchait à s'emparer de Rhode-Island, que les Anglais occupaient depuis 1776. Pour mieux assurer le succès des opérations, on

---

[1] Petite rivière de l'état de Connecticut.

avait attendu l'arrivée du comte d'Estaing, qui amenait une escadre française qui, portant des troupes de débarquement, offrait le double avantage de fermer toute retraite aux Anglais par mer, et de renforcer les attaques que Sullivan méditait contre New-Port. Mais malheureusement un malentendu eut lieu entre le comte d'Estaing et Sullivan; les troupes françaises ne furent point débarquées, et pendant que Lafayette s'efforçait par sa médiation de ramener la concorde entre les deux chefs, l'arrivée de l'escadre anglaise commandée par le lord Howe fut signalée. Aussitôt, le comte d'Estaing, profitant d'un vent favorable, sortit pour aller combattre le lord Howe. Deux jours furent employés par les deux amiraux à manœuvrer, pour prendre l'avantage du vent. Enfin, au moment où ils allaient en venir aux mains, une tempête épouvantable les sépara et maltraita tellement les deux escadres, que l'une fut obligée de retourner chercher un abri à New-York, et que l'autre se hâta de rentrer dans la rade de New-Port. Après la rentrée de la flotte française, Sullivan espérait reprendre ses opérations; mais le comte d'Estaing lui déclara qu'après avoir pris l'avis de ses officiers, il se décidait à partir pour Boston; que ses instructions d'ailleurs portaient que, dans le cas où son escadre éprouverait quelque dommage, ou serait menacée par des forces anglaises supérieures, il devait chercher à se retirer dans ce port.

Les avaries qu'il avait éprouvées par la tempête, et la nouvelle de l'apparition d'une flotte anglaise très-nombreuse sur les côtes, justifiaient sa retraite sur Boston; mais cette retraite jetait Sullivan et son armée dans le désespoir. Sans le secours de l'escadre française, il n'était plus possible de compter sur un succès; elle emportait avec elle toutes les espérances qu'on avait conçues. Le général Greene et Lafayette furent envoyés près du comte d'Estaing pour combattre sa funeste résolution; ils lui parlèrent avec chaleur, et des glorieux avantages que les armes françaises et américaines retireraient de sa coopération contre la garnison anglaise de Rhode-Island, qui ne pouvait lui échapper, et des fâcheux effets que produirait sur l'esprit de l'armée américaine, l'abandon d'un allié dont la présence avait d'abord causé tant de joie : ils lui représentèrent et les dangers de sa retraite à travers les écueils de Nantucket, avec des bâtimens en mauvais état; et les avantages que New-Port lui offrait sur Boston, tant pour réparer ses vaisseaux, que pour résister aux entreprises d'un ennemi qui se trouvait enhardi par la supériorité de ses forces; enfin ils terminèrent en le suppliant de ne point sacrifier à de petites querelles particulières, la gloire et les intérêts de deux nations unies pour la défense d'une si belle cause. Quelque graves que fussent toutes ces considérations, le comte d'Estaing n'en persista pas moins dans sa résolution, et mit à la voile immédiatement. Ainsi abandonné par la flotte, Sullivan assembla les officiers généraux de son armée pour recueillir leurs avis sur les deux partis qui restaient à prendre : tâcher d'emporter la place de vive force, ou évacuer l'île en emmenant tous les magasins. Le découragement de l'armée provoqué par le départ de la flotte, rendait le premier moyen d'une exécution difficile; le second était désespérant pour des hommes qui s'étaient vus si près du succès. Le conseil de Sullivan prit un terme moyen et se sépara avec la résolution de lever le siége, de se retirer à l'extrémité nord de l'île, et de s'y retrancher pour attendre les événemens; ce qui fut exécuté dans la nuit même qui suivit, avec autant de bonheur que d'habileté. Sullivan alors reporta encore ses espérances vers l'escadre française, et voulut faire une dernière tentative près du comte d'Estaing. Plein de confiance dans la grande influence que Lafayette exerçait sur tous ceux avec lesquels il entrait en relation, il le chargea de cette mission délicate; celui-ci l'accepta et partit pour Boston, mais non sans laisser voir combien il lui en coûtait de se séparer de ses compagnons d'armes, au moment où on ne pouvait douter que l'ennemi n'attaquât bientôt. En effet, pendant son absence, les Anglais tâtèrent à plusieurs reprises la position des Américains, mais sans succès; ces divers engagemens avaient contribué à relever la confiance des troupes de Sullivan. La négociation de Lafayette avait eu pour résultat d'obtenir la promesse du retour de l'escadre, après que toutes ses avaries seraient réparées; tout enfin semblait promettre à Sullivan la récompense due à sa tenacité, lorsque la nouvelle d'un renfort de quatre mille hommes, amené aux Anglais par le général Clinton lui-même, le mit dans la triste nécessité d'évacuer l'île au plus tôt, pour ne pas y être bloqué à son tour. Il prépara sa retraite avec une rare habileté. Le mouvement allait commencer, lorsque, au grand étonnement de Sullivan qui croyait encore Lafayette à Boston, celui-ci se présenta pour prendre le commandement de l'arrière-garde. Il avait parcouru la distance de Boston à Rhode-Island, qui est d'environ trente lieues, en huit heures. Ce zèle toucha vivement Sullivan, qui lui laissa la conduite de l'arrière-garde; et tout fut exécuté avec tant de sagesse, qu'à deux heures du matin le mouvement était entièrement terminé, et les troupes américaines placées en sûreté sur le continent, depuis Providence jusqu'à Liverton.

Cette retraite valut à Sullivan des remercîmens de la part du congrès qui félicita aussi

Lafayette, *autant pour les sacrifices de satisfaction personnelle qu'il avait faits en consentant à quitter l'armée pour servir les intérêts des États-Unis au moment d'une bataille, que pour la conduite vigoureuse qu'il avait tenue en ramenant l'arrière-garde.*

A la vivacité des transports qui éclataient de toutes parts autour de nous à notre entrée dans Providence, il était facile de reconnaître que le peuple de cette contrée n'avait point perdu le souvenir de la conduite de Lafayette dans des temps de glorieux revers. Les expressions de reconnaissance du congrès ne me parurent pas non plus oubliées, car je les entendais répéter par toutes les bouches, je les voyais écrites sur tous les arcs de triomphe. Malgré les instances du peuple et des magistrats, le général ne put s'arrêter que le temps nécessaire pour prendre quelques rafraîchissemens; et nous nous empressâmes de nous rendre sur la frontière du Massachusets, où deux aides-de-camp du gouverneur de cet état attendaient Lafayette avec de nouvelles voitures et une nouvelle escorte; nous les rencontrâmes au soleil couchant. Le colonel Harris, premier aide-de-camp du gouverneur, mit une telle activité à ordonner notre marche, qu'à onze heures nous étions à Dedham, et qu'à deux heures après minuit nous entrions, à la clarté des flambeaux, à Roxbury, village délicieux à deux milles de

Boston, et où est située la maison du gouverneur Eustis, qui attendait le général avec une vive impatience. Malgré l'heure avancée de la nuit, tout le monde veillait dans sa maison, dont les fenêtres, le jardin et les avenues étaient illuminés. La réception que le gouverneur fit au général fut franche, simple et amicale, comme devait l'être celle d'un vieux soldat républicain charmé de revoir un ancien compagnon d'armes dont il a partagé les travaux. Deux heures de sommeil nous firent oublier les fatigues de la journée et nous mirent en état de faire notre entrée à Boston le lendemain. Au point du jour, nous fûmes réveillés par le bruit d'une musique guerrière, c'était celle de l'infanterie légère, qui déjà donnait sous nos fenêtres le spectacle de ses manœuvres. La vue de l'uniforme de cette troupe remua fortement l'âme du général, il ne pouvait en détourner ses yeux, et s'écriait à chaque instant : « Ma brave infanterie légère, c'est bien » comme cela qu'elle était vêtue ! quel courage ! » quelle résignation ! aussi combien je l'aimais ! » Dans cet instant un aide-de-camp du gouverneur introduisit dans sa chambre et lui présenta un homme encore jeune, mais d'une physionomie mélancolique ; il portait dans ses mains une épée qu'il présenta au général : « Connaissez-vous » cette épée ? » lui dit-il. — « Je trouve du moins » qu'elle ressemble beaucoup à celles que j'avais

» fait venir de France pour armer les sous-offi-
» ciers de mon infanterie légère. — C'est bien
» une de celles-là ; mon père l'a reçue de vos
» mains ; il s'en est glorieusement servi pour la
» conquête de notre indépendance ; il l'a reli-
» gieusement conservée en mémoire de son gé-
» néral, et il eût été heureux de vous la présen-
» ter lui-même : avant-hier il l'espérait encore,
» et cet espoir adoucissait ses derniers momens ;
» mais avant-hier il est mort.... Pauvre, il ne m'a
» point légué de richesses; mais il m'a laissé cette
» épée qui sera pour moi le plus précieux des
» biens, si vous sanctionnez le don qu'il m'en a
» fait...... » — Pendant qu'il parlait, le général
avait pris l'épée de ses mains et l'examinait avec
intérêt ; il la lui rendit aussitôt en disant : « Te-
» nez, gardez-la soigneusement, afin qu'elle serve
» entre vos mains à conserver les droits à la con-
» quête desquels elle a si vaillamment contribué
» entre les mains de votre père.... » L'Américain
reçut l'épée avec transport et sortit en pronon-
çant avec attendrissement le nom de son père et
de Lafayette.

Peu d'instans après arriva le cortége qui devait
accompagner le général ; le canon donna le signal
du départ, et nous nous mîmes en marche. Le
concours du peuple sorti de la ville était si considérable, que le chemin en était obstrué, et que
nous mîmes deux heures pour faire deux milles.

Toute la route était bordée de milices à pied et à cheval ; les charretiers, de Boston vêtus de blouses éclatantes de blancheur, formaient un corps nombreux de cavalerie parfaitement monté. Une soixantaine de petits garçons de douze à quatorze ans, organisés en compagnie d'artillerie et servant deux pièces de canon dont le calibre était proportionné à leurs forces, couraient à la tête du cortége, s'arrêtaient de temps en temps pour le saluer d'une salve de leur batterie, et repartaient avec rapidité pour aller prendre une nouvelle position et le saluer encore. A midi nous étions dans les faubourgs de Boston ; à la porte de la ville, sous un arc de triomphe, nous rencontrâmes le corps municipal. Le maire, seul dans une calèche découverte, s'arrêta à côté de celle du général qui était découverte aussi ; tous deux se saluèrent en se levant, et le maire prenant aussitôt la parole, lui dit : « Vous voyez ce peuple
» pour lequel vous avez combattu, il est heureux
» au-delà de toute espérance ; sa liberté est assu-
» rée, il se repose maintenant dans sa force sans
» crainte comme sans reproche. Vous avez versé
» votre sang pour trois millions d'hommes, et
» dix millions s'avancent aujourd'hui vers vous,
» conduits par la reconnaissance. Ce mouvement
» n'est pas celui d'une populace turbulente exci-
» tée par l'aspect des lauriers qu'un jeune conqué-
» rant a nouvellement cueillis ; c'est celui d'un

» grand peuple qui cède à une impulsion grave, » morale et toute intellectuelle. » — Le maintien calme et modeste du général pendant ce discours, la belle physionomie de M. Quincy, qui s'animait à mesure qu'il parlait, l'arc de triomphe qui s'élevait au-dessus d'eux, l'attitude et le silence religieux de plusieurs milliers de citoyens, offrirent dans ce moment à mes regards étonnés le beau idéal d'une fête populaire, d'un triomphe républicain. Après la réponse du général, nous traversâmes la ville pour nous rendre au palais de l'état : pendant ce trajet les témoignages d'amour que les habitans de Boston prodiguaient au général étaient si touchans que nous ne pouvions retenir des larmes d'attendrissement. Devant le palais, sur une pelouse immense d'où l'on découvre au loin une mer couverte de petits îlots, était une longue double haie de jeunes filles et de jeunes garçons des écoles publiques ; tous étaient décorés du *ruban de Lafayette*, et élevaient leurs petites mains vers le ciel en poussant des cris de joie. Une des plus jeunes filles vint offrir un compliment. On l'éleva vers la voiture du général, elle lui plaça une couronne d'immortelles sur la tête, et l'embrassa en l'appelant tendrement du nom de père. Enfin nous entrâmes dans la salle du sénat, où s'étaient réunis tous les fonctionnaires publics, les membres de la société de Cincinnatus, les corps savans, et autant de citoyens que la salle en pouvait contenir. Au moment où le général parut devant le gouverneur Eustis, qui le reçut à la porte, le pavillon national fut élevé sur la coupole du palais, et toutes les milices firent feu de leurs armes. Après le discours de réception prononcé *au nom du gouvernement et en présence des citoyens de l'état de Massachusets*, la scène de *City-Hall* à New-York se renouvela; c'est-à-dire que le général fut retenu pendant plus de deux heures par les témoignages d'amitié de tous ceux qui purent parvenir jusqu'à lui. On nous conduisit ensuite à l'entrée de *Park-Street*, dans un hôtel qui avait été préparé pour nous recevoir; le maire nous montra lui-même nos appartemens, qui étaient richement meublés : « Vous êtes ici chez vous, » nous dit-il, « vous y trouverez, je l'espère, tout » ce qui vous est nécessaire; si vous n'y trouvez » rien de superflu, rappelez-vous que vous êtes » reçus par des républicains...... » — Ces paroles de M. Quincy étaient, sans doute, fort aimables; mais j'avoue qu'elles nous donnèrent beaucoup à penser sur le *nécessaire* des républicains de Boston, surtout lorsque nous apprimes que de très-belles voitures et de fort bons chevaux avaient été mis à notre disposition pour tout le temps de notre séjour dans cette ville.

Le soir, nous nous rendîmes au café de la Bourse pour y dîner avec le gouverneur, son état-major, le corps municipal et tous les autres corps constitués de la ville. La salle était décorée et ornée de devises qui rappelaient, et les actions de Lafayette, et la reconnaissance que conservent les Américains pour l'assistance que leur prêta la France, lorsque la fortune, encore indécise, tenait la balance égale entre la liberté et l'oppression. Les drapeaux français et américains flottaient unis au-dessus de la tête du président du banquet, et M. Parker, chef de justice, porta un toast à la mémoire de Louis XVI, en ajoutant que tous ceux qui avaient favorisé la liberté ne devaient point être oubliés, lors même qu'ils avaient porté la couronne.

Le 25, à midi, nous nous rendîmes à l'université de Cambridge pour y assister à la distribution des prix, qui fut faite avec une pompe que rehaussait considérablement la présence d'une grande quantité de dames qu'avait attirées le désir de voir Lafayette, qu'on savait devoir s'y trouver.

Cambridge est un des plus beaux et des plus riches villages de la Nouvelle-Angleterre; il est situé à une lieue de Boston, et contient plus de trois mille habitans. Son université, connue sous le nom de collége de Harward, en l'honneur de son fondateur, a fourni un grand nombre d'hommes distingués dans les lettres et dans les sciences; aussi les citoyens du Massachusets, qui sont fiers de ses succès, la soutiennent-ils avec une libéralité qui prouve combien les lumières de l'instruction sont en honneur dans cet état. Outre les chaires de théologie, d'anatomie et de chirurgie, de science médicale et de chimie, de physique théorique et expérimentale, de mathématiques et de philosophie naturelle, de logique et de métaphysique, de langues latine, grecque et orientales, qui existent depuis long-temps, six nouvelles chaires et trois facultés ont été fondées depuis environ douze ans, ainsi qu'il suit [1] :

1°. Une chaire d'histoire naturelle, fondée par une souscription particulière, pour l'établissement d'un jardin botanique et l'entretien d'un professeur ;

2°. Une chaire de rhétorique et d'éloquence, établie sur une donation de Ward-Nicolas Boylston ;

3°. Une chaire de littérature grecque, fondée en 1814 sur la donation d'un *bienfaiteur inconnu*, de Boston ;

4°. Une chaire de langues espagnole et française, fondée par un riche marchand de Boston, qui à cet effet a légué une somme de trente mille dollars ;

5°. Un chaire fondée en 1816 par le comte de Rumford ; elle a pour objet l'application des

---

[1] *Description statistique, historique et politique des États-Unis*, par Warden.

sciences physiques et mathématiques aux arts utiles. Le capital de fondation s'élève à quarante mille dollars;

6°. Une chaire établie en 1817 pour la théologie naturelle et la philosophie morale.

Les trois facultés qui complètent les moyens d'instruction sont :

1°. Une école de médecine; 2°. une école de théologie dans laquelle on pourvoit, à l'aide d'une souscription, aux besoins et à toute l'instruction des étudians, cette souscription est exactement remplie par des personnes animées de l'amour du bien public; 3°. une école de droit pour ceux qui se destinent au barreau.

La bibliothéque, qui se compose de près de vingt mille volumes d'ouvrages choisis, augmente chaque année par des dons particuliers.

Enfin cette université, par ses revenus, la richesse de sa bibliothéque et de ses cabinets, le mérite de ses professeurs, et les moyens qu'elle fournit d'acquérir tous les genres d'instruction, n'a point d'égale, non-seulement dans le reste de l'Union, mais peut-être encore dans toute l'Europe.

Le général Lafayette fut reçu à la porte de la chapelle dans laquelle se faisait la distribution des prix par le président, M. Kirkland, qui le harangua avec une éloquence qui prenait sa source dans un cœur fortement ému. Lorsque le général parut dans la salle, les acclamations et les transports de toute la foule, et particulièrement des dames, furent telles, que pendant long-temps il ne fut pas possible de commencer les exercices ; c'était un tableau vraiment séduisant que celui de ces vastes tribunes remplies de jeunes femmes couronnées de fleurs, agitant leurs mouchoirs au-dessus de leurs têtes, pour saluer celui qu'elles nommaient leur père, leur ami, leur défenseur, le compagnon de leur grand Washington..... En vain le président réclama à plusieurs reprises un silence sans lequel il n'était point possible de se faire entendre ; chaque fois sa voix fut couverte par des applaudissemens et les cris de *Vive Lafayette!* Enfin au bout d'une demi-heure le calme se rétablit, et l'on put commencer les exercices, qui furent souvent interrompus par l'ardeur avec laquelle furent saisies toutes les allusions qui se rencontrèrent dans les discours prononcés dans cette séance.

Nous revînmes encore le lendemain à l'université de Cambridge pour assister, dans la même salle, et en présence du même public animé du même enthousiasme, à une séance de la société hellénique. Le discours d'ouverture fut prononcé par M. Éverett, jeune professeur dont les talens et l'éloquence précoces promettent à la tribune nationale un orateur très-distingué. Si ma plume était plus exercée, j'essaierais de reproduire ici ce discours qui, malgré sa longueur, fut jusqu'à la fin écouté avec un vif intérêt par l'auditoire, et qui souvent fut couvert d'applaudissemens bien mérités.

L'orateur s'était proposé de rechercher *les causes particulières qui contribuent le plus au développement de l'intelligence dans les États-Unis.* Il nous prouva sans efforts qu'elles étaient toutes dans la démocratie des institutions. « Nos » institutions populaires, » dit-il, « sont favora-
» bles au développement de l'intelligence, parce
» qu'elles sont basées sur le vœu de la nature ;
» elles ne condamnent point le corps social à
» l'inaction et à l'humiliation ; elles rattachent
» à chaque membre de la société ce nerf vital
» par lequel chaque impression grande et géné-
» reuse réagit avec une rapidité électrique sur la
» société toute entière. Elles étendent les bien-
» faits de l'éducation à tous, elles poussent le ta-
» lent ignoré et timide dans l'heureuse carrière
» de l'émulation ; par mille moyens divers elles
» préparent de nombreux auditoires aux lèvres
» que la nature a douées de persuasion ; elles
» placent la lyre dans les mains du génie ; elles
» accordent à tous ceux qui le recherchent ou qui
» le méritent, le seul patronage digne d'envie,
» le patronage *des services rendus à la société !* »

Après avoir longuement, mais vigoureusement démontré la supériorité du gouvernement républicain tel qu'il est conçu et pratiqué aux États-Unis, sur le système monarchique qui, après avoir divisé une partie de la nation en nobles, en prêtres privilégiés, en soldats toujours armés, en police inquisitoriale, fait du reste une classe de parias politiques, l'orateur termina en payant à Lafayette son tribut de reconnaissance :

« Cette année, » dit-il, « va compléter le pre-
» mier demi-siècle de l'ère la plus importante de
» l'histoire humaine, l'ère de notre révolution. De-
» puis cette époque le temps a vu tomber sur la
» poussière qu'ils avaient arrosée de leur sang la
» plupart des grands hommes auxquels nous
» devons notre existence nationale. Peu d'entre
» eux jouissent encore parmi nous des doux
» fruits de leurs travaux et de leurs sacrifices ;
» cependant en voici un qui, cédant à la voix du
» peuple, vient à la fin de sa carrière recevoir
» les hommages d'une nation à laquelle il avait
» dévoué sa jeunesse. L'histoire américaine n'a
» point oublié que lorsque cet ami de notre pays
» s'adressa à nos commissaires envoyés à Paris en
» 1776, pour leur demander les moyens de pas-
» ser en Amérique, ils furent obligés de lui ré-
» pondre (tant notre chère patrie était alors pau-
» vre et malheureuse), qu'ils n'avaient ni moyens,
» ni crédit pour équiper un seul vaisseau dans
» tous les ports de France : Hé bien ! s'écria le

» jeune héros, j'en équiperai un moi-même. Et
» ceci est un fait littéralement vrai, que, quoi-
» que l'Amérique fût trop misérable pour le faire
» transporter sur ses bords, il n'hésita point,
» dans un âge encore tendre, à quitter famille,
» bonheur, richesses, dignités, pour s'engager
» dans la lutte sanglante et douteuse de notre ré-
» volution.

» Salut! ami de nos pères! soyez le bien venu
» sur nos rivages! Heureux sont nos yeux de con-
» templer vos traits vénérables! jouissez d'un
» triomphe qui n'est réservé ni aux conquérans
» ni aux monarques, de l'assurance qu'ici dans
» toute l'Amérique il n'y a pas un cœur qui ne
» batte de joie et de reconnaissance au bruit de
» votre nom. Vous avez déjà reçu, ou vous rece-
» vrez bientôt le salut de ce petit nombre de pa-
» triotes ardens, de sages conseillers, de guer-
» riers intrépides avec lesquels vous vous étiez
» associé pour la conquête de notre liberté; mais
» c'est en vain que vous chercherez autour de
» vous tous ceux qui auraient préféré à des an-
» nées de vie un jour comme celui-ci passé avec
» leur vieux compagnon d'armes. Lincoln,
» Greene, Knox, Hamilton, sont morts; les
» héros de Saratoga et de York-Town sont tom-
» bés devant le seul ennemi qu'ils ne pouvaient
» combattre; et le plus grand de tous, le premier
» des héros et des hommes, l'ami de votre jeu-

» nesse, le sauveur de la patrie, repose dans le
» sein de la terre qu'il a affranchie. Sur les rives
» du Potomac, il repose en paix et en gloire.
» Vous visiterez de nouveau le toit hospitalier de
» Mont-Vernon; mais celui que vous vénériez ne
» sera plus sur le seuil pour vous recevoir; sa
» voix, cette voix consolatrice qui parvint jus-
» qu'à vous dans les cachots de l'Autriche, ne rom-
» pra plus le silence pour vous faire asseoir à son
» foyer; mais les enfans de l'Amérique vous ac-
» cueillent en son nom et vous crient : Bienvenu
» Lafayette! trois fois bien venu sur nos riva-
» ges, l'ami de nos pères et de notre pays!...... »

Le 27, d'assez grand matin, des voitures, une escorte de cavalerie, les autorités civiles et militaires, et un grand nombre de citoyens vinrent prendre le général pour le conduire à l'établissement de marine situé à Charlestown, qui n'est séparé de Boston que par un bras de mer que l'on passe sur un très-beau pont de plus d'un mille de long. Nous fûmes reçus à l'arsenal de la marine par le commodore Baindbridge, dont le nom rappelle plus d'un glorieux combat contre la marine anglaise. Après avoir visité les travaux, nous montâmes à Bunker's-Hill.

Bunker's-Hill est un de ces monumens glorieux, malheureusement trop rares encore sur la surface de la terre, qui rappelleront à la postérité la plus reculée les nobles efforts de la liberté contre la tyrannie et l'oppression. C'est à Bunker's-Hill que, pour la première fois, les Américains osèrent, dans un combat régulier, braver les armes de leurs oppresseurs ; ce fut là que des hommes presque sans armes et sans discipline, et de beaucoup inférieurs en nombre à leurs ennemis, mais encouragés par la présence de leurs femmes, de leurs enfans, de leurs concitoyens, qui des hauteurs de Boston leur faisaient entendre ces mots magiques, *Indépendance*, *postérité*, soutinrent avec un courage digne des temps héroïques trois assauts successifs livrés par des bataillons nombreux que l'expérience et la science des combats semblaient devoir conduire à une victoire aisée. Forcés enfin de céder au nombre, les Américains se retirèrent, mais en bon ordre, et laissant derrière eux des preuves sanglantes de leur courage et de leur vigoureuse résistance ; ce fut un instant avant cette retraite qui révélait aux amis de la liberté leur force et leurs espérances, de cette retraite qui valait une victoire, que tomba le jeune et intéressant général Warren ; respectant son courage, la mort n'avait point osé le frapper en face pendant le combat ; en rentrant dans les retranchemens qu'il avait quittés pour poursuivre les Anglais qui avaient échoué pour la troisième fois dans leur attaque, il reçut une balle dans les reins.... Il repose maintenant sous une simple pyramide élevée précisément à la place où son sang rougit la terre. Ce fut au pied de ce monument modeste que le général Lafayette fut accueilli par quelques vieux guerriers, reste glorieux de ce premier combat de la guerre de l'indépendance. En leur présence, le docteur A. M. Thompson adressa au général un discours de félicitation au nom des habitans de Charlestown. « Au milieu de la joie que nous cause votre visite, » lui dit-il, « nous ne pouvons nous défendre d'une » émotion particulière en vous recevant sur les » mémorables hauteurs de Bunker's-Hill. Sur cette » terre sainte immortalisée par la mort des héros » de notre révolution, et consacrée à leurs mànes » généreuses, la liberté apparut autrefois san- » glante et baignée de larmes, son char était » porté sur des roues de feu; aujourd'hui elle s'y » montre entre la paix et la gloire, conduite par » les douces affections d'un peuple heureux, pour » y offrir la couronne civique à son fils favori » qui consacra ses premiers efforts à sa défense.

» Permettez-nous, bienaimé général, de vous » exprimer encore nos vœux ardens pour que » votre vie précieuse soit prolongée au-delà des » limites accordées ordinairement à l'humanité; » pour que cette terre, que vous avez enrichie par » le sacrifice de votre première jeunesse, soit » consacrée comme asile de vos vieux ans; pour » que la patrie, qui aujourd'hui se plaît à con-

» fondre votre gloire avec celle de Washington,
» puisse vous voir, pendant le reste de votre
» longue vie, jouir des soins et des attentions
» d'un peuple qui a toujours conservé pour vous
» un sentiment si vif de reconnaissance et d'ad-
» miration. »

Le général Lafayette fut fort ému par ce discours, et son émotion se communiqua à tous ceux qui l'entouraient. « C'est avec un profond
» respect, » répondit-il, « que je foule cette terre
» sainte, où le sang des patriotes américains, le
» sang de Warren et de ses compagnons, glo-
» rieusement versé, a ranimé l'énergie de trois
» millions d'hommes, assuré le bonheur de dix
» millions qui vivent maintenant, et de tant
» d'autres millions à naître. Ce sang a appelé les
» deux continens américains à l'indépendance
» républicaine, et a éveillé chez les nations de
» l'Europe le besoin, et assuré pour l'avenir, je
» l'espère, l'exercice de leurs droits. Tels ont été
» les résultats de cette résistance à l'oppression,
» que quelques prétendus sages de cette époque
» ont appelée *imprudence*, quoiqu'elle fût un
» devoir, une vertu, et qu'elle ait été le signal de
» l'émancipation du genre humain.... »

Cette réponse fut couverte par les applaudissemens de la foule et par des salves d'artillerie. Immédiatement après, quelques bataillons de jeunes milices, conduits par le gouverneur Eustis et les généraux Brooks et Dearborn, défilèrent devant le général au bruit du canon, et d'une musique guerrière qui faisait entendre cet air sublime, cher aux patriotes français, et qui leur rappellera toujours qu'eux aussi ont eu leurs Warren, dont le sang généreux a arrosé l'arbre de la liberté à l'ombre duquel nous reposerions aujourd'hui glorieusement, s'il n'avait été ébranlé par l'anarchie et frappé au cœur par le fer sacrilége d'un audacieux soldat.

Un repas frugal, servi sous une tente, termina cette cérémonie, après laquelle nous rentrâmes en ville pour visiter le dépôt d'armes des milices; l'ancien Hôtel-de-Ville d'où le peuple assemblé partit en foule pour aller sur le port détruire deux cargaisons de thé envoyées par la compagnie anglaise des Grandes-Indes, et la salle où fut signée la déclaration d'indépendance du Massachusets. Pendant le cours de ces visites, je recueillis sur l'histoire, et la situation présente de cet état, des détails qui m'ont paru mériter d'être consignés dans le chapitre suivant.

CHAPITRE III.

PREMIERS ÉTABLISSEMENS DANS LE MASSACHUSETS. — PRÉCIS DES ÉVÉNEMENS DE LA RÉVOLUTION DANS CETTE PROVINCE. — SON ÉTAT ACTUEL.

Les premiers établissemens formés dans cette partie de l'Amérique septentrionale, appelée Massachusets, doivent leur origine aux persécutions religieuses exercées en Angleterre sous les règnes d'Élisabeth, de Jacques Ier. et de Charles Ier. L'histoire des premiers émigrans qui vinrent chercher au milieu des sauvages du Nouveau-Monde, une liberté de conscience que leur refusait la *philosophie européenne du 17e. siècle*, n'offre que le triste tableau de leur lutte continuelle contre le climat, les maladies et la faim. Ce ne fut qu'en 1630 qu'une expédition, plus nombreuse et mieux ordonnée, vint les renforcer et les aider à fonder les villes de Salem, Charleston et Boston; de cette expédition, devaient être Cromwell, Hampden et beaucoup d'autres de ceux qui exercèrent une si terrible influence dans la révolution de 1640. Déjà ils étaient à bord, ils allaient lever l'ancre et chercher dans le Nouveau-Monde un aliment à ces dispositions ardentes, qui peut-être s'y seraient moins développées qu'en présence de la tyrannie, lorsque Charles Ier. comme poussé par la fatalité les fit saisir et remettre à terre.

Un fait digne de remarque, c'est que la plupart des émigrans, qui ne quittaient alors leur patrie, leurs amis, leurs familles, que pour se soustraire aux persécutions, et qui par conséquent devaient emporter dans leur cœur la haine de leurs persécuteurs, restèrent cependant, malgré l'éloignement, attachés au gouvernement anglais, et consacrèrent sur leur terre d'exil les noms de leurs rois, en les donnant aux rivières qu'ils découvraient, aux villes qu'ils bâtissaient, aux monumens qu'ils élevaient. Était-ce par respect pour la royauté, qui, malgré ses torts, leur apparaissait encore comme sacrée, tant l'habitude a d'empire sur les hommes? Ou bien était-ce seulement pour couvrir et protéger la faiblesse de leurs établissemens, du nom d'une autorité puissante, et payer en même temps une espèce de tribut au gouvernement anglais, qui s'était constitué propriétaire de ces vastes contrées *par droit de découverte*, et qui n'aurait point laissé de repos aux colons, si, dès le premier abord, ils avaient paru vouloir rompre tous liens et tous souvenirs entre eux et la mère-patrie? Cette dernière raison me paraît la plus probable et est suffisamment appuyée par la pièce suivante, rédigée et signée par les émigrans, qui, en 1620, prirent terre à New-Plymouth.

« Au nom de Dieu : amen. Nous soussignés
» loyaux sujets de notre redouté souverain, le
» seigneur Jacques, par la grâce de Dieu, roi de
» la Grande-Bretagne, de France et d'Irlande,
» défenseur de la foi, etc., etc., ayant entrepris
» pour la gloire de Dieu et la propagation de la
» foi chrétienne, l'honneur de notre roi et de
» notre pays, un voyage dans le nord de la Vir-
» ginie, pour y fonder la première colonie, nous
» nous constituons solennellement et réciproque-
» ment, par ce présent acte, en corps politique
» pour notre administration, notre conservation
» et la propagation des choses susdites ; et en
» vertu de cet acte, nous nous reconnaissons le
» droit de faire et adopter tels lois, actes et or-
» donnances qui nous paraîtront justes et utiles
» au bien général de la colonie, ainsi que de
» nommer aux divers offices. En foi de quoi nous
» avons signé le présent acte.

» Au cap Cod, le 11 novembre de la huitième
» année du règne de notre souverain seigneur
» Jacques, roi d'Angleterre, de France et d'Ir-
» lande. A. D. 1620. »

Cet acte, comme on le voit, tout en paraissant reconnaître l'autorité de l'Angleterre, donnait cependant aux colons l'administration directe de leurs affaires, et jetait les bases de cet esprit d'indépendance qui, plus d'un siècle après, secoua le joug de la métropole, lorsqu'elle voulut revenir à l'exercice d'un despotisme pour lequel il semblait qu'il dût y avoir prescription.

En 1692, sous le règne de William et de Mary, le gouvernement anglais, pour assurer son droit de souveraineté sur le Massachusets, usurpa la nomination du gouverneur de cette province; mais manqua en grande partie son but en laissant à la législature provinciale le droit de régler et de payer les appointemens de ce gouverneur, qui par-là se trouva sans force et sans influence. Le gouvernement anglais reconnut bientôt sa faute, il voulut la réparer, et dès cet instant éclatèrent, entre la métropole et la colonie, ces mésintelligences dans lesquelles celle-ci augmenta sa résistance à mesure que la première devint plus exigeante.

Bientôt les attributions des divers pouvoirs furent entièrement confondues; le gouverneur fut investi par la couronne du droit d'organiser les tribunaux et de nommer les juges; ces priviléges furent vivement contestés par le peuple, qui les réclama comme une des prérogatives de la législature. Malgré la multiplicité des attentats de la couronne, la colonie, tout en les repoussant de tout son pouvoir, n'en restait pas moins attachée à la mère-patrie, et n'hésita point à la seconder dans la guerre coloniale qu'elle eut à soutenir en 1754 contre la France. Après cette guerre, qui pendant seize ans avait été suspendue et reprise avec des chances variées de succès et de revers, et qui se termina enfin en 1760 par la ruine des colonies françaises, les colons espéraient que la reconnaissance de la métropole, pour les services qu'ils lui avaient rendus, leur assurerait pour toujours la jouissance de leur liberté et de leurs droits acquis par tant de sacrifices de tous genres; mais deux ans s'étaient à peine écoulés depuis la conclusion de la paix, que déjà ils avaient été obligés de renoncer à leurs espérances.

L'Angleterre était alors triomphante par terre et par mer; sa prépondérance commerciale se faisait sentir sur tous les points du globe, et excitait l'envie de toutes les nations de l'Europe; mais cette gloire dont elle était enivrée, elle ne l'avait acquise que par l'épuisement de ses trésors et en contractant des dettes immenses. Pour payer ses dettes, pour rétablir ses finances, il lui fallait se créer d'autres revenus, et ses regards se portèrent vers ses colonies.

Par leur commerce avec les Indes-Occidentales, les colonies avaient fait un bénéfice immense, et à l'aide d'une bonne administration avaient trouvé le moyen d'avoir une caisse de réserve qui les mettait à même de payer leurs dettes et d'accroître successivement les importations des manufactures anglaises. Ce fut cette prospérité qui tenta la cupidité de la couronne, et dès ce moment toute l'habileté ministérielle ne consista plus qu'à varier les moyens d'arracher de l'argent aux colons. Les commandans, sur les côtes, furent convertis en âpres douaniers, chargés de *réprimer le commerce illicite et empêcher la contrebande.* Ces commandans, assurés de l'impunité, puisqu'ils ne ressortaient que des tribunaux de la Grande-Bretagne, ne craignaient point de faire souvent des saisies illégales à leur profit. Les droits sur l'importation des produits anglais furent tellement augmentés, qu'ils étaient presque l'équivalent d'une prohibition. Il fut ordonné aussi que ces droits ne pourraient plus se payer qu'en argent ou en or, et on frappa de non-valeur le papier mis en circulation par les colons. Enfin, tout le nouveau système introduit par le ministère anglais devint aussi tyrannique que ruineux, car en même temps qu'il exigeait d'énormes impôts, il anéantissait les moyens de les payer. Enhardi par la longanimité des colons, le gouvernement anglais ne sut plus s'arrêter, et l'année 1765 vit naître cette loi funeste appelée *la loi du timbre*, qui ordonnait qu'à l'avenir tous contrats, testamens, actes civils, etc., devraient être faits sur un papier timbré, sous peine de nullité, et qui imposait sur ce papier une taxe destinée à couvrir *les dépenses de la dernière guerre d'Amérique.* Cette loi, dès qu'elle fut connue, indigna tous les esprits; elle devint, dans les sociétés particulières comme dans les réunions publiques, le sujet de tous les entretiens et de toutes les discussions; chacun se reporta vers le passé, et fit avec amertume la récapitulation des outrages qu'il avait reçus de l'Angleterre, et dès cet instant, on peut le dire, le feu de la révolution fut allumé; des supplications et des remontrances auxquelles ils s'étaient tenus jusqu'alors, les colons passèrent aux menaces; le peuple du Massachusets, particulièrement, exprima avec force son ressentiment; ce fut à son instigation qu'un congrès, formé des députés de plusieurs provinces, s'assembla à New-York le 7 octobre. Ce congrès, composé d'hommes respectables par leur caractère et leurs lumières, et qui servit par la suite de modèle à celui qui conduisit avec tant de gloire la guerre de la révolution, publia alors, avec énergie, une déclaration des droits des colonies, un tableau des offenses de l'Angleterre, une pétition au roi et un mémoire au parlement. Ces actes du congrès produisirent, dans le parlement anglais, un effet qui fut encore augmenté par les écrits et la présence de Benjamin Franklin, qui était alors à Londres, et qui fut appelé devant la chambre des communes pour y examiner les réclamations de ses concitoyens ; il s'y présenta avec la modestie qui le caractérisait, et une simplicité républicaine qui contrastait singulièrement avec le luxe insolent des suppôts de l'autorité, accourus en foule à cette séance, dans le lâche espoir d'y voir humilier celui qu'ils traitaient de rebelle parce qu'il osait parler des droits de l'homme en présence de la royauté. Le calme de ses réponses, la profondeur de ses argumens, produisirent une grande impression sur l'assemblée, et firent rentrer en eux-mêmes les promoteurs de la loi du timbre, et les déterminèrent à retirer ce monument de leur tyrannie et de leur ignorance.

Autant les Américains avaient éprouvé d'indignation lorsque cette loi avait été portée, autant ils ressentirent de joie en apprenant sa révocation ; cependant le gouvernement anglais ne sut point profiter de ce retour de l'esprit public à des dispositions plus douces ; non-seulement il laissa subsister toutes les odieuses restrictions qu'il avait apportées au commerce des colonies ; mais bientôt il fit succéder à la loi du timbre un impôt non moins insupportable sur le papier, les couleurs, le verre, le thé que les colonies recevaient de l'Angleterre. Mais ce qui irrita surtout les colons, c'est que le préambule de ces actes annonçait que le produit de ces nouvelles taxes serait mis à la disposition du parlement pour payer les frais d'administration des colonies, et particulièrement pour solder les gouverneurs et les juges, qui, par cette mesure, se trouvaient soustraits à l'autorité de la législation provinciale, et mis dans la dépendance des ministres. Pour percevoir cet impôt, une administration permanente fut créée et établie à Boston par un acte du parlement ; le peuple du Massachusets ne pouvait se tromper sur les vues du ministère ; habitué depuis long-temps à discuter et administrer lui-même ses propres affaires, il résolut de ne point se soumettre volontairement à la honte d'être gouverné par une autorité illégale établie à une distance de plus de mille lieues ; il en appela donc à sa chambre des représentans, qui, s'étant assemblée, protesta contre les taxes et l'emploi qu'on en voulait faire, et adressa aux autres assemblées provinciales une circulaire dans laquelle, après avoir récapitulé leurs priviléges et mis en opposition les empiétemens de l'Angleterre, elle finissait par leur demander leur coopération pour résister à la tyrannie qui chaque jour s'appesantissait davantage sur les colonies. Cette démarche de l'assemblée fut traitée d'infamie et de rébellion par les serviteurs de la couronne, qui redoublèrent d'activité dans leurs vexations. Deux régimens anglais arrivèrent dans le port, et, sur le refus que fit le conseil de leur préparer des logemens dans la ville, ils débarquèrent sous la protection de leurs vaisseaux, baïonnette au bout du fusil, et vinrent établir un corps de garde avec deux pièces de canon devant le palais de l'assemblée, qui fut ainsi converti en une caserne. Dès cet instant, la ville fut au pouvoir des soldats qui couraient les rues, insultant les citoyens, les arrachant à leur repos ou à leurs occupations, et les troublant jusque dans l'exercice de leurs pratiques religieuses ; par le bruit non interrompu des instrumens de guerre.

Dans ces circonstances, la chambre fut convoquée à Boston, mais elle ne voulut point s'y assembler, déclarant qu'elle ne se croyait pas libre en présence de la force armée ; la session fut en conséquence ouverte à Cambridge, où le gouverneur eut l'impudence de se présenter pour demander des fonds pour la paie des soldats ; les fonds lui ayant été refusés, la chambre fut dissoute.

Cependant un changement d'administration dans le ministère anglais avait déterminé le parlement à supprimer tous les droits, à l'exception de celui imposé sur le thé ; mais ce retour apparent vers un système de modération n'adoucit en aucune façon le ressentiment des citoyens de Massachusets, qui ne virent dans cette mesure qu'un caprice ou un nouveau moyen employé par le parlement pour constater son droit de suprématie dans les affaires des colonies, et prirent la ferme résolution de ne point abandonner ce point de contestation.

Bientôt il arriva à Boston un événement qui manqua avoir les suites les plus graves; les soldats anglais s'étaient habitués à ne voir dans les citoyens que des rebelles, et les traitaient avec dureté; ceux-ci, irrités par les injures qu'ils recevaient sans cesse, nourrissaient dans leurs cœurs une haine violente contre les premiers, et laissaient rarement échapper l'occasion de la leur témoigner. Enfin, le 5 mars 1770, un détachement aux ordres du capitaine Preston fut insulté par quelques jeunes gens qui lancèrent, dit-on, des balles de neige en proférant des injures; dans leur aveugle ressentiment, les soldats ripostèrent en faisant feu sur la multitude, au milieu de laquelle cinq personnes furent grièvement blessées, d'autres blessées légèrement, et trois tuées sur place. Aussitôt le tocsin fit courir les citoyens aux armes; et, sans l'intervention du gouverneur et des magistrats, les soldats eussent été sans doute exterminés. Le lendemain, sur la demande des habitans, les troupes furent éloignées de la ville; le capitaine Preston et ses soldats furent mis en jugement; mais tels étaient les sentimens de justice qui animèrent toujours les citoyens de Boston, qu'ayant été convaincus que les soldats avaient été provoqués, ils abandonnèrent l'accusation portée contre eux.

Cet événement acheva de convaincre le parti populaire, qu'une lutte ouverte avec la métropole était maintenant inévitable et qu'il fallait s'y préparer. En conséquence, des comités de correspondance secrète furent organisés sur tous les points, afin de régulariser les déterminations qu'on serait bientôt obligé de prendre. L'utilité de cette organisation, alors appellée *la ligue*, ne tarda pas à se faire sentir.

Lors de l'établissement de la taxe sur le thé, les habitans de Boston avaient pris la résolution de n'en plus user, plutôt que de recevoir celui des Anglais, et dès-lors la compagnie des Indes n'avait plus reçu de commandes; cependant affligée de la perte de ce débouché, elle s'était déterminée à en adresser plusieurs cargaisons à des agens qu'elle avait à Boston, qui devaient en payer eux-mêmes le droit, et passer par ce moyen à côté de la difficulté; mais l'arrivée de ces cargaisons ne fut pas plus tôt connue, que les esprits furent jetés dans une grande agitation. Le lendemain matin, l'avis suivant circulait avec profusion dans la ville.

« Amis, frères, compatriotes!

» L'exécrable thé expédié pour ce port par
» la compagnie des Indes orientales est arrivé.
» L'heure de la destruction ou d'une vigoureuse
» résistance aux machinations de la tyrannie est

» sonnée. Tous ceux qui aiment le pays, qui
» sont jaloux de leur propre bonheur, et qui
» veulent bien mériter de la postérité, sont en-
» gagés à se rassembler à Faneuil-Hall, aujour-
» d'hui à neuf heures (les cloches sonneront
» alors), pour concerter une résistance efficace à
» cette infâme et destructive mesure de l'admi-
» nistration.
» Boston, le 29 novembre 1773. »

Les citoyens se rendirent avec empressement à cet appel patriotique. L'affluence fut si grande que la salle ne put contenir tout le monde, et que l'on fut obligé de choisir un plus vaste emplacement; les discussions qui s'ouvrirent et se prolongèrent dans cette première réunion, empêchèrent qu'il y fût pris aucune résolution ce jour-là; on s'ajourna au lendemain, et vingt-cinq personnes, sous le commandement du capitaine Proctor, furent chargées de veiller à ce qu'on ne débarquât point le thé pendant la nuit. La réunion du 30 fut encore plus nombreuse, et l'ardeur de ceux qui s'y trouvaient fut encore exaltée par la proclamation du gouverneur qui les engageait à renoncer à leur projet de résistance à la loi, et de se disperser s'ils ne voulaient point courir risque de la vie; ces injonctions du gouverneur furent rejetées avec mépris à l'unanimité, et l'assemblée procéda ensuite avec calme à la rédaction de plusieurs propositions qui furent acceptées. Il fut décidé que ceux qui, sans réflexion, avaient reçu du thé de l'Angleterre depuis l'établissement de la taxe seraient censurés, et que ceux qui à l'avenir en recevraient seraient déclarés ennemis de leur pays. Les membres de l'assemblée s'engagèrent par serment, à soutenir leurs diverses résolutions au péril de leurs vies et de leurs biens, après quoi ils votèrent des remercîmens à leurs voisins des environs de Boston, pour l'empressement avec lequel ils étaient venus se joindre à eux, et en adressèrent aussi à M. Jona Williams, pour la manière dont il avait rempli ses fonctions de *modérateur*. L'assemblée se sépara après avoir nommé une commission pour veiller à ce que les bâtimens chargés de thé, qui étaient dans le port, eussent à mettre à la voile le plus tôt possible. Plusieurs jours se passèrent en pourparlers entre cette commission et l'autorité, sans obtenir le départ des bâtimens. Enfin le 15 décembre eut lieu une réunion de citoyens plus nombreuse encore que les premières; il s'y trouvait plus de deux mille personnes de la campagne. Samuel Philips Savage, de Weston, fut nommé modérateur, et M. Rotch, propriétaire d'un des bâtimens, fut mandé devant l'assemblée pour rendre compte de sa présence dans le port; il déclara que le collecteur de la douane avait refusé jusqu'alors de l'expédier. Il lui fut ordonné de se tenir prêt à partir ce jour même à ses risques et périls, de *protester* sur-le-champ contre la douane, et de s'adresser *directement* au gouverneur pour obtenir un laissez-passer, et l'assemblée s'ajourna à trois heures de l'après-midi. S'étant réunie à trois heures, elle attendit patiemment jusqu'à cinq, sans que M. Rotch reparût. Elle allait alors se dissoudre en s'ajournant au lendemain ; mais Josiah Quincy junior, homme influent du parti populaire, et doué d'une grande énergie, arrêta ses concitoyens en leur rappelant leur engagement de la veille, *de soutenir toutes leurs résolutions au péril de leurs vies et de leurs propriétés*. A six heures moins un quart, M. Rotch reparut. La réponse du gouverneur était : « Que pour l'honneur des lois et le respect dû au roi, il ne permettrait aux bâtimens de partir, qu'après que la douane aurait librement et légalement rempli toutes les formalités. » Cette réponse excita une grande agitation dans l'assemblée. Aussitôt un homme qui était dans les galeries, vêtu à la manière des Indiens Mohawks, poussa le *cri de guerre;* à ce cri répondirent une trentaine de personnes vêtues de la même manière, qui se tenaient à la porte, et l'assemblée se trouva dissoute comme par enchantement. La foule se précipita vers le port ; les hommes vêtus en Indiens s'élancèrent sur les bâtimens chargés de thé ; en moins de deux heures, toutes les caisses remplies de cette denrée furent brisées et jetées à la mer; tous les autres objets qui se trouvaient à bord furent respectés; après cette expédition la multitude se retira en ordre et en silence. Cette scène eut lieu en présence de plusieurs bâtimens de guerre, et pour ainsi dire sous le canon et sous les yeux de la garnison du fort, sans que l'autorité osât cependant tenter la moindre résistance, tant est grande, tant est imposante la colère du peuple qui secoue le joug de la tyrannie!

Les noms des citoyens déguisés en Indiens ne furent jamais rendus publics; plusieurs d'entre eux vivent encore, dit-on, et jouissent avec modestie du bonheur qu'ils ont eu de porter les premiers coups qui ont ébranlé la puissance royale sur le continent américain.

L'orgueil national de la Grande-Bretagne s'indigna à la nouvelle de cette résistance, que l'on appelait un outrage à la majesté royale! Gouvernans et gouvernés, tous poussèrent le même cri : Vengeance! guerre aux colonies rebelles! et ce cri fut suivi d'une foule de lois toutes plus tyranniques les unes que les autres, à l'aide desquelles on crut épouvanter et réduire la province du Massachusets. Le port de Boston fut interdit pour un temps illimité; la charte provinciale fût détruite; les citoyens furent arrachés à leur juridiction naturelle; la nomination des magistrats fut livrée au bon plaisir de la couronne, qui s'arrogea aussi le droit d'établir ses soldats à demeure dans les maisons des citoyens. Loin de se laisser abattre ou intimider par l'audace et la folie du gouvernement anglais, les habitans de Massachusets redoublèrent d'énergie. Une nouvelle assemblée du peuple fut convoquée à Boston, dans laquelle on en appela à Dieu et au monde de l'injustice et de la tyrannie de l'Angleterre. Une exhortation fut faite aux autres colonies de s'unir au Massachusets pour le maintien et la défense des libertés communes ; les autres colonies ne furent point sourdes à cette prière, et la plupart des législatures déclarèrent que le 1er. juin, jour à dater duquel le port de Boston était interdit, serait mis au nombre des jours malheureux, et le 1er. juin toutes les cloches sonnèrent d'un ton lugubre ; le peuple courut en foule se prosterner dans les temples pour y demander à Dieu sa protection contre ceux qui méditaient la guerre civile et la destruction des libertés.

L'assemblée de Massachusets s'était ajournée à Salem, mais le gouverneur Gage l'empêcha de s'y réunir ; alors les membres de cette assemblée se transformèrent en société particulière sous le titre de ligue, dans laquelle ils s'engagèrent réciproquement et en présence de Dieu, à suspendre toutes relations avec la Grande-Bretagne, jusqu'à ce que toutes les lois injustes fussent révoquées. Cette ligue fut déclarée, par le gouverneur, criminelle et contraire aux droits du roi, et cette déclaration à son tour fut traitée de tyrannique, puisqu'elle s'opposait à ce que le peuple s'occupât de ses propres intérêts; et le peuple indigné, après avoir forcé les magistrats nommés par la couronne à renoncer à leurs fonctions, jura de ne plus obéir à d'autres autorités que celles qui seraient créées par lui, et de ne plus reconnaître d'autres lois que les anciennes lois de la colonie.

La cessation de tout commerce dans Boston plongea bientôt les habitans dans la plus profonde misère; chaque jour les besoins se multipliaient et se faisaient sentir avec plus de force; et cependant personne ne songeait à entrer en composition avec la tyrannie. Les citoyens de Marble-Head et de Salem, au mépris des injonctions de l'autorité anglaise, s'empressèrent d'alléger les souffrances de leurs frères de Boston; ils envoyèrent des vivres, de l'argent, et leur offrirent le libre usage de leurs ports, de leurs quais, de leurs magasins, pour reprendre un commerce qu'ils ne pouvaient plus faire chez eux, et sans lequel il leur était cependant presque impossible de subsister. Encouragés par ces témoignages de l'approbation de leurs compatriotes, les Bostoniens s'affermirent de plus en plus dans la résolution qu'ils avaient prise de soutenir par la force des armes la justice de leur cause. Ils s'y préparèrent sans relâche; des compagnies de *minute men* (hommes à la minute) furent organisées dans la ville et dans toute la province. Au premier coup de tocsin, au premier appel de la ligue ou au premier bruit d'une nouvelle violence des Anglais, ces hommes à la minute devaient prendre les armes et tomber sur les agresseurs partout où ils les rencontreraient. Des magasins d'armes et de munitions furent aussi amassés avec adresse et activité. Depuis plusieurs mois une trentaine de jeunes ouvriers s'étaient organisés volontairement en compagnie, dans l'intention de surveiller tous les mouvemens des Anglais, et d'en prévenir leurs concitoyens. Vers le printemps de 1775, ils redoublèrent d'activité et firent chaque nuit de fréquentes patrouilles dans les rues, deux à deux. Le 15 avril, vers minuit, ils remarquèrent que tous les bateaux de transport étaient à flot et préparés à l'arrière des vaisseaux de guerre; que les grenadiers et l'infanterie légère faisaient des préparatifs; ils en donnèrent aussitôt avis au docteur Warren, qui expédia sur-le-champ un messager porter cette nouvelle à John Hancock et à Samuel Adams, qui étaient sortis de la ville pour échapper au gouverneur qui avait, dit-on, donné des ordres pour les arrêter. Le 18, on recueillit de nouvelles indications d'un projet de mouvement. L'infanterie légère et les grenadiers furent concentrés sur le Commun, et à dix heures du soir huit cents hommes, sous les ordres du colonel Smith, s'embarquèrent et vinrent prendre terre à la pointe Lechmére près de Cambridge, d'où, après avoir reçu des vivres pour un jour, ils se mirent en marche à minuit. Ce mouvement avait pour objet de détruire les magasins que la ligue avait formés à Concorde. Le secret gardé dans le camp, le silence observé pendant la marche, firent croire aux Anglais que personne dans Boston ne soupçonnait leur départ. A la clarté de la lune ils pressèrent leur marche et arrivèrent sans bruit au point du jour à Lexington, à six milles de Concorde. Mais ici le calme qui les avait environnés jusqu'alors, fut troublé par le bruit des tambours qui retentissait dans la campagne, et semblait appeler les citoyens aux armes; et une compagnie d'environ soixante Américains armés apparut tout-à-coup devant eux. Aussitôt les Anglais s'arrêtèrent, serrèrent leurs rangs, chargèrent leurs armes; la compagnie de Lexington en fit autant et reçut l'ordre de son chef de ne point abandonner le terrain sans ordres, et de ne point faire feu les premiers. A peine ces dispositions étaient-elles terminées de part et d'autre, que le major Pitcairn, commandant de l'avant-garde anglaise, s'avance vers les

Américains, et d'un ton grossier leur crie : « Bas » les armes, rebelles ! Dispersez-vous, coquins ! » Cette insolente sommation reste sans réponse, Pitcairn alors se tourne vers les siens et leur ordonne de faire feu ; ceux-ci obéissent avec empressement, et huit cents Anglais n'ont point honte de pousser des cris de joie en commençant un combat si inégal, un combat dans lequel soixante citoyens offraient avec dévouement leurs vies en sacrifice à la cause sacrée de leur patrie !

Les Américains reçurent ce premier feu avec fermeté ; l'un d'eux, voyant tomber à son côté un de ses amis, s'écria : « Tu seras vengé ! » Il lâcha son coup de fusil aux Anglais, et la guerre de l'indépendance fut commencée....

Les Américains ne pouvaient tenir long-temps contre des forces si disproportionnées, ils abandonnèrent le terrain laissant huit morts et quelques blessés, autour desquels les Anglais défilèrent fièrement en les insultant par des cris de victoire.

Après s'être reposés quelque temps de ce terrible combat, les fiers défenseurs de la couronne se remirent en marche pour Concorde, où ils arrivèrent à neuf heures. Ils y trouvèrent les habitans dans une grande agitation, mais ignorant encore l'assassinat de leurs frères à Lexington. Une compagnie de citoyens occupait le pont. Cette fois les Anglais firent leur attaque sans sommation. Les citoyens de Concorde ripostèrent vigoureusement, et tuèrent quelques soldats et quelques officiers du roi, après quoi, trop faibles pour soutenir un combat, ils se dispersèrent et abandonnèrent aux Anglais les magasins, que ceux-ci détruisirent en quelques heures.

Bientôt l'alarme fut générale dans les campagnes; le tocsin appela aux armes tous ceux qui étaient en état d'en porter, et en quelques instans les Anglais se trouvèrent tellement enveloppés, qu'ils commencèrent à sentir que leur retraite ne serait point aussi facile que leurs deux victoires. De Concorde à Lexington, leur marche ne fut qu'une fuite désordonnée; le feu bien dirigé et bien nourri des rebelles qui s'étaient embusqués tout le long de la route dans les granges, dans les jardins, derrière les arbres, dans les fossés, ne leur permit pas un seul instant de s'arrêter pour se défendre. Arrivés à Lexington, ils y trouvèrent le lord Percy, qui, à la tête de seize compagnies d'infanterie, d'un corps de marins et de deux pièces d'artillerie, venait les sauver d'une entière destruction, mais non de la honte. Malgré ce renfort ils eurent encore bien de la peine à arriver à Charlestown, où ils passèrent la nuit sous la protection du canon de leurs vaisseaux, et le lendemain matin ils rentrèrent à Boston, après avoir perdu dans cette triste expédition près de deux cents hommes tant tués que blessés.

Il serait difficile de peindre l'étonnement et l'humiliation des Anglais lorsqu'ils se virent ainsi culbutés par des *rebelles*, et bloqués dans leurs retranchemens par une multitude sans discipline.

Cependant l'armée royale fut bientôt renforcée par douze mille hommes qui arrivèrent d'Angleterre sous les ordres des généraux Burgoyne, Clinton et Howe. Le général Gage, pour effacer la honte de la déroute de Lexington, se décida à porter un grand coup à l'esprit insurrectionnel. Il débuta par une proclamation qui annonçait la mise en vigueur de la loi martiale, et promettait un pardon entier à tous ceux qui déposeraient les armes. Samuel Hancock et John Adams eurent l'honneur d'être exceptés de cette amnistie générale. Leur ardent amour de la liberté, leurs lumières, leurs vertus patriotiques, et l'immense influence qu'ils exerçaient sur l'esprit du peuple, leur méritaient en effet cette distinction.

Cette proclamation fut accueillie par les citoyens du Massachusets, comme doivent toujours l'être les promesses et les menaces du despotisme qui commence à trembler pour sa propre existence, c'est-à-dire qu'ils n'en tinrent compte et serrèrent leurs rangs.

Maintenant l'armée anglaise se trouvait resserrée dans Boston, et sur cette langue de terre qui joint la ville au continent. Trente mille Américains la tenaient étroitement bloquée. Leur droite était en face de la chaussée de Dedham, leur centre à Cambridge, et leur aile gauche, particulièrement composée de milices du Massachusets, appuyée à Charlestown, village séparé de Boston par un étroit cours d'eau qu'on passe à l'aide d'un pont. Ce fut par ce passage que le général anglais résolut de sortir de sa fâcheuse position; mais les Américains devinèrent son projet et s'empressèrent de s'opposer à son accomplissement. Pendant la nuit, mille hommes, sous les ordres du colonel Prescott, s'établirent et se retranchèrent sur Breed's-Hill, petite éminence qui commande et la ville de Boston et le pont de Charlestown. Lorsqu'au point du jour, les Anglais aperçurent la redoute qu'avait élevée avec tant de diligence la petite troupe du colonel Prescott, ils tentèrent, mais inutilement, de la détruire. Le général Gage pensa alors qu'il importait beaucoup au salut de son armée de déloger les Américains de cette position formidable, et il fit ses dispositions en conséquence. Le major-général Howe, à la tête de dix compagnies de grenadiers, de dix compagnies d'infanterie légère, et de quelques pièces d'artillerie de campagne, vint prendre terre à la pointe de Morton, et y forma son monde en bataille; mais s'apercevant que les Américains n'étaient point intimidés par cette démonstration hostile, il jugea à propos d'attendre l'arrivée d'un renfort qu'il fit aussitôt demander à Boston. Ce délai donna aux Américains le temps de recevoir de nouvelles forces qui leur furent amenées par le général Warren, et de compléter leur système de défense. Les Anglais commencèrent leur attaque par l'incendie de Charlestown; en quelques instans, ce village, composé de plus de cinq cents maisons en bois, fut dévoré par les flammes.

Les habitans de Boston et la réserve de l'armée anglaise étaient rangés en amphithéâtre sur les hauteurs de la ville, contemplant avec une égale inquiétude ce combat terrible, aux résultats duquel étaient également liées leurs destinées.

C'était le 17 juin 1775 : il était une heure après midi.

La ligne anglaise s'ébranla et marcha au combat lentement, l'arme au bras, avec ce calme que donne une longue habitude de la discipline militaire. Les Américains les attendirent de pied ferme, avec ce sang-froid, cette résolution qu'inspire toujours l'amour de la liberté; déjà les Anglais n'étaient plus qu'à trente pas des retranchemens de leurs adversaires, et cependant le bruit d'une arme à feu n'avait point encore rompu le silence sinistre qui avait présidé à leurs mouvemens, lorsque tout-à-coup ils reçurent un salut de mousqueterie si adroitement dirigé, que leurs rangs en furent ébranlés, rompus, et qu'ils s'enfuirent en désordre vers le rivage, abandonnant derrière eux un grand nombre de leurs officiers tués ou blessés. Une seconde attaque eut le même résultat, et même cette fois les soldats anglais furent frappés d'une telle terreur que beaucoup d'entre eux avaient déjà cherché un refuge dans les bateaux. Leurs officiers ne purent les arrêter et les rallier qu'en usant des moyens les plus énergiques de la discipline militaire. Enfin une troisième attaque, appuyée par quelques pièces d'artillerie et soutenue par le feu de plusieurs vaisseaux et de deux batteries flottantes, eut un plein succès. Les Américains forcés dans leurs retranchemens s'y défendirent encore long-temps en combattant corps à corps, et ripostant par des coups de crosses de fusils aux coups de baïonnettes de leurs adversaires. Leur retraite fut plus calme et mieux ordonnée qu'on n'aurait dû l'attendre de milices sans expérience. Dans cette dernière attaque les troupes royales montrèrent une grande intrépidité et un courage digne d'une meilleure cause; ils y perdirent près de onze cents hommes, tant tués que blessés, parmi lesquels on comptait plus de quatre-vingt-dix officiers. L'armée patriote, qui avait long-temps combattu à couvert, ne perdit pas cinq cents hommes, mais eut à pleurer la mort d'un de ses chefs les plus estimés, celle du brave général Warren.

Les Anglais avaient payé trop cher cette victoire pour songer à en poursuivre les avantages le même jour; ils se contentèrent de la possession sanglante du champ de bataille.

L'inutile incendie de Charlestown qui précéda le combat, parut à tous les Américains un acte de la plus honteuse barbarie, et excita un sentiment général d'horreur et d'indignation; c'était à Charlestown que les Anglais, après leur défaite de Lexington, avaient trouvé des secours pour leurs blessés, et tous les soins de la plus généreuse hospitalité pour leurs fuyards.....

La perte de la position de Bunker's-Hill n'empêcha pas les Américains de continuer à tenir l'armée royale étroitement bloquée dans Boston. Chaque jour les assiégeans voyaient s'accroître leurs forces dont Washington vint prendre le commandement, le 2 juin, au nom du congrès assemblé à Philadelphie. Cependant rien d'important ne fut entrepris contre la place pendant tout le reste de cette année. L'hiver survint et rendit la position des assiégés horrible; le froid était excessif, le chauffage manquait, et les Anglais n'y suppléaient qu'aux dépens des habitans dont ils démolissaient les maisons pour en arracher le bois. La situation de ceux-ci touchait vivement Washington, qui voulut profiter de quelques jours de fortes gelées qui lui auraient permis de passer sur la glace les eaux qui le séparaient de la ville pour faire une attaque générale; mais son conseil de guerre s'y opposa à l'unanimité.

Ayant reçu quelques renforts vers la fin d'avril 1776, il résolut de s'emparer des hauteurs de Dorchester, d'où il lui serait facile d'inquiéter les vaisseaux qui étaient dans le port, et même la garnison de la ville. Il espérait d'ailleurs que cette tentative, en tirant l'ennemi de son inaction, lui fournirait l'occasion d'en venir à un engagement général, et il prit avec beaucoup d'habileté des mesures pour en tirer tout le parti possible. L'occupation des hauteurs de Dorchester fut conduite avec tant de diligence, pendant la nuit du 2 mars, que le retour du jour montra aux assiégés les Américains parfaitement établis et capables de soutenir une attaque dans leur nouvelle position.

Le général Howe sentit de suite tout ce que sa situation avait de critique par suite de ce hardi mouvement des Américains, et, après plusieurs tentatives infructueuses pour les déloger, il prit le parti d'évacuer Boston pendant que la mer lui était encore ouverte; ce fut le 17 mars qu'il mit à la voile avec toute son armée, et son arrière-garde dut entendre les cris de joie qui accueillirent Washington à son entrée triomphante dans la ville.

Depuis ce jour, Boston, qui peut à bon droit réclamer le titre glorieux de *berceau de la révolution*, cessa d'être le théâtre des événemens de la guerre. La ville et la province furent pour toujours débarrassées de la présence des ennemis de la liberté ; mais pour cela les citoyens de Massachusets ne se montrèrent pas moins ardens dans l'achèvement du grand œuvre de l'affranchissement des colonies ; leurs contingens furent toujours envoyés avec exactitude à l'armée continentale, et leurs milices soutinrent jusqu'à la fin de la guerre leur belle réputation de courage et de patriotisme.

La nouvelle de la paix arriva à Boston le 23 avril 1783, et répandit parmi le peuple une joie enivrante. L'entière abolition de l'esclavage des noirs fut proclamée ; le commerce et l'industrie reparurent plus brillans, protégés par la liberté.

Déjà depuis trois ans le Massachusets s'était donné une constitution d'état qui garantissait et les droits et les intérêts du peuple ; et cinq ans plus tard il accepta, après de longs débats, la constitution fédérale. Cette acceptation fut publiée le 6 février 1788, et fut accueillie avec transports par le peuple qui célébra cet événement par des fêtes brillantes, et qui se porta en foule à la demeure de chacun des représentans pour leur exprimer sa gratitude.

L'état de Massachusets n'a cessé depuis cette époque de croître en richesse et en bonheur; il a réglé et déterminé ses limites à l'amiable avec ses voisins; maintenant il est borné au nord par l'état de Vermont et celui de New-Hampshire; à l'est, par l'Océan; au sud, par les états de Rhode-Island et de Connecticut; et à l'ouest, par l'état de New-York. L'aspect de son sol est varié à l'infini, et ses côtes sont riches de baies commodes qu'ornent un grand nombre de jolies petites îles. Les bords de la mer sont généralement arides; mais les terres de l'intérieur sont très-productives, et cultivées avec un soin qui donne à toute la campagne l'air d'un riant jardin. D'élégantes maisons de campagne, de beaux villages et de grandes cités, attestent à chaque pas combien la population est nombreuse. En effet, 530,000 âmes environ couvrent une superficie de 7,800 milles carrés (2,700 lieues). En 1790, cette population n'était que de 370,787 âmes. Cette progression, sans doute, est fort rapide; mais nous la trouverons bien plus étonnante dans les nouveaux états.

65,000 personnes sont employées à l'agriculture; 36,000 dans les diverses manufactures de coton, de laine, de toile, de verrerie, de papier, de savon, dans les fonderies, etc.; et 14,000 environ dans le commerce. Le nombre de celles employées à la pêche est aussi fort considérable; mais je n'ai pu m'en procurer un état exact. Cependant cet aperçu suffira, je crois, pour montrer jusqu'à quel point est poussée l'activité industrielle dans cet état; car si maintenant on faisait le relevé des individus employés dans les divers offices du gouvernement, dans l'instruction publique, ou par l'exercice des professions particulières, telles que celles de maçon, charpentier, tailleur, etc., etc., et qu'ensuite on retranchât du nombre total de la population les enfans qui ne peuvent point encore travailler, et ceux à qui l'âge et les infirmités ne le permettent plus, on verrait combien est petit dans cet état le nombre des oisifs; aussi de cette activité industrielle résulte-t-il une aisance générale dans les familles, qui frappe d'étonnement l'Européen qui visite pour la première fois cette contrée.

Ce bien-être général du peuple contribue à augmenter entre toutes les classes de la société cette égalité que la constitution établit entre les individus devant la loi. Le dimanche à l'église, ou dans les réunions publiques, il est impossible de distinguer à la mise, et je dirais presque aux manières, un artisan de ce que l'on appelle dans la société un *gentleman*; la multiplicité des écoles et le *droit* qu'a tout homme de s'occuper des affaires publiques, répandent dans cette classe d'artisans une instruction et une rectitude de jugement qu'on chercherait en vain dans les classes moyennes de France. A Boston, ce qu'on appelle la haute société, c'est-à-dire les réunions d'hommes lettrés, de riches négocians, d'officiers du gouvernement, de personnes exerçant des professions libérales, offre l'étonnant contraste d'une rare instruction avec une grande simplicité de manières. Cette excessive sévérité de caractère qui distinguait les premiers habitans de la Nouvelle-Angleterre, s'est peu à peu effacée par le contact des autres nations, et surtout par l'introduction de la tolérance dans les idées religieuses. Le rigorisme des puritains a fait place à une douce harmonie entre les sectes nombreuses qui se partagent, non-seulement la Nouvelle-Angleterre, mais toute l'Union. Il ne faudrait pas en conclure cependant que l'indifférence a succédé à la ferveur. Les pratiques religieuses sont observées avec une scrupuleuse exactitude. Il serait difficile de trouver à Boston une réunion consacrée au plaisir le dimanche. Les chaines que l'on tendait autrefois devant les églises, pendant la célébration des mystères, disparaissent peu à peu. L'autorité ne peut intervenir en aucune façon dans les matières de religion ; les pasteurs des diverses communions sont payés par leurs paroissiens ; et si dans le public on a un respect particulier pour ceux qui fréquentent les églises, personne du moins ne se permet de persécuter ceux qui n'y paraissent jamais. Enfin, de la tyrannie religieuse des premiers colons, il ne reste plus qu'une seule trace, et cette trace se trouve malheureusement dans la constitution. L'art 1ᵉʳ. du 6ᵉ. chapitre exclut des offices du gouvernement tout candidat qui n'appartient pas à la religion chrétienne, et qui ne jure pas qu'il est convaincu de sa vérité. « *J. A. B. do declare that y believe the chris-* » *tian religion, and have a firm persuasion of* » *its truth.* »

On a peine à comprendre comment, dans une société si éclairée, si libre, où chaque jour les progrès de la philosophie sont marqués par de nouveaux pas, on en soit encore à refuser à l'état les services d'un homme vertueux et instruit, parce que cet homme est juif ou mahométan.

ADAM PÈRE.

CHAPITRE IV.

CAMP DE SAVIN-HILL. — VISITE A JOHN ADAMS. — REVUE DES MILICES. — RÈGLEMENS CONCERNANT LES MILICES DU MASSACHUSETS.

28 Aout. — Le général Lafayette fut invité par le gouverneur à visiter le camp de Savin-Hill, à quelques milles de Boston. Il accepta, et nous y étions arrivés à midi. Savin-Hill est un lieu fort pittoresque sur les bords de la mer. C'est là que, pendant la belle saison, les compagnies volontaires des milices de Boston viennent successivement passer quelques jours sous la tente pour se livrer aux exercices militaires. Le camp était alors occupé par la compagnie des gardes de la Nouvelle-Angleterre. A notre arrivée, nous la trouvâmes sous les armes; son jeune chef vint recevoir le général, et après une courte harangue retourna à la tête de sa troupe, qu'il fit manœuvrer avec beaucoup de précision. Après divers mouvemens d'infanterie, l'artillerie commença ses exercices de tir. La plupart des coups furent dirigés avec une grande adresse sur un bouclier placé à une assez grande

distance à fleur d'eau. Les artilleurs engagèrent le général à pointer lui-même une des pièces qui était en batterie; il le fit, et son boulet brisa le bouclier. Ce coup d'adresse, que personne n'attendait d'un homme de son âge, lui valut les applaudissemens de tous les jeunes miliciens, et des dames, qui ordinairement viennent se promener au camp pour y visiter leurs frères, leurs maris, et qui, ce jour-là, y étaient venues plus nombreuses pour voir Lafayette.

Le matériel de l'artillerie que nous avions sous les yeux avait attiré mes regards dès le premier moment de notre arrivée dans le camp. Après les manœuvres, je m'en approchai pour l'examiner avec plus d'attention, et je ne fus pas peu surpris de reconnaître nos modèles français parfaitement exécutés. C'étaient les premiers que je rencontrais entre les mains des milices. Les officiers, qui s'aperçurent de l'intérêt que je prenais à cet examen, m'apprirent qu'ils devaient cette amélioration au général Lallemand que les proscriptions de 1815 avaient forcé à aller chercher un refuge chez les Américains, et qui mourut quelques années après à New-York, avec le regret de ne pouvoir reposer ses derniers regards sur sa patrie. Pendant son séjour aux États-Unis, où ses talens et son caractère lui avaient concilié l'estime publique, il s'était livré avec ardeur au désir d'être utile à la nation qui lui accordait une si généreuse hospitalité. Les milices du Massachusets lui doivent de grandes améliorations dans leur artillerie; et il a laissé sur cette arme un traité en deux volumes, dans lequel il n'a fait que reproduire en partie, il est vrai, les règlemens déjà connus et pratiqués en France, mais qu'il a parfaitement adaptés aux besoins de ceux pour lesquels il a travaillé. Il avait épousé à Philadelphie la nièce d'un Français qui depuis plus de quarante ans, habite cette ville où par son habileté dans le commerce il a amassé une des plus considérables fortunes de la Pensylvanie. Ce mariage cependant n'avait point amélioré la situation du général Lallemand, qui mourut pauvre. Sa veuve est restée à Philadelphie, aux soins de son oncle.

Après la visite du camp de Savin-Hill, le gouverneur nous emmena dîner à sa maison de campagne, et nous rentrâmes en ville pour assister à un bal très-brillant que M. Lloyd, sénateur des États-Unis, avait offert au général Lafayette.

John Adams, dont le nom se rattache si glorieusement à toutes les grandes époques de la révolution américaine, et qui eut l'honneur de succéder à Washington dans l'exercice de la première magistrature de la république, était alors retenu dans sa retraite par le poids de quatre-vingt-neuf années. Le général Lafayette, qui l'avait connu autrefois, et qui même avait été lié avec lui d'une étroite amitié, ne voulut point s'éloigner sans l'avoir visité. Un sentiment de délicatesse facile à comprendre lui fit désirer que cette visite fût faite sans tout cet appareil de triomphe dont on l'entourait ordinairement jusque dans ses moindres démarches. En conséquence, il monta en voiture sans escorte, accompagné seulement de deux notabilités de la ville, et suivi de son fils et de l'auteur de ce journal. Nous arrivâmes à Quincy vers les deux heures ; nos voitures s'arrêtèrent à la porte d'une petite maison fort simple, bâtie en bois et en briques, n'ayant qu'un seul étage. Je fus un peu étonné d'apprendre que c'était là la demeure de l'ancien président des États-Unis. Nous trouvâmes le vénérable John Adams au milieu de sa famille. Il nous reçut et nous embrassa avec une bonté touchante. La vue de son ancien ami lui fit un plaisir et un bien qui semblèrent le rajeunir. Pendant tout le temps du dîner, il fit les frais de la conversation avec une aisance et une fraîcheur de mémoire qui faisaient oublier ses quatre-vingt-neuf années.

La longue vie de John Adams a été tout entière dévouée au service de sa patrie et de la liberté, qu'il aima avec passion dès sa tendre jeunesse.

Il naquit à Quincy, le 19 octobre 1735, et fit ses études à Cambridge d'où il sortit en 1755, pour donner des leçons de grammaire dans l'école de Worcester, où il se livra en même temps à l'étude des lois sous James Putnam.

En 1758, il fut admis au barreau.

En 1770, il fut choisi comme représentant de la ville de Boston à l'assemblée du Massachusets. Lorsque les querelles entre les citoyens de Boston et les soldats anglais devinrent sanglantes, il donna la mesure de son caractère, en se présentant avec Josiah Quincy junior, et S. Blowers, pour défendre le capitaine Preston et ses soldats qui avaient fait feu sur le peuple. Il ne voulut pas que l'amour de la liberté l'emportât sur l'amour de la justice, et son éloquence fit absoudre des malheureux qui au fait, n'étaient que, des instrumens aveugles et ignorans de la tyrannie anglaise.

En 1774, il fut élu membre du conseil du Massachusets; mais ses opinions politiques, qu'il avait déjà hautement et énergiquement exprimées dans un grand nombre d'occasions, le firent repousser par le gouverneur Gage. Peu de mois après il fut envoyé au congrès continental, où il se montra un des plus ardens et des plus habiles défenseurs de la liberté.

En 1776, il fut chargé, ainsi que Jefferson, de présenter chacun une rédaction de la déclaration d'indépendance. Celle de Jefferson fut préférée à la sienne par le congrès, il est vrai; mais il n'en fut pas moins considéré, par rapport à son éloquence et à son patriotisme, comme l'âme et le flambeau de cette immortelle assemblée. Peu de temps après il fut chargé, conjointement avec le docteur Franklin et Edward Rutlege, de traiter de la pacification des colonies avec lord Howe.

En 1777, il fut nommé commissaire auprès de la cour de France en remplacement de Silas Deane.

Au mois d'avril 1779, le congrès ayant frappé de censure tous ses commissaires en Europe, une honorable exception fut faite en faveur de John Adams.

En 1779, à son retour d'Europe, il fut élu membre de la convention assemblée pour rédiger la constitution du Massachusets. Au mois d'août de la même année, il fut envoyé en Europe avec pouvoirs de traiter de la paix générale.

En décembre 1780, le congrès lui vota des remercîmens publics pour les services qu'il avait rendus en Europe.

En 1781, il conclut avec les provinces hollandaises un traité fort avantageux à son pays.

En 1785, il fut envoyé comme ministre plénipotentiaire auprès du gouvernement anglais. Ce fut pendant cette honorable mission qu'il publia à Londres, en 1787, son savant résumé de toutes les constitutions anciennes et modernes sous le titre de *Défense des constitutions américaines.* Cet ouvrage d'une profonde érudition, semble indiquer dans plus d'un passage, une prédilection de l'auteur pour les institutions anglaises, et lui attira de vigoureuses attaques d'un grand nombre d'écrivains patriotes, et particulièrement de Philip Livingston, alors gouverneur du New-Jersey, qui le combattit avec talent dans un excellent ouvrage qu'il publia sous le titre d'*Examen de la constitution anglaise.* Rappelé d'Angleterre sur sa propre demande, il fut accueilli dans sa patrie par les remercîmens de ses concitoyens et du congrès.

En 1789, après l'adoption de la nouvelle constitution, John Adams fut élu vice-président des États-Unis, et fut maintenu à ce poste honorable pendant les huit années de la présidence de Washington, qui avait une grande confiance dans ses talens et son patriotisme.

En 1797, il fut appelé lui-même à la première magistrature de la république, en remplacement de Washington qui venait de refuser une troisième élection. Les circonstances étaient alors fort difficiles. La révolution française, qui d'abord avait eu l'assentiment général aux États-Unis, était maintenant devenue par les intrigues royalistes et étrangères un objet d'horreur, même pour ses plus chauds partisans. La question française agitait tous les esprits et était devenue pour les deux partis, fédéraliste et démocrate, un sujet de vives discussions et quelquefois d'attaques violentes. Les menées maladroites et souvent peu honnêtes de nos agens diplomatiques près des États-Unis, pour tirer profit de ces divisions, alarmèrent le président John Adams, et lui firent proposer au congrès, comme moyen de répression, une loi qui permît la suspension de l'*habeas corpus*. Cette proposition était en opposition trop directe avec les sentimens de liberté du peuple américain pour n'être pas repoussée avec force, je dirai même avec indignation. La chambre des représentans ne voulut pas même délibérer sur ce bill, et la popularité de John Adams reçut alors un tel échec, qu'à l'expiration de la quatrième année de son administration, il ne fut pas réélu.

En 1801, il se retira dans son habitation de Quincy. Ses concitoyens oublièrent bientôt la cause de sa retraite pour ne conserver que le souvenir des grands et nombreux services qu'il avait rendus à sa patrie pendant sa longue carrière. Ils ne tardèrent pas à lui offrir le gouvernement du Massachusets, et plus tard ils l'invitèrent à présider la commission chargée de réviser la constitution de ce même état; mais il commençait à sentir le besoin du repos; il les remercia en disant qu'il priait les *théologiens*, les *philosophes* et les *politiques*, de le laisser mourir en paix. Malgré ce refus, il n'était pas devenu insensible aux grands intérêts de sa patrie, et lorsqu'en 1811 ils furent menacés par les odieuses vexations de l'Angleterre, sa voix patriotique s'écria, du fond de sa retraite, que l'honneur national ne pouvait être vengé que par la guerre. Son éloquence se ranima dans une lettre qu'il écrivit pour rallier à ce sentiment ceux qui, par esprit de parti, s'en éloignaient le plus. Enfin, il fit un si généreux sacrifice de ses opinions particulières aux dangers du moment, que ses adversaires les plus ardens ne purent lui refuser l'expression de leur estime et de leur reconnaissance.

Maintenant, quoiqu'il lui soit impossible de sortir de sa chambre, qu'il puisse à peine se lever de dessus son fauteuil, et que ses mains refusent de porter les alimens à sa bouche sans les pieux secours de ses enfans ou petits-enfans, son cœur et sa tête n'en ont pas moins d'ardeur pour tout ce qui est bien; les affaires de son pays sont surtout sa plus douce occupation. Il ne pouvait se lasser de répéter combien était grande la joie que lui causait la reconnaissance de ses concitoyens pour Lafayette. Nous le quittâmes pénétrés d'admiration pour le courage avec lequel il supporte les douleurs et les infirmités qu'un siècle presque accompli a nécessairement accumulées sur son corps.

Une grande revue avait été ordonnée et préparée pour le 30. Dès le matin, les milices des environs de Boston arrivèrent sous les ordres du général Appleton. Celles de la ville avaient, dès la veille, dressé leurs tentes sur le Commun, en face du Capitole, et à notre lever nos regards furent frappés de l'aspect de ce camp improvisé. A midi, environ huit mille hommes se trouvaient rangés en bataille sur cette vaste promenade. Un grand concours de dames ornaient toutes les croisées qui la dominent, ou remplissaient les allées qui l'entourent. Quesques instans après, le général Lafayette se présenta, accompagné du gouverneur et de son état-major, devant la ligne de bataille, où il fut accueilli par les acclamations des milices, auxquelles répondirent le bruit des instrumens de guerre et les applaudissemens des nombreux spectateurs. Après avoir parcouru les rangs de ces jeunes soldats citoyens, dont la belle tenue et la bonne mine sous les armes pouvaient charmer, même des yeux accoutumés à la régularité des troupes soldées d'Europe, le général fut conduit sur le point le plus élevé de la promenade pour y voir plus à l'aise les mouvemens de guerre dont on voulait lui donner le spectacle. Nous ne trouvâmes pas, dans le maniement des armes, cette minutieuse précision à laquelle les officiers européens attachent une si grande importance, et qui ne s'acquiert qu'en soumettant le pauvre soldat au triste métier de marionnette, pendant au moins quatre heures par jour; mais nous fûmes forcés d'admirer la promptitude des charges, l'ensemble et la vivacité des feux. Sans doute les mouvemens de ligne laissent quelque chose à désirer pour le calme et la précision; mais en revanche il est impossible, je crois, d'exécuter avec plus de rapidité et d'intelligence tous les mouvemens de troupes légères. Ce genre de service paraît convenir au caractère américain; il convient bien aussi à des milices appelées plus particulièrement à la défense des localités, dont toutes les ressources leur sont connues, et qui sont singulièrement favorables à une guerre de détail. Cette espèce de petite guerre, qu'on exécuta sous nos yeux, dura près de trois heures, et nous intéressa vivement. Lorsqu'elle fut terminée, nous passâmes sous une tente immense, où les principaux citoyens s'étaient réunis à une table de douze cents couverts pour recevoir les adieux de Lafayette qui devait quitter la ville le lendemain. Au centre de la table, en face des places que nous occupions, était un grand bassin d'argent rempli de fragmens d'armes ou de projectiles, de boutons militaires, etc., ramassés sur Bunker's-Hill, long-temps après le mémorable combat du 17 juin. Le gouverneur eut la bonté de nous offrir quelques-uns de ces débris;

pour ma part, j'acceptai avec reconnaissance un bouton qu'il me présenta. Malgré la rouille dont il était couvert, on y reconnaissait encore facilement le n°. 42. On sait en effet que le régiment anglais qui portait ce numéro, fut un de ceux qui souffrirent le plus à l'attaque des retranchemens américains. Le soin avec lequel les Américains conservent et révèrent tous les monumens de leur révolution est très-remarquable. Tout ce qui leur rappelle cette glorieuse époque est pour eux une relique précieuse qu'ils honorent, pour ainsi dire, d'un culte religieux. Cette espèce de dévotion est bien respectable, puisqu'elle contribue à alimenter ce feu sacré dont les anime l'amour de la liberté. Elle vaut bien, je pense, cette *profonde vénération* que nous avons en Europe pour les cordons que distribue le pouvoir.

Pendant la grande revue, j'avais remarqué avec étonnement la variété des uniformes dans ces corps nombreux qui défilaient devant nous; à peine avais-je pu trouver deux compagnies à peu près semblables; quelques-unes étaient vêtues avec un luxe qui peut-être convient peu au métier des armes; celles de la campagne, au contraire, l'étaient avec une telle simplicité qu'elles n'avaient guère de militaire que la giberne et le fusil. Cette différence me fut expliquée par la formation de ce que l'on appelle les *compagnies volontaires*. Ces compagnies se composent de jeunes gens que des relations de voisinage ou d'amitié réunissent, sous l'autorisation du gouverneur, en association particulière. D'un commun accord ils déterminent la couleur et la coupe de leur uniforme, élisent leurs officiers et choisissent un nom pour désigner leur compagnie. Ainsi organisés et constitués, ils restent toujours soumis aux règlemens généraux qui régissent toutes les milices; mais ils s'assemblent plus souvent pour se livrer aux exercices militaires; et comme presque tous ces jeunes gens appartiennent à une classe aisée, ils peuvent faire quelque dépense pour le brillant de leur tenue, et de là cette variété que j'avais remarquée. Si de cette espèce de rivalité de luxe entre les compagnies volontaires, il résulte une grande émulation dans le service, comme le prétendent les officiers qui ont eu la bonté de me donner quelques détails sur cette matière, c'est un bien sans doute. Mais n'est-il pas à craindre que derrière ce bien il n'y ait de graves inconvéniens? Les broderies et les panaches, qui aujourd'hui ne servent qu'à distinguer telle compagnie de telle autre, ne serviront-ils pas plus tard à distinguer le fils du riche négociant du fils du simple artisan, et cette distinction entre le milicien opulent et le milicien pauvre, n'ouvre-t-elle pas une porte à l'aristocratie de richesses, non moins ennemie de l'égalité que l'aristocratie de parchemins? Les mœurs, et surtout les institutions américaines, diminuent beaucoup le danger, je le sais ; mais de ce qu'un danger est encore éloigné, faut-il le mépriser tout à fait ? je ne le crois pas.

L'existence, l'organisation, les devoirs et les bases de la discipline des milices de l'Union sont déterminés par des lois générales émanées du congrès. Cependant comme les différences de localités ou de mœurs qui distinguent la physionomie des divers états qui composent la grande fédération, demandent des modifications dans l'application de ces lois, chaque état a réglé pour son compte particulier la formation de ses corps de milices, leur discipline intérieure, la nomination des officiers, etc., etc., en ayant soin cependant de ne pas s'écarter des grandes bases posées par le congrès.

Comme tous ces règlemens particuliers des états diffèrent peu les uns des autres, et qu'il serait trop long, d'ailleurs, de les faire connaître tous en détail, je crois que j'aurai suffisamment satisfait la curiosité du lecteur en donnant seulement ici un extrait des ordonnances concernant les milices de l'état de Massachusets.

La loi du congrès des États-Unis appelle dans les rangs de la milice tous les citoyens capables de porter les armes, depuis l'âge de dix-huit ans jusqu'à quarante-cinq inclusivement. L'état de Massachusets fait une exception en faveur des individus ci-après désignés : le lieutenant-gouverneur de l'état ; les membres du conseil exécutif ; les juges des cours suprêmes, des cours inférieures et leurs clercs ; les membres de l'assemblée législative ; les juges de paix ; tous les officiers chargés de l'enregistrement des actes civils, l'avocat général, le procureur général, le secrétaire et le trésorier de l'État, ainsi que leurs clercs ; les shériffs ; les employés de l'instruction publique ; les ministres de tous les cultes sans distinction de dénomination ; tous les officiers civils commissionnés par les États-Unis ; et enfin les quakers, lorsqu'ils présentent un certificat signé par deux ou plusieurs anciens de la société, constatant que le porteur fait bien partie de ladite société, et que ses opinions religieuses lui défendent de porter les armes. Néanmoins tous les individus ci-dessus désignés, quoique exceptés du service des milices, sont obligés, tant qu'ils ont de dix-huit à quarante-cinq ans, d'avoir chez eux et de présenter à chaque revue annuelle les armes et l'équipement de guerre prescrits par les lois des États-Unis. Ils doivent en outre payer deux dollars par an, qui sont versés à la caisse du trésorier de la ville ou du canton, pour être employés à l'armement et à l'équipement des citoyens indigens qui ne peuvent s'armer ou s'équiper à leurs frais.

Sect. 3. Les nominations aux divers grades dans les milices ont lieu de la manière suivante :

Les majors généraux sont choisis par le sénat et la chambre des représentans, et commissionnés par le général en chef.

Les brigadiers généraux sont choisis par le *vote écrit* des officiers d'état-major de chaque brigade et commissionnés par le général en chef;

Les officiers d'état-major, par le vote écrit des capitaines, lieutenans et sous-lieutenans des régimens auxquels ils sont attachés, et commissionnés par le général en chef;

Les capitaines, lieutenans et sous-lieutenans, par le vote écrit des sous-officiers et soldats des compagnies respectives.

Toutes ces nominations doivent être confirmées par le général en chef, qui seul délivre les commissions ou brevets.

L'adjudant général est nommé par le général en chef lui-même.

Le quartier-maître général est aussi choisi par le général en chef, mais avec l'avis du conseil.

Les aides-de-camp sont choisis par les généraux eux-mêmes.

Les adjudans, quartier-maîtres, chapelains, chirurgiens, etc., sont tous choisis par les commandans de régimens, et confirmés par le général en chef.

Sect. 4. Les sous-officiers sont nommés dans chaque compagnie par le capitaine, avec l'approbation du colonel.

Sect. 6. Chaque major doit de temps en temps donner des ordres pour remplir, par la voie de l'élection, tous les emplois vacans dans sa division. Ces remplacemens sont annoncés au moins dix jours d'avance à tous ceux qui ont droit de voter. Si les électeurs négligent ou refusent de pourvoir aux remplacemens demandés, le major général en informe le général en chef, qui de suite, avec l'avis de son conseil, nomme lui-même aux emplois vacans, et fait délivrer aussitôt les brevets de ces emplois par les mains du brigadier général. Tout officier ainsi nommé doit déclarer son acceptation dans l'espace de dix jours. Son silence prolongé au-delà de ce terme est considéré comme un refus, et on procède à un autre choix.

Sect. 7. Tout officier légalement nommé et commissionné doit, avant d'entrer en fonctions, prêter et signer le serment suivant :

« Je jure solennellement d'être fidèle à l'état de
» Massachusets, et de défendre sa constitution;

» Je jure solennellement, et j'affirme, que je
» remplirai loyalement et impartialement tous
» les devoirs qui me sont imposés, en y em-
» ployant toutes mes facultés, et conformément
» aux règlemens de la constitution et aux lois de
» cet état ;

» Je jure de défendre la constitution des
» États-Unis. »

Ces sermens et déclarations sont signés et enregistrés devant un juge de paix, et certifiés au dos du brevet.

Sect. 9. Tout officier, sous-officier et soldat d'infanterie, de cavalerie, d'artillerie, de grenadiers et de tirailleurs, doit toujours être muni des armes et de l'équipement prescrits par la loi des États-Unis concernant les milices, à moins que ses moyens pécuniaires ne lui permettent pas de se les procurer lui-même. Cette incapacité doit alors être constatée, chaque année, le premier mardi du mois de mai, à l'assemblée générale des milices, par les administrateurs des pauvres de la ville ou du village; et alors les notables de cette ville ou de ce village doivent pourvoir, aux frais de la commune, à ce que le milicien indigent soit armé ou équipé. Les armes ainsi fournies au milicien indigent, ne lui sont confiées que lorsqu'il est appelé dans les rangs, et sont ensuite mises en dépôt dans un magasin, sous la responsabilité des officiers.

Sect. 11. L'uniforme, les armes, l'équipement d'un officier, sous-officier ou soldat des milices, ne peuvent être saisis pour dettes ou pour le paiement des taxes. Aucun officier, sous-officier ou soldat, ne peut être arrêté ou cité devant un tribunal civil, lorsqu'il va remplir, qu'il remplit ou qu'il revient de remplir un devoir quelconque imposé par le service des milices.

Sect. 18. Tout commandant de compagnie doit assembler sa troupe le premier mardi du mois de mai, pour s'assurer du bon état des armes et de l'équipement de ses soldats, et ordonner les réparations nécessaires, ainsi que pour rectifier les mutations survenues sur les contrôles. Il doit aussi l'assembler trois fois par an pour la faire manœuvrer. Toutes les fois qu'un chef de corps veut réunir sa troupe pour une revue ou une manœuvre, il doit en faire communiquer l'ordre par les sous-officiers de chaque compagnie, et ces ordres doivent être délivrés verbalement à chaque soldat ou signifiés par un écrit ou un imprimé déposé à son domicile. Aucun ordre pour une revue ou des manœuvres ne sera obligatoire, s'il n'a été donné quatre jours d'avance. Mais dans les cas d'invasion, d'insurrection, ou d'autres circonstances graves, tout ordre, quelque précipité qu'il soit, est légal et obligatoire.

Sect. 22. Chaque ville et chaque district de l'état doit avoir constamment en magasin soixante-quatre livres de bonne poudre à canon, cent livres de balles de fusil, chaque balle du poids de la dix-huitième partie de la livre; cent vingt pierres à feu; trois marmites de campagne par soixante-quatre hommes portés sur les contrôles des milices de la ville ou du district. Toute ville ou district qui négligerait les approvisionnemens ci-dessus mentionnés, sera condamné à une amende qui pourra varier de 20 à 500 dollars, selon la gravité de la négligence.

Sect. 23. Toutes les fois que les chefs de corps veulent exercer leur troupe, il leur est délivré, sur une demande écrite, un quart de poudre divisé en cartouches, pour chaque homme. Cette distribution se fait par les soins des magistrats au compte de la ville ou du district.

Sect. 24. Dans les cas d'invasion, d'insurrection ou de tout autre danger public, les milices peuvent être appelées par le commandant en chef partout où il juge leur présence nécessaire. Tout homme porté sur les contrôles, qui n'obtempère point à ces ordres dans les vingt-quatre heures, est condamné à payer une amende de cinquante dollars, ou à fournir un homme à sa place. Tout sous-officier ou soldat d'un corps de milices, appelé aux armes, doit prendre avec lui des vivres pour trois jours, à moins que l'ordre contraire ne lui soit donné. Toutes les fois que les milices d'un district sont appelées aux armes, les autorités du district doivent fournir au détachement appelé tous les équipages et ustensiles de campagne, et dans le cas de négligence ou de refus sont condamnées à une amende qui, de deux cents dollars, peut être portée jusqu'à cinq cents.

Sect. 26. Aucun officier, sous-officier ou soldat ne peut être appelé sous les armes pendant le temps consacré aux élections du gouverneur, du lieutenant-gouverneur, des sénateurs de l'état, du président, du vice-président et des membres du congrès des États-Unis. Toute réunion de milices pendant ces diverses époques est illégale, à moins qu'elle ne soit ordonnée par le général en chef *dans le cas d'invasion.*

Sect. 29. Les parens, les maîtres ou les tuteurs de mineurs, sont obligés de fournir auxdits mineurs enrôlés dans les milices, les armes et l'équipement exigés par la loi, à moins que leur indigence constatée le premier mardi du mois de mai par les administrateurs des pauvres, ne les en dispense.

Sect. 30. Si un officier, sous-officier ou soldat vient à être tué ou blessé en remplissant un devoir prescrit par les lois sur les milices, sa veuve et ses enfans ont droit à une indemnité déterminée par la cour générale.

Des cours martiales sont établies pour juger les officiers des milices. Celles qui doivent juger les officiers au-dessus du grade de capitaine, sont nommées par le commandant en chef, et prennent le nom de cour martiale générale; celles appelées à juger les capitaines et les officiers subalternes, sont nommées par les majors généraux ou par les commandans de divisions, et prennent le nom de cour martiale de division. La première se compose d'officiers pris sur le contrôle général de la division; la seconde d'officiers pris sur le contrôle d'un régiment ou d'un bataillon. Chaque cour se compose d'un président, de douze membres et d'un greffier.

L'officier qui convoque la cour peut nommer, en outre, six suppléans destinés à remplacer, par ordre de grade ou d'ancienneté, les membres de la cour qui tomberaient malades pendant la procédure; les membres de la cour prennent toujours rang d'après l'ancienneté de leur commission, sans égard à l'ancienneté du corps. Avant de procéder à l'ouverture des débats, le juge-avocat fait au président et aux membres de la cour, lecture du serment suivant :

« Vous jurez d'examiner, sans partialité, sans
» faveur, sans affection, sans préjudice, sans
» prévention et sans espoir de récompense, la
» cause maintenant pendante entre l'état et l'ac-
» cusé. Vous jurez aussi de ne point divulguer
» la sentence de la cour martiale sans son ap-
» probation, ni de publier, en aucun temps ni
» en aucun lieu, le secret du vote ou de l'opinion
» d'aucun des membres de la cour, à moins
» qu'il ne vous soit demandé en témoignage par
» une cour de justice en vertu de la loi. »

Toute personne appelée en témoignage devant une cour martiale, par le juge-avocat, est obligée de comparaître, à moins de s'exposer aux peines portées par la loi contre les personnes qui se rendent coupables de négligence lorsqu'elles sont appelées en témoignage dans une affaire criminelle. Avant que les témoins fassent leurs dépositions, le juge-avocat leur rappelle leurs devoirs en ces termes :

« Vous jurez de dire, dans cette affaire, la
» vérité, toute la vérité, rien que la vérité, et
» cela sous peine d'être traité comme parjure. »

Si un membre d'une cour martiale vient à être accusé, soit par le gouvernement, soit par l'accusé, l'accusation doit être faite par écrit et soumise à la cour, qui prononce sur sa validité. La cour ne reçoit jamais d'accusation contre plus d'un membre à la fois. Le membre accusé ne peut voter sur la question de validité de l'accusation, mais alors le président vote avec la cour pour maintenir à douze le nombre des votes.

L'accusé ne peut être déclaré coupable que sur la décision des deux tiers des membres de la cour; les peines auxquelles il peut être condamné sont la censure publique ou la cessation de ses fonctions pour un temps ou pour toujours.

Sect. 31. Toute cour martiale est autorisée à prendre des mesures pour assurer sa tranquillité pendant le temps de sa session, et à emprisonner toute personne qui la troublerait pendant ses séances. Cet emprisonnement cependant ne peut durer plus de huit heures.

Sect. 32. Le commandant en chef peut assembler un conseil d'officiers toutes les fois qu'il le juge nécessaire, pour traiter une question militaire ou relative à la discipline. Le commandant en chef, les majors généraux et les chefs de divisions, peuvent, chacun dans sa division, former une cour d'enquête pour examiner toute accusation portée par un inférieur contre un supérieur. Cette cour d'enquête se compose toujours de trois officiers et d'un juge-avocat, tous assermentés, et ne peut que recueillir les témoignages sans donner son opinion.

Sect. 34. Tout officier accusé d'inconduite, de négligence, de désobéissance ou de mauvais traitemens et d'injustice envers ses inférieurs, est traduit devant une cour martiale.

Tout officier convaincu d'une action déshonorante est sur-le-champ mis aux arrêts, et privé de tout commandement militaire, jusqu'à ce que les deux chambres aient demandé son renvoi au gouverneur.

Tout officier devant être traduit devant une cour martiale, est d'abord mis aux arrêts, suspendu dans l'exercice de ses fonctions, et reçoit une copie des charges portées contre lui. Cette copie doit lui être remise au moins dix jours avant le commencement de la procédure.

Tout capitaine ou commandant qui refuse ou néglige d'assembler sa compagnie aussi souvent que le prescrivent les règlemens, ou qui refuse de l'assembler lorsque son supérieur le lui ordonne, ou enfin qui favorise l'absence des hommes sous ses ordres, est justiciable d'une cour martiale.

Un officier en état d'arrestation ne peut donner sa démission.

Toute personne qui désire faire partie d'une compagnie volontaire, est obligée de prendre l'engagement d'y servir pendant sept ans.

Tout officier qui néglige ou refuse de marcher en détachement, lorsque l'ordre lui en est donné, est aussitôt mis en arrestation et traduit devant une cour martiale. L'officier qui le suit en grade marche à sa place.

Les commandans de compagnies doivent, de temps en temps, distribuer des cartouches à leurs soldats pour leur faire faire l'exercice à feu; mais s'il s'aperçoit qu'un sous-officier ou soldat arrive avec son fusil chargé à balle, il le punit d'une amende qui ne peut être au-dessous de cinq dollars ni au-dessus de vingt dollars.

Tout officier qui assemble et fait manœuvrer sa compagnie pendant le temps des élections, peut être traduit devant une cour martiale, mais dans tous les cas il est obligé de payer une amende de cinquante à trois cents dollars.

Tout sous-officier ou soldat qui, sous les armes, injurie un officier, excite ou prend part à un désordre quelconque, peut être mis en prison par le commandant de la compagnie, pour un temps plus ou moins long, mais n'excédant jamais cependant le temps pendant lequel la compagnie est assemblée. Il est, en outre, condamné à une amende de cinq à vingt dollars.

Tout sous-officier ou soldat qui quitte son poste sans la permission de son officier, paie une amende de deux à dix dollars.

Tout sous-officier ou soldat frappé d'une peine infamante par les tribunaux ordinaires, est aussitôt rayé des contrôles des milices.

Tout sous-officier qui se rend coupable de négligence, de désobéissance ou d'inconduite, peut être cassé de son grade et replacé dans les rangs des simples soldats.

De légères amendes sont imposées aux sous-officiers et soldats qui négligent de se trouver aux prises d'armes indiquées, ou qui s'y présentent avec leur armement ou leur équipement en mauvais état.

Les sous-officiers et soldats des compagnies volontaires sont punis de deux dollars d'amende, s'il paraissent sous les armes sans avoir l'uniforme de leur compagnie.

Toute excuse pour ne s'être point trouvé à une revue ou prise d'armes légalement ordonnée, doit être produite dans le délai de huit jours, sans quoi elle n'est pas prise en considération.

Tout sous-officier ou soldat qui, après avoir

été convoqué légalement, ne se trouve point à l'élection d'un officier, paie deux dollars d'amende.

Le plus ancien aide-de-camp de chaque major général, le major de chaque brigade, et l'adjudant de chaque régiment, doivent avoir toujours le contrôle exact de leur division, de leur brigade ou de leur régiment respectifs.

Tous les articles des règlemens concernant les milices doivent être lus en présence de chaque compagnie, tous les ans, le premier mardi du mois de mai.

Sect. 36. Le recouvrement des amendes infligées légalement aux sous-officiers et soldats, se fait par le greffier de chaque compagnie. Ces recouvremens ne peuvent se faire sans l'intervention des officiers de justice du district auquel appartient le condamné.

Sect. 37. Le greffier de chaque compagnie retient pour lui le quart de chaque amende, et verse le reste entre le mains du commandant de la compagnie qui lui en donne un reçu. Cet argent, reçu par le capitaine, est employé aux besoins de la compagnie avec l'approbation de la majorité des officiers.

Sect. 38. L'adjudant général, le quartier-maître général, les juges-avocats, les brigadiers-majors, les quartier-maîtres de brigade, les adjudans, et enfin tous les officiers employés dans les comités militaires, les cours martiales et les cours d'enquête, reçoivent une indemnité en argent et en rations.

Les milices appelées au service actif reçoivent la solde et les rations comme les troupes des États-Unis.

La loi de l'état relative à la répression des insurrections s'appuie sur l'intervention des milices, et règle en même temps d'une manière positive les rapports alors établis entre l'autorité civile et la force armée. Cette loi et le considérant qui la précède me paraissent d'une trop haute importance pour n'être point rapportés ici en entier.

» *Loi pour la prompte et efficace répression des*
» *séditions et insurrections dans l'état.*

» Considérant que dans un gouvernement
» libre où le peuple a le droit d'être armé pour
» la défense commune, et où le pouvoir mili-
» taire est toujours subordonné à l'autorité ci-
» vile, il est nécessaire, pour la sûreté de l'état,
» que tous les bons citoyens soient constamment
» prêts à prêter leur appui au gouvernement,
» et à s'opposer aux efforts des factieux ou des
» ambitieux qui tenteraient de renverser les lois
» et la constitution de leur pays; Considérant
» que le moindre retard apporté à la répression
» d'une sédition ou d'une insurrection sur quel-
» que point de l'état que ce soit, peut avoir des

» conséquences dangereuses et alarmantes, le
» sénat et la chambre représentative, assemblés
» en cour générale, ont arrêté :

» Sect. 1. Toutes les fois qu'une insurrection
» éclate sur quelque point de l'État, dans le but
» de gêner le cours de la justice et de s'opposer
» à l'exécution légale des lois, ou que seulement
» il y aura lieu de présumer qu'une insurrection
» de ce genre est méditée, il sera du devoir des
» officiers civils, du sheriff et des juges des di-
» verses cours des points menacés d'en faire don-
» ner avis au gouverneur. Aussitôt celui-ci devra
» user des pouvoirs dont il est investi par la con-
» stitution. Il donnera des ordres immédiats au
» major général ou à l'officier commandant la
» division dans le territoire de laquelle l'insur-
» rection a éclaté, de marcher avec les forces né-
» cessaires pour soutenir l'autorité civile. Il pour-
» ra même donner cet ordre aux officiers com-
» mandant les divisions voisines, si leur secours
» paraissait nécessaire.

» Sect. 2. Si dans l'opinion du sheriff et de deux
» officiers de justice il était urgent, pour la ré-
» pression de l'insurrection connue ou présumée,
» de recourir sur-le-champ aux armes, et qu'en
» raison de la distance il ne fût pas possible d'ob-
» tenir assez tôt du commandant en chef le se-
» cours nécessaire, il sera du devoir du sheriff et
» des officiers de justice de s'adresser aux officiers

» commandant les divisions les plus voisines, pour
» en obtenir les forces jugées indispensables à la
» défense des autorités civiles et à la répression des
» insurgés, sauf à en instruire le plus tôt possible
» le commandant en chef. Les commandans des
» divisions devront aussitôt mettre en marche les
» forces demandées. Les milices ainsi réunies,
» armées et équipées selon la loi, seront aux
» ordres de l'officier civil ou du magistrat.

» Sect. 3. Si un officier commissionné des mi-
» lices refuse ou néglige d'exécuter les ordres
» qu'il aura reçus de ses supérieurs de marcher
» avec le détachement qui lui aura été confié pour
» aller défendre l'autorité civile ou réprimer une
» sédition, cet officier sera condamné, outre la
» peine portée par les règlemens des milices, à
» une amende qui ne pourra excéder cinquante
» livres, et sera déclaré incapable de remplir ses
» fonctions pendant un temps qui ne pourra se
» prolonger au-delà de dix ans; selon la gravité
» de la faute ou la validité des excuses alléguées
» par l'accusé, une des deux peines seulement ou
» toutes les deux seront appliquées.

» Sect. 4. Si un sous-officier ou soldat apparte-
» nant à un détachement commandé pour la dé-
» fense des autorités civiles ou la répression d'une
» insurrection, néglige ou refuse de marcher, de
» s'armer, de s'équiper, comme il en aura reçu
» l'ordre, ou se retire avant d'en avoir la permis-

» sion, et qu'il en soit convaincu devant la cour
» suprême, il paiera une amende fixée par la
» cour, mais qui ne peut excéder dix livres.

» Sect. 5. Toute personne qui, par des dis-
» cours publics ou particuliers, ou par d'autres
» moyens, cherche à empêcher un officier ou un
» soldat appartenant à un détachement marchant
» contre une insurrection, de faire son devoir ou
» l'engage à abandonner son poste, est condamnée
» à une amende qui ne peut excéder cinquante li-
» vres, et à fournir une caution pendant un terme
» qui ne peut se prolonger au-delà trois ans.

» Sect. 6. Une indemnité est allouée aux déta-
» chemens qui marchent dans les circonstances
» déterminées par cet acte. »

En traçant ici le code des milices de l'état de Massachusets, j'ai omis un grand nombre d'articles qui ne sont que réglementaires et de discipline intérieure; mais ce que je viens de rapporter suffira, je l'espère, pour faire voir sur quels principes reposent cette formidable organisation de la force armée.

Ces principes sacrés, et qui ne peuvent être mis en doute que là où il y a des hommes intéressés au maintien du despotisme, sont :

1°. Que tout individu appartenant à une société de laquelle il a le droit d'attendre protection dans la jouissance de sa vie, de sa liberté et de sa propriété, doit à son tour contribuer aux frais de cette protection par ses services personnels ou par un équivalent;

2°. Que le peuple a le droit de porter les armes pour la défense commune;

3°. Qu'en temps de paix une nombreuse armée permanente ne peut qu'être dangereuse pour la liberté;

4°. Que le pouvoir militaire doit toujours être subordonné à l'autorité civile, et gouverné par elle.

C'est sur ces mêmes principes qu'avait été créée et organisée cette digne garde nationale parisienne dont la conduite fut si honorable pendant les orages de notre révolution, et qui si souvent fit reculer les anarchistes et pâlir les contre-révolutionnaires. Aussi remarquera-t-on qu'il y a un nombre infini de points de contact entre la formation des milices américaines, et celle de la garde nationale française organisée par la loi du 29 septembre 1791. Le sort de cette sage institution protectrice de la liberté dont elle est fille, a été bien différent en Amérique et en France : de l'autre côté de l'Océan elle s'est maintenue et fortifiée à l'ombre d'institutions populaires qui laissent à l'homme toute sa dignité et garantissent tous ses droits; ici, dénaturée d'abord par l'anarchie, elle a disparu sous le despotisme qui nous a ravi toutes nos libertés.

CHAPITRE V.

ROUTE DE BOSTON A PORTSMOUTH. — SÉJOUR A PORTSMOUTH. — HISTOIRE, CONSTITUTION ET STATISTIQUE DU NEW-HAMPSHIRE. — ROUTE DE PORTSMOUTH A NEW-YORK. — DESCRIPTION DE LONG-ISLAND.

L'ÉTAT de New-Hampshire avait envoyé une députation au général Lafayette, pour l'inviter à venir à Portsmouth visiter les établissemens de marine. Nous nous sommes mis en marche le 31 août, pour nous y rendre en traçant notre route par Lexington, Concorde, Salem, Marble-Head et New-Buryport. Nous ne nous sommes arrêtés que peu d'instans à Lexington; mais nous en sommes repartis bien émus des scènes touchantes dont nous y avons été témoins et des souvenirs historiques que nous y avons trouvés. On se rappelle comment, en 1775, quelques paysans ont été assassinés sur la place de Lexington par un bataillon anglais; c'est sur cette place même que le général Lafayette fut reçu par la population libre et heureuse qui venait de s'y réunir pour le fêter. A travers deux lignes de brillantes milices, nous arrivâmes au pied de la pyramide qui indique le lieu où tombèrent et

reposent les premiers martyrs de la liberté. Là, deux vieillards nous racontèrent cette première scène du grand drame révolutionnaire; ils en avaient été acteurs; et cette circonstance donnait à leur récit un charme puissant qui captivait notre attention. Ils se plaisaient à se rappeler les moindres particularités de cette action; ils répétait avec une chaleureuse indignation, les paroles injurieuses et menaçantes que leur adressa le farouche Pitcairn, en les sommant de se disperser; et le sourire de la pitié et du mépris agitaient leurs lèvres, lorsqu'ils nous expliquaient comment huit cents Anglais avaient fait feu sur quelques paysans. Alors ils nous nommèrent avec attendrissement ceux de leurs compagnons et de leurs amis, que la mort avait frappés à leurs côtés, et en les nommant, leurs yeux pleins de larmes se baissaient sur le tertre que nous foulions; et nos yeux, aussi, involontairement se portèrent sur ce dernier asyle de ces héros citoyens, et leur payèrent un tribut de reconnaissance et d'admiration. Après quelques instans d'un silence solennel, un des deux vieillards s'écria : « Nous pleurons encore nos frères, mais
» nous ne les plaignons pas, ils sont morts pour
» leur patrie et pour la liberté! » A ces mots de patrie et de liberté, la foule profondément émue, répondit par les cris de *Vive Lafayette!* et pendant long-temps il fut difficile de modérer

cet élan de la reconnaissance publique. Toutes les milices du canton s'étaient rassemblées sur la place de Lexington; elles défilèrent devant la pyramide et Lafayette, en inclinant devant ces deux monumens de leur révolution, leurs étendards sur lesquels est représenté le meurtre de leurs pères, dont le souvenir perpétue parmi ces jeunes soldats citoyens, la haine du despotisme et de la domination anglaise.

Au moment où nous allions nous éloigner de la pyramide pour regagner nos voitures, un jeune homme parut devant nous, portant dans ses mains un long fusil de forme grossière et couvert de rouille; il le présenta au général avec une solennité qui nous fit présumer que cet instrument de mort avait acquis par quelque circonstance particulière des droits à la vénération de celui qui le portait. En effet, nous apprîmes que ce fusil était celui qui le premier répondit au feu des Anglais sur la place de Lexington. « Mon père le portait *le 19 avril* 1775, » lui dit le jeune homme; « c'est dans ses mains » qu'il a commencé la tâche que vous et Wa- » shington avez si glorieusement achevée; je suis » bien aise qu'il fasse connaissance avec vous.... » Le général le prit et l'examina avec plaisir, chacun de nous voulut aussi le toucher. En le lui rendant, le général lui conseilla de faire inscrire sur la crosse, la date du 19 avril, le nom du brave citoyen qui en fit un si bel usage, et de le placer ensuite dans une boîte afin de le préserver des outrages du temps. Il fut touché du conseil et promit de le suivre.

Quoique la distance de Lexington à Concorde soit fort courte, nous fûmes encore obligés de nous arrêter dans cette dernière ville. Le peuple des environs s'était réuni sur la place publique où on avait élevé une tente de fleurs et de verdure, sous laquelle une troupe de jeunes filles brillantes de fraîcheur et de beauté offrirent des rafraîchissemens à l'hôte de la nation, qui fut invité à prendre place au centre d'une table élégamment servie, autour de laquelle les dames seules avaient été admises. De jeunes filles couronnées de fleurs circulaient autour de cette table et en faisaient les honneurs avec une aisance et une grâce touchantes; mais c'était surtout vers le général que se portait toute leur attention, que se concentraient tous leurs plus tendres soins. Tout était riant, tout était gracieux dans ce tableau de bonheur et de joie que nous avions sous les yeux; mais au même instant nos regards furent frappés par un singulier contraste : en face de la tente, à l'autre extrémité de la place, nous aperçûmes sur la colline qui la termine un amas confus de monumens funèbres; nous reconnûmes que c'était le lieu consacré à l'éternel repos. De tous ces monumens beaucoup étaient déjà noircis par le temps; quelques-uns étaient encore éclatans de blancheur. Auprès d'un de ces derniers étaient prosternés une femme et deux enfans vêtus de noir; leur attitude douloureuse semblait nous dire que les jours de fêtes ne sont point pour la mort des jours de repos; mais pas un des convives ne me parut entendre cet avis, tous étaient trop heureux pour remarquer combien était étroit l'espace qui les séparait du lieu où tout rentre dans le néant.

A Marble-Head, je fus tiré de la rêverie profonde dans laquelle m'avait plongé le tableau de Concorde, par le bruit du canon et les cris du peuple qui accourait au-devant du général Lafayette. De brillans préparatifs avaient été faits pour le recevoir dans cette ville, où on savait pourtant qu'il ne pourrait s'arrêter que pour déjeûner. En montant la *colline Washington*, il rencontra les élèves de onze écoles publiques et de vingt écoles particulières, sous la conduite de leurs professeurs et du président du conseil d'instruction. Ils étaient (filles et garçons) au nombre de neuf cents. Une députation, formée d'un représentant de chaque école, s'approcha de sa voiture, et lui présenta une adresse dans laquelle était exprimée la reconnaissance des enfans pour les services que leurs pères avaient reçus de lui.

Salem n'est qu'à quatorze milles de Boston, et cependant nous n'y arrivâmes qu'après midi.

parce qu'à chaque pas le général Lafayette fut obligé de s'arrêter pour recevoir des témoignages d'attachement de tous ceux qu'il rencontra sur sa route. A l'entrée de la ville, il fut reçu par les magistrats, et par une nombreuse cavalcade de citoyens. Plusieurs corps de milices étaient en bataille sur son passage, et son entrée fut annoncée par des salves d'artillerie et le bruit des cloches. Malgré la pluie qui tombait par torrens, les rues étaient entièrement remplies par la foule qui se précipitait sur son passage, et qui le comblait de bénédictions. Nous parcourûmes toute la ville au pas pour passer sous un grand nombre d'arcs de triomphe que décoraient des emblèmes et des inscriptions. Sur l'un on lisait : « *Honneur à* » *Lafayette ! Honneur à celui qui a combattu* » *et versé son sang pour la paix et le bonheur* » *dont nous jouissons !* » Sur un autre : « *La-* » *fayette, ami et défenseur de la liberté, sois* » *le bienvenu sur ta terre de prédilection !* » Sur un autre, enfin : « *Au jour de notre ad-* » *versité tu nous as secourus : dans notre pro-* » *spérité, nous nous rappelons tes services avec* » *reconnaissance.* » La salle du dîner, et le dîner lui-même, avaient été ornés par les mains d'un grand nombre de dames de la ville. En face de la place qu'occupait le général à table, au milieu de guirlandes de fleurs et de trophées, était cette inscription :

« *Lafayette en Amérique.* — Où peut-on
» être mieux qu'au sein de sa famille ? »

D'anciens compagnons d'armes placés à ses côtés réclamaient le droit de le servir, en lui rappelant gaîment qu'ils avaient acquis ce droit à York-Town, où il n'avait point refusé leurs services. Le dîner se termina par un grand nombre de toasts. On but *à la France*, amie de la liberté en Amérique; puisse-t-elle ne jamais devenir l'amie de l'oppression en Europe ! Et nous quittâmes aussitôt Salem pour aller coucher à New-Buryport. Quoique le temps continuât à être affreux, le général ne put jamais obtenir que l'escorte de cavalerie des milices de Salem renonçât à l'accompagner; elle galopa à côté de sa voiture pendant près de trois lieues, le sabre à la main, au risque de s'abattre vingt fois tant les chemins étaient gâtés.

Malgré toute la diligence que nous avons pu faire, ce n'est que fort avant dans la nuit que nous sommes arrivés à New-Buryport. L'éclat des illuminations et des feux allumés dans les rues et places publiques, le bruit non interrompu du canon et des cloches, les cris des citoyens, et la vue d'une multitude de soldats armés s'avançant rapidement au son du tambour, auraient pu nous faire croire que nous entrions dans une cité prise d'assaut et livrée aux flammes, si les mots *liberté, patrie, Washington, Lafayette,* qui frappaient sans cesse nos oreilles, ne nous eussent rassurés en nous rappelant que nous assistions à une fête nationale et vraiment populaire. Malgré l'heure avancée de la nuit, le général fut obligé de consacrer un assez long temps à la réception des habitans qui se pressaient en foule à la porte pour venir le féliciter. Nous étions descendus à l'auberge de Tracy, préparée par la ville pour nous loger. C'est là que descendit Washington en 1789; la chambre qu'il habita a été conservée depuis cette époque avec le plus grand soin, l'ameublement n'en a point été changé; et le général Lafayette eut le plaisir de reposer dans le même lit où, trente-cinq ans auparavant, avait reposé son paternel ami. A la joie qui brillait dans les yeux de notre hôte, il était facile de deviner les sentimens qui l'animaient, et combien il serait difficile de le déterminer à se défaire maintenant d'un ameublement qui a servi à Washington et à Lafayette.

Nous avons quitté New-Buryport de grand matin, et c'est vers le milieu du jour que nous sommes arrivés à Portsmouth. De nombreux corps d'infanterie, et presque toute la population, ayant à sa tête ses magistrats, s'étaient portés en avant de la ville, pour recevoir le général Lafayette. Mille enfans des diverses écoles étaient rangés en double haie sur son passage, et quoique ces pauvres enfans n'eussent pour toute coiffure que des couronnes de fleurs, et que la pluie tombât en abondance, pas un ne voulut quitter son poste. Le cortége qui se forma pour accompager le général à son entrée dans la ville, avait plus de deux milles de long. Après qu'il eut parcouru les principales rues, il s'arrêta dans celle du Congrès, où on nous fit entrer dans la salle Franklin. Là, le président du conseil de la ville prononça devant les citoyens qui y étaient réunis, le discours suivant :

« Général ! les magistrats de Portsmouth sont
» chargés, par leurs concitoyens, de vous ex-
» primer leur reconnaissance et la joie que leur
» cause votre arrivée.

» Jouissant, comme nous le faisons, du bon-
» heur que procure un gouvernement libre,
» notre reconnaissance se porte naturellement
» vers ceux dont le courage nous l'a obtenu. Ces
» hommes intrépides qui parmi nous ont, au
» moment du danger, pris la défense des droits
» de leur pays, ont, sans doute, *des droits* à
» notre vénération ; mais il est clair cependant,
» qu'en combattant pour la liberté de leur pa-
» trie, ils travaillaient à assurer leur propre
» bonheur et l'avenir de leurs enfans ; le senti-
» ment d'intérêt particulier qui les animait ne
» diminue en rien la valeur de leurs services,
» mais fait ressortir admirablement le zèle dés-
» intéressé qui vous amena d'une terre étran-

» gère au secours des habitans de celle-ci. En
» nous, l'amour de la liberté n'était qu'un senti-
» ment de patriotisme : en vous il fut le résultat
» d'un sentiment plus noble encore, l'amour du
» genre humain.

» Après une absence de quarante années pas-
» sées loin de notre pays, au milieu de tant de
» troubles et d'agitations, vous nous êtes rendu
» tel que vous nous avez quittés, ami ferme et
» constant des principes libéraux. A travers les
» nombreux événemens de votre vie, nos cœurs
» vous ont suivi ; en quelque situation que vous
» ayez été, soit à la tête de la garde nationale,
» soit dans les fers d'Olmutz, soit au milieu des
» représentans de la nation, vous nous avez tou-
» jours montré le premier ami de l'Amérique,
» toujours digne de notre estime.

» Permettez-nous donc de vous recevoir
» comme l'hôte de la nation, et de vous rendre
» tous les honneurs qu'il est en notre pouvoir de
» vous accorder. Ils sont le tribut volontaire de
» cœurs brûlans de reconnaissance. Nous voulons
» que nos enfans apprennent que la vertu seule
» a droit à de pareils hommages, et qu'au milieu
» d'un peuple libre le mérite ne reste jamais sans
» récompense.

» Nous vous prions de recevoir nos vœux sin-
» cères pour votre bonheur et votre santé. Cha-
» que jour nous adresserons au ciel nos prières

» pour que votre noble exemple encourage les
» sages de toutes les nations, et les soutienne
» dans la lutte qu'ils ont engagée en faveur de la
» liberté du monde entier. »

Dans sa réponse, le général Lafayette exprima sa joie de revoir l'Amérique heureuse, après une si longue absence, et sa reconnaissance pour l'accueil qu'il y recevait. En terminant, il dit : « Je
» vous remercie, citoyens, d'avoir pensé à moi
» lorsque j'étais au milieu des événemens dont
» vous avez bien voulu conserver le souvenir.
» L'approbation d'un peuple libre, vertueux et
» éclairé est la plus belle récompense que puisse
» recevoir celui qui n'attache de prix qu'à la
» vraie gloire. Cette récompense est bien plus
» douce encore lorsqu'elle est accordée à un fils
» adoptif....... »

Ici de nombreux applaudissemens et des acclamations unanimes l'interrompirent et attestèrent que cette adoption était dans tous les cœurs.

Le général fut présenté ensuite au gouverneur de l'état de New-Hampshire, M. Morill, qui était venu exprès de sa résidence pour le recevoir, et qui l'accueillit au nom de l'état. Après sa présentation au gouverneur, il fut entouré par un grand nombre de ses anciens compagnons d'armes parmi lesquels il reconnut le général Smith, qui avait servi pendant trois ans, sous ses ordres, en qualité de capitaine d'infanterie légère. Pendant que tous deux se félicitaient bien cordialement de se revoir; ils furent interrompus par un autre vieux soldat révolutionnaire, qui, pleurant d'attendrissement, s'en vint raconter tout haut, comment, pendant la guerre, *le marquis* lui avait rendu grand nombre de services particuliers. Le général eut beaucoup de peine à interrompre ce récit qui lui causait un grand embarras, mais qui excitait vivement l'intérêt des auditeurs.

En allant prendre possession de nos logemens, qui avaient été préparés dans la maison du dernier gouverneur du New-Hampshire, M. Langdon, nous rencontrâmes dans la rue quelques Indiens, c'étaient les premiers que je voyais; ils piquèrent ma curiosité au point que je n'eus pas la force de la cacher. Aussitôt quelques membres du comité qui nous accompagnaient nous quittèrent, et je dus à leur complaisance de voir arriver presque aussitôt que nous à notre logement, une douzaine de ces sauvages habitans des forêts du Canada. J'appris que ceux-ci venaient d'audelà des Grands-Lacs pour échanger quelques pelleteries contre des futilités et des liqueurs. J'avoue que je ne trouvai rien en eux qui répondît à l'idée que je m'étais faite de ces enfans de la nature. Leurs vêtemens n'ont plus d'autre caractère que celui de la misère; des croix et des chapelets ont remplacé leurs belles parures de plumes, leurs fourrures et leurs armes ; leur visage enivré n'a plus cette expression de noble fierté qui distingue si particulièrement, dit-on, l'homme sauvage ; leurs manières paraissent d'abord affectueuses, mais bientôt on reconnaît qu'elles ne sont que serviles ou intéressées. Ils nous parlèrent de baptême et de confession comme leurs pères parlaient, sans doute, de Manitous ; en un mot, il me parut que ces pauvres malheureux n'avaient fait que changer de superstition, et que la civilisation ne leur a porté que ses vices sans les dédommager par ses bienfaits. On m'assura, en effet, que la plupart d'entre eux étaient devenus paresseux, ivrognes et voleurs, sans rien perdre de leur ignorance. Un vieillard, qui paraissait être leur chef, et qui parlait un peu français, nous apprit que sa tribu était établie en Canada. Sur la question que nous lui fîmes s'il était heureux du voisinage des Anglais, il nous répondit qu'il aimait beaucoup les Français : on lui apprit alors que nous étions Français ; aussitôt lui et ses compagnons nous serrèrent la main avec cordialité. Il y avait là aussi plusieurs femmes ; quelques-unes allaitaient leurs enfans ; elles me parurent bien misérables et nullement jolies.

Pendant que nous conversions avec nos Indiens civilisés, un nouveau cortége se disposait à conduire le général Lafayette à l'établissement de marine; il s'y rendit peu d'instans après, mais son fils et moi nous ne pûmes l'y accompagner; le désir de profiter d'une occasion sûre et prompte pour donner de nos nouvelles à nos amis de France, nous détermina à rester au logis pour y écrire nos lettres. Nous éprouvâmes bien cependant quelques regrets de n'avoir point vu cet établissement de marine qu'on dit très-beau et fort considérable.

Le reste de notre journée fut occupé par un dîner public, auquel assistèrent toutes les autorités et un grand nombre de citoyens, ainsi que M. Salazar, chargé d'affaires de la république de Colombie auprès des États-Unis[1]. Après le dîner nous allâmes au bal où plus de quatre cents dames furent présentées au général Lafayette. Nous ne sortimes du bal à minuit, que pour remonter en voiture et retourner à Boston, où nous attendaient nos compagnons de voyage de New-York; mais, avant de continuer notre route, je veux consacrer quelques pages à l'histoire, à la constitution et à la situation actuelle de l'état de New-Hampshire, dont Portsmouth est la ville la plus

---

[1] M. Salazar, dont la conversation nous avait révélé un homme profondément instruit et entièrement dévoué aux institutions républicaines, acheva de gagner nos cœurs en portant un toast à M. Destutt de Tracy, et en proclamant l'heureuse influence de ses écrits sur les deux hémisphères.

considérable par sa population qui est de plus de sept mille âmes, et par son commerce qui est fort étendu.

L'état de New-Hampshire est situé entre le 42° 42' et le 45° 14' de latitude nord, et entre le 4° 29' et le 6° 10' de longitude est de Washington; sa surface est de 9280 milles carrés; sa forme est celle d'un trapèze dont la base est au midi; il est borné au nord par le Bas-Canada, au sud par le Massachusets, à l'est par le Maine et l'océan, et à l'ouest par la rivière de Connecticut qui le sépare de l'état de Vermont. Son littoral n'a environ que dix-huit milles de développement et est en général sablonneux et légèrement accidenté. Dans l'intérieur, on trouve des hauteurs assez considérables; les plus élevées sont les Montagnes-Blanches. Les nappes ou cours d'eau les plus considérables qu'on y rencontre, sont les lacs Umbagog et Winnippiscoges, et les rivières Connecticut, Piscataqua et Merrimac. On peut dire que tout le sol du New-Hampshire est de formation primitive : il est généralement fertile, cependant les parties les plus productives sont les bords des rivières, qui y déposent par les inondations un limon très-fécondant. On récolte abondamment sur les rivages de la mer une herbe que l'on appelle foin salé, et qui convient beaucoup aux bestiaux. Les mines les plus abondantes sont celles de fer dans le district de Franconia et à Enfield. On trouve aussi, dit-on, de l'argent natif en petits filons dans les montagnes de l'ouest, mais ce n'est qu'en très-petite quantité et à trop grands frais. Le plomb noir est assez abondant dans le district de Sulton et auprès de la montagne de Monadnock.

Les chaleurs de l'été y sont courtes, mais excessives. Quant au froid, il faut qu'il y soit bien rude, puisque le lac Winnippiscoges, qui a vingt-quatre milles de long, et dans quelques endroits douze milles de large, gèle tous les ans pendant trois mois, au point de pouvoir porter de lourdes voitures. Cependant le climat y est très-sain, et les exemples de longévité n'y sont pas rares. On y voit souvent des personnes qui vivent au-delà de cent ans.

Le New-Hampshire fut découvert en 1614 par le capitaine Smith, et les premiers établissemens, composés de pêcheurs et de planteurs, furent faits sur la rivière Piscataqua, en 1623. Ces établissemens furent réunis sous le gouvernement du Massachusets en 1641. Des discussions concernant les droits sur des terres achetées aux Indiens, amenèrent la séparation de ces deux provinces, en 1692. En 1727, le New-Hampshire se donna sa première constitution et détermina ses limites entre lui et le Massachusets. En 1765, le peuple repoussa avec énergie la loi du timbre, et par suite s'engagea dans la guerre révolutionnaire, dans laquelle il se conduisit avec persévérance et vigueur jusqu'à la fin. L'état de New-Hampshire est le neuvième qui vota pour l'adoption de la nouvelle constitution fédérale des États-Unis, par la voie de sa législature, qui l'emporta à une majorité de onze, le nombre des votans étant de cent trois. Cette circonstance décida en faveur de l'établissement du gouvernement fédéral. La nouvelle constitution fut adoptée en 1792; elle fut précédée d'une déclaration des droits, et reconnait trois pouvoirs, *le législatif*, *l'exécutif* et *le judiciaire*.

Le pouvoir législatif réside dans un sénat et dans une chambre des représentans qui composent ensemble la cour ou l'assemblée générale; et chaque branche exerce la négative sur l'autre. Les bills d'argent viennent d'abord de la chambre représentative, mais ils peuvent être amendés par le sénat qui juge des empêchemens.

Le sénat se compose de treize sénateurs élus, chaque année, par les citoyens payant un impôt quelconque. Les qualités requises pour la candidature sont : 1°. d'avoir trente ans; 2°. de posséder dans l'état un bien libre de la valeur de deux cents livres; 3°. d'avoir habité l'état pendant sept années avant l'élection, et d'être résidant au district par lequel on a été choisi.

La chambre des représentans est composée de députés des différentes villes, dont le nombre est proportionné à la population, à raison d'un représentant par chaque nombre de cent cinquante contribuables âgés de vingt-un ans au moins, et de deux pour quatre cent cinquante, de manière qu'il faut trois cents contribuables de plus pour chaque nouveau représentant.

L'élection se fait par ballottage, et nul ne peut être éligible s'il ne possède dans son district un bien de la valeur de cent livres, dont la moitié doit être sa propriété personnelle. Il faut aussi qu'il habite le district au temps de son élection, et l'état depuis deux ans.

Chaque habitant mâle de vingt-un ans, excepté les pauvres ou les personnes exemptées de taxes à leur propre requête, a droit de voter pour la nomination des sénateurs et des représentans.

Le pouvoir exécutif est confié à un gouverneur et à cinq conseillers.

Le gouverneur est choisi pour un an, également par tous les citoyens âgés de vingt-un ans, et payant une taxe quelconque; et si deux personnes ont un égal nombre de suffrages, le choix est déterminé par le ballottage des deux chambres. Pour être élu gouverneur, il faut avoir trente ans; habiter l'état depuis sept ans avant l'élection, posséder un bien de la valeur de cinq cents livres, dont la moitié doit être propriété immobilière située dans l'intérieur de l'état. Le gouverneur commande en chef les forces de terre et de mer ; avec l'avis et le consentement du conseil d'état qu'il assemble à volonté, il nomme l'avocat et le solliciteur général, et les autres officiers de justice. Il a le droit de faire grâce aux condamnés, excepté à ceux qui ont été jugés devant le sénat sur un décret d'accusation de la chambre. Il signe toutes les commissions, qui sont de plus contre-signées par son secrétaire.

Les conseillers sont aussi élus par tous les contribuables de vingt-un ans, et on exige d'eux les mêmes qualités que pour le gouverneur, avec cette différence, cependant, que trois cents livres au moins de leurs biens doivent être immeubles.

Le secrétaire, le trésorier et le commissaire général sont choisis au ballottage par les sénateurs et les représentans.

Le trésorier de comté et le greffier des actes sont nommés par les habitans des différens districts.

Les représentans au congrès sont choisis par les habitans réunis en assemblées de villes, et leurs votes sont envoyés au secrétaire qui les dépouille devant la cour générale. C'est de la même manière que l'on choisit les candidats pour la présidence et la vice-présidence. Les deux sénateurs dans le congrès sont élus par la cour générale.

Le pouvoir judiciaire est composé d'une cour supérieure de quatre juges qui font annuellement deux tournées dans les comtés; d'une cour inférieure avec le même nombre de juges dans chaque comté, qui siégent quatre fois par an; d'une cour de sessions générales; des juges de paix qui siégent dans le même temps; d'une cour de vérifications des actes, formée d'un seul juge, qui siége tous les mois dans chaque comté; et de cours de justice.

Les juges sont nommés par le gouverneur et par le conseil, et restent en charge jusqu'à l'âge de soixante-dix ans. S'ils sont accusés de crimes d'état, ils peuvent être poursuivis à la requête de la législature.

Le jury, composé de douze propriétaires, dont l'avis détermine le jugement de toutes les affaires, est choisi par le conseil municipal parmi les personnes qui possèdent un bien de cinquante livres; les noms du tiers de ces membres sont mis dans une boîte, et les deux tiers dans une autre; on tire de la première les jurés pour la cour inférieure, ce qui se fait par le greffier de la ville en assemblée publique.

La cour générale est autorisée à réformer le système judiciaire, selon qu'elle le juge à propos ou nécessaire pour le bien public; à donner aux juges de paix juridiction dans les causes civiles, quand il ne s'agit point d'immeubles et que les dommages n'excèdent pas quatre livres, avec le droit d'appel à une autre cour, et le jugement par jury.

Le chef de la justice reçoit mille cinq cents dollars par an. Chaque juge en reçoit mille deux cents.

Les sheriffs, comme les juges, ne peuvent rester en charge après soixante-dix ans, ni agir ou recevoir d'honoraires comme avocats ou comme conseils d'une partie, ou faire une poursuite civile tant qu'ils sont dans l'exercice de leurs fonctions.

Tous les officiers civils ou militaires prêtent le serment suivant, avant d'entrer dans l'exercice de leurs fonctions :

« Je jure solennellement de conserver obéis-
» sance à l'état de New-Hampshire, de défen-
» dre sa constitution, et de remplir avec impar-
» tialité tous les devoirs de ma charge, comme
» gouverneur, sénateur, etc., etc., du mieux qu'il
» me sera possible, d'après les statuts et les rè-
» glemens de la constitution et les lois de l'état de
» New-Hampshire. Que Dieu me conduise ainsi. »

Si cet officier est quaker, il ajoute à son serment :

« Je le fais sous les peines et la responsabilité
» du parjure. »

L'organisation financière n'est pas moins économique, ni moins libérale. Chaque ville nomme un ou plusieurs percepteurs auxquels on remet les différentes listes d'impositions, avec pleins pouvoirs de saisir, en cas de nécessité, le bien et la personne des contrevenans. Si quelqu'un refuse de produire l'état de son bien qui est sujet aux taxes, le conseil municipal est autorisé à désigner par arbitrage la somme que cet individu devra payer à l'état. Les impositions des comtés sont réparties par les juges de la cour qui se tient quatre fois par an, et la proportion que chaque ville doit payer est spécifiée dans le mandat du trésorier du comté.

Tous les ans au mois d'avril, on fait un nouveau recensement des biens des contribuables; tous ces biens sont imposés à six pour cent de la valeur de leur revenu, excepté les terres en friches et les bâtimens, qui ne paient qu'un demi-denier pour cent de la valeur réelle. Les moulins et les bacs sont taxés à un douzième du revenu annuel; les fonds dans le commerce suivant la valeur, et l'argent à intérêt à trois quarts de un pour cent.

Les dettes que l'état avait contractées en 1814, et qui se montaient, avec les intérêts, à plus de trente mille dollars, ont été acquittées; et il a maintenant des fonds considérables dans la banque des États-Unis.

La sagesse et l'économie de l'administration et l'équité du gouvernement, ont porté leurs fruits. Le bonheur du New-Hampshire ne peut être mis en doute, il est attesté par la diffusion des lumières, par la richesse du commerce, la prospérité de l'agriculture et le rapide accroissement de la population. Cet accroissement, malgré l'émigration constante des hommes du nord vers les contrées nouvelles du sud et surtout de l'ouest, est encore fort remarquable. En 1755, la population était d'environ 34,000 âmes; en 1790, elle était de 141,885; en 1800, elle était de 183,858; en 1810, elle était de 214,460; et aujourd'hui elle s'élève à 244,161 âmes. Sur ce nombre il y a près de huit cents personnes de couleur libres; quant aux esclaves, je ne les compte point. Quoiqu'il n'y ait point de loi spéciale de l'état contre l'esclavage, l'esprit philanthropique des habitans, et leur intérêt bien entendu, ont fait justice de cette monstruosité, et on peut dire aujourd'hui qu'il n'y a plus d'esclaves dans le New-Hampshire, on peut même dire qu'il n'y a plus d'esclaves dans les États qui forment ce qu'on appelait autrefois la Nouvelle-Angleterre.

Cette population de 244,161 âmes fournit 52,384 paires de bras à l'agriculture, 8,699 aux manufactures, et 1,068 au commerce.

L'état de New-Hampshire peut mettre près de 25,000 hommes sous les armes, en ne les prenant que dans la classe des citoyens de seize à quarante-cinq ans. Cette force armée peut être considérablement augmentée en cas de besoin par les hommes qui sont sur la liste d'alarme; cette liste est formée des hommes de quarante-cinq à soixante ans, et de tous ceux qui sont exemptés du service ordinaire par les règlemens sur la fomation des milices. Les exemptions sont les mêmes que celles de Massachusets.

J'ai dit que dans l'état de New-Hampshire la diffusion des lumières était grande. Cet avantage d'une bonne éducation générale est dû aux soins du gouvernement et à la prévoyance de la constitution, qui prescrit aux législateurs et aux magistrats de regarder toujours comme un devoir sacré de veiller aux intérêts des lettres et des sciences, et de toutes les écoles publiques; d'encourager les institutions particulières, de donner des récompenses et des priviléges pour l'avancement de l'agriculture, des arts, des sciences, du commerce, des manufactures et de l'histoire naturelle du pays.

Comme dans tout le reste de l'Union, la liberté absolue en matière de religion est déclarée par la constitution droit naturel et inaliénable; personne ne peut être inquiété ou gêné à raison de ses opinions religieuses; la loi ne reconnaît aucune secte dominante. Tous les ministres des diverses communions ont un droit égal à la protection du gouvernement, et reçoivent leur traitement de leurs religionnaires, dont ils sont obligés de rechercher l'estime, et ils ne l'obtiennent qu'en donnant l'exemple des vertus; aussi les mœurs y sont-elles généralement pures, les mariages communs et le célibat peu estimé. Il est rare dans les villes de l'intérieur de trouver un célibataire de trente ans. Les filles se mariant de bonne heure, il n'est pas rare de voir la mère et la fille allaitant leurs enfans en même temps; on pourrait aussi facilement trouver l'aïeul, le père et le petit-fils travaillant ensemble dans les champs.

Il me reste encore bien des choses à apprendre sur l'état de New-Hampshire; mais le général ayant promis d'y faire une seconde visite au printemps prochain, j'en profiterai pour recueillir des renseignemens que je n'ai pu me procurer pendant un aussi court séjour.

2 *septembre*. — En sortant du bal, nous sommes remontés en voiture pour retourner à Boston, où nous attendaient nos compagnons de voyage de New-York; arrivés à deux heures, nous en sommes repartis à quatre, en nous dirigeant par Lexington, Lancaster, Worcester, Tolland et Hartford. Dans chacun de ces endroits le général Lafayette a reçu de tous les citoyens des témoignages d'amour qui l'ont touché vivement, mais auxquels il a eu à peine le temps de répondre tant nous avons voyagé rapidement. Nous avons couché le premier jour à Boston dans la charmante maison de campagne de M. Wilder, dont l'aimable hospitalité ne s'effacera point de notre mémoire. Le second jour nous avons cou-

ché à Stafford, après avoir assisté aux brillantes fêtes de Worcester, et le 4, à dix heures du matin, nous sommes arrivés à Hartford, jolie ville très-commerçante, située sur la rive occidentale du Connecticut, à quarante milles de sa source. Sa population est de 4726 âmes, et elle partage avec New-Haven l'avantage d'être le siége du gouvernement de Connecticut.

Le général Lafayette fit son entrée à Hartford précédé par une nombreuse escorte de milices, et accueilli par toute la population avec les plus vives démonstrations de vénération et de tendresse. Le corps municipal vint à sa rencontre, et le maire le harangua. On nous conduisit ensuite en grande pompe à la maison d'état, où il fut reçu par le gouverneur Wolcott, qui, en l'accueillant au nom de l'état, lui dit :

« Cher général, je suis bien heureux de pou-
» voir vous saluer de nouveau dans cette heureuse
» capitale du Connecticut, où un peuple vertueux
» et éclairé jouit déjà depuis long-temps des
» avantages des institutions républicaines qu'il
» a fondées, sous la douce administration de ma-
» gistrats élus, chaque année, par son libre suf-
» frage.

» Les principes pour lesquels vous avez plaidé
» dans les conseils et combattu sur les champs de
» bataille, sont ici triomphans, et nous espé-
» rons, avec l'aide du ciel, les transmettre dans

» toute leur pureté à nos générations les plus re-
» culées.

» Ces principes sont maintenant répandus et
» adoptés sur toute cette partie de notre conti-
» nent qui s'étend de l'Océan aux plaines élevées
» du Missouri, et des Lacs au golfe du Mexique;
» sur ces vastes régions, nos fils et nos filles,
» sources d'une immense future population, dé-
» veloppent déjà les rapides progrès des sciences,
» de la religion, de l'industrie et de tous les arts
» qui perpétuent et embellissent les nations puis-
» santes. Chaque jour les lettres et le commerce
» augmentent nos forces et nos ressources.
» Nous avons fait alliance avec tous ces esprits
» supérieurs, qui, de tous les pays du monde
» civilisé, sont venus ici pour y jouir de cette
» liberté d'actions et d'opinions, à laquelle nous
» sommes tellement habitués, que maintenant
» nous ne pourrions plus vivre sans elle. Quelque
» part que vous portiez vos pas, vous serez ac-
» cueilli par des patriotes qui ont partagé vos
» glorieux travaux, ou par leurs enfans qui
» apprécient vos bienfaits. Vous rencontrerez
» aussi beaucoup de ces valeureux Français que
» les révocations et les proscriptions ont envoyés
» ici chercher une liberté qu'on leur refusait dans
» leur patrie; tous s'accordent pour reconnaître
» en vous le bienfaiteur des États-Unis et de
» l'humanité, et s'unissent spontanément pour

» vous bénir et demander au ciel qu'après une
» vie longue et heureuse, il vous soit accordé
» une glorieuse immortalité. »

Après ce discours, auquel le général répondit avec une tendre effusion, eurent lieu de nombreuses présentations de toutes les personnes que l'on avait pu admettre dans la salle. L'assemblée eut peine à contenir son émotion en voyant paraître le vieux général Wadsworth, apportant les épaulettes que Lafayette avait au combat de la Brandywine, où il avait été blessé, et l'écharpe sur laquelle on l'avait enlevé du champ de bataille, cette écharpe portait encore des traces de son sang. Ces objets avaient été donnés au général Swift après la paix, et sa famille les avait conservés religieusement, en mémoire de celui qui les avait portés, et de la cause qu'il avait défendue.

Au moment où nous sortions de la maison d'état, le général Lafayette se trouva au milieu de huit cents enfans des écoles publiques, qui lui offrirent une médaille en or, sur laquelle était écrit : « Les enfans d'Hartford, à Lafayette, le
» 4 septembre 1824. »

Après avoir parcouru plusieurs rues semées de fleurs, nous arrivâmes à l'institution des sourds-muets. Environ soixante jeunes infortunés rangés sur une ligne, attendaient dans le profond et éternel silence que leur a imposé l'horrible caprice de la nature, la venue du général Lafayette. Dès qu'ils le virent, ils lui indiquèrent d'un geste de la main vers le cœur, une légende portant ces mots : « *Ce que la nation exprime,* » *nous l'éprouvons!* » A leur tête était leur instituteur, Clerc, élève de l'abbé Sicard, et émule de Massieu. Le général Lafayette éprouva un vif plaisir à voir ce jeune Français que l'amour de la liberté et de l'humanité a amené dans ce pays, où il rend les plus importans services.

Lorsque le général Lafayette eut passé en revue les milices qui s'étaient réunies sous les ordres du général Johnson, et pris congé des magistrats et des habitans de Hartford, il fut conduit à bord du bateau à vapeur, *Oliver-Elsworth*, par un détachement de cent vétérans de la révolution, précédé par la musique des milices; après avoir reçu le dernier adieu de ses vieux compagnons d'armes, le bateau poussa au large, et nous commençâmes à descendre le Connecticut. Ce fleuve, qui prend sa source entre le Bas-Canada et le New-Hampshire, un peu au-dessous du 45°. parallèle de latitude, sert de limite entre cet état et celui de Vermont, et traverse les états de Massachusets et de Connecticut, en les parcourant du nord au sud; son cours est d'environ trois cents milles. Quoique souvent semé de rochers, il est navigable pour les bateaux presque jusqu'à sa source, et de gros bâtimens peuvent facilement le remonter pendant près de cinquante milles. Il reçoit dans son cours un grand nombre de petits tributaires, et va se jeter dans le détroit de Long-Island, à environ trente milles Est, de New-Haven. On dit que ses bords sont rians et fertiles, mais nous avons pu à peine jouir de leur vue. Peu après avoir quitté Hartford, notre bâtiment s'arrêta en face de Middletown, jolie petite ville très-manufacturière, et située sur la rive droite. Le bruit du canon et les acclamations d'une population nombreuse qui couvrait le rivage, apprirent au général Lafayette avec quelle impatience il était attendu par les habitans de Middletown ; il s'empressa de prendre terre pour aller leur témoigner sa reconnaissance, et ce ne fut que vers les sept heures qu'il put revenir à bord de l'*Oliver-Elsworth*; de sorte que bientôt la nuit nous enveloppa et nous déroba la vue des jolies habitations qui ornent tout le cours du Connecticut ; cependant nous pûmes juger de leur nombre par celui des lumières qui nous apparaissaient à droite et à gauche, comme une multitude d'étoiles qui brillaient dans l'obscurité.

Lorsque le jour reparut, nous étions sortis du fleuve Connecticut, et nous naviguions sur le détroit de Long-Island, vulgairement appelé Rivière de l'Est. Nous avions à notre gauche Long-Island, et l'état de New-York à droite. Quelque part que nous portassions nos regards, ils se reposaient agréablement sur d'élégantes maisons de campagne, ou sur des fermes dont le seul aspect annonçait le bonheur et l'abondance. Quoique le soleil fût encore bien près de l'horizon, lorsque je montai sur le pont, je trouvai cependant déjà un grand nombre de dames qui, placées aux fenêtres de leurs habitations, attendaient le passage du vaisseau qu'elles savaient devoir ramener le général Lafayette à New-York. A mesure que notre pavillon était reconnu, il était salué par les plus touchantes acclamations et par les signes de la plus douce affection.

Pendant que je respirais avec plaisir l'air frais du matin, toujours un peu vif sur les bords de la mer, et que mes yeux contemplaient avec ravissement cette harmonie délicieuse d'une belle nature et d'une riche et libre industrie, je fus abordé par un de nos compagnons de voyage, vieux soldat révolutionnaire, qui venait avec nous de Hartford, et qui, disait-il, n'avait pu fermer l'œil de toute la nuit, tant il avait été agité par le bonheur de revoir son ancien général. Je lui demandai quelques détails sur les habitations les plus remarquables qui s'offraient à mes regards; il me les donna avec beaucoup de complaisance, et de manière à me faire croire que la navigation du détroit lui était familière. Sur la question que je lui fis s'il avait quelquefois visité Long-Island : « Oh ! certainement oui, » me dit-il, « et il y a même long-temps pour la première fois! C'était en 1776, et sans le courage et l'habileté de notre digne général Washington, il est probable que cette première visite à Long-Island aurait été aussi la dernière, et que mes os y reposeraient maintenant en paix. C'eût été dommage, cependant, car je n'aurais pas goûté le bonheur que j'ai eu hier de serrer la main de celui qui a tant fait pour l'indépendance de ma patrie..... » et je vis une larme de reconnaissance et d'attendrissement rouler sous la paupière du vieux patriote. Après quelques instans de silence, enhardi par ses manières franches et cordiales, je lui demandai comment avait eu lieu cette première visite au souvenir de laquelle paraissaient se rattacher tant d'autres souvenirs. « Voici le fait, » me dit-il, en me prenant par le bras et en me faisant tourner vers Long-Island, qui paraissait passer rapidement devant nos yeux, comme un panorama mobile; « en 1776, je n'étais plus un enfant, comme vous devez bien le présumer en voyant mon front chauve et mes cheveux blancs, je servais dans l'armée continentale, et mon régiment faisait partie des forces chargées de défendre Long-Island[1]. Le 17 août, les Anglais

---

[1] *Teacher's journal.*

» et les Hessois, au nombre d'environ vingt-
» quatre mille, protégés par l'artillerie de leurs
» vaisseaux, prirent terre sur l'ile. Nous n'étions
» guère que dix mille combattans, et dans une
» position telle que la majeure partie ne pou-
» vait pas prendre part au combat. L'action ce-
» pendant fut chaude, et notre résistance opi-
» niâtre, quoique l'ennemi eût sur nous tous les
» avantages du nombre, de la discipline et de
» l'expérience. L'attaque des Anglais fut con-
» duite avec intelligence et bravoure; mais j'ose
» dire que si nous fûmes moins habiles, notre
» courage, en revanche, nous valut l'estime de
» nos adversaires. Enfin, nous fûmes bientôt
» entourés, quelques-uns furent pris et le reste
» se retira, laissant aux mains de l'ennemi
» la victoire et nos deux généraux Sullivan
» et Sterling. Nous avions perdu de mille à
» douze cents hommes, et les Anglais peut-être
» plus.

» Après ce malheureux engagement, nous
» vînmes nous retrancher dans nos lignes de
» Brooklyn, où nous n'étions point en sûreté.
» Fatigués et découragés par notre défaite,
» ayant en face de nous un ennemi supé-
» rieur en force et enhardi par ses succès,
» sachant qu'une escadre nombreuse se pré-
» parait pour nous couper la retraite en en-
» trant dans la rivière de l'Est, nous sentions

» bien que nous ne pouvions échapper à une
» destruction complète que par la protection
» de la providence et la sagesse de notre gé-
» néral en chef. Washington résolut de nous
» tirer de cette dangereuse position. Profitant
» des ténèbres de la nuit il passa en personne
» la rivière d'Est, le 29 août, et vint nous trou-
» ver dans nos lignes. Sa présence ranima nos
» espérances et notre courage; nous nous aban-
» donnâmes avec confiance à sa conduite, et
» notre retraite se fit avec une habileté qui seule
» aurait suffi pour le classer parmi les meilleurs
» généraux. Il est vrai que dans cette circon-
» stance la Providence nous donna aussi un
» témoignage éclatant de sa protection. Un
» brouillard épais enveloppa Long-Island pen-
» dant toute la nuit, de sorte que nos mouve-
» mens furent complétement cachés à l'ennemi,
» quoique l'atmosphère du côté de New-York
» fût brillante de clarté. Nous passâmes si près
» de l'ennemi, que nous entendions distincte-
» ment le bruit des travailleurs qui préparaient
» l'attaque pour le lendemain matin. Avant que
» le jour parût, nos neuf mille hommes avec
» leurs bagages, leurs magasins, leurs chevaux
» et leurs munitions de guerre, avaient traversé
» la rivière dans un endroit où elle a plus d'un
» mille de large, et cela sans la perte d'un seul
» homme. Une heure après que nous fûmes

» rentrés à New-York, le brouillard se dissipa
» comme par enchantement et nous laissa voir
» distinctement les Anglais entrant avec défiance
» dans nos lignes, où ils furent bien surpris de
» ne plus trouver personne. »

Pendant le récit de mon vieux soldat, presque tous nos compagnons de voyage étaient arrivés sur le pont et s'étaient groupés autour de nous, et bientôt la conversation devint générale. On parla beaucoup de Long-Island, de l'élégance et de la richesse de ses maisons de campagne, où les habitans de New-York se plaisent à venir chercher le repos et l'air frais de la mer pendant les grandes chaleurs de l'été. J'appris que cette île, nommée autrefois Matawack[1] par les Indiens, ses anciens habitans, a cent quarante milles de long, sur une largeur qui varie depuis un jusqu'à quinze milles. C'est la plus grande des îles qu'on rencontre depuis le cap de la Floride jusqu'au cap Sable. Le côté qui est baigné par l'océan Atlantique est plat, sablonneux et découpé par plusieurs baies. La plus grande partie de sa surface est unie. Le sol se compose d'une terre noirâtre, spongieuse, avec un fond de sable qui absorbe la pluie et qui est peu favorable à la végétation. Le docteur Mitchill, traducteur de l'ouvrage de M. Cuvier, sur la théorie de la terre,

---

[1] Warden, t. II.

a remarqué qu'une couche de sable de mer s'étend dans toute la longueur de l'île, à la profondeur de trente à cinquante pieds, et qu'on y a trouvé des coquilles de vénus et d'huîtres, ainsi que des morceaux de bois en y creusant des puits. Une ligne de collines qui parcourt l'île, depuis New-Utrecht, à l'ouest, jusqu'aux environs de Southold, à l'est, est élevée à Harbourg-Hill de plus de trois cent dix-neuf pieds au-dessus du niveau de la mer. Malgré la mauvaise qualité du sol on y trouve la plus belle pépinière d'arbres fruitiers qu'il y ait peut-être dans toute l'Amérique. Elle est cultivé par les soins de M. Prince, habile horticulteur et pépiniériste, dont le zèle éclairé rend de grands services à son pays, et qui sera par la suite, je n'en doute pas, fort utile à l'Europe même, dont beaucoup de savans recherchent déjà sa correspondance.

Il était environ midi lorsque nous arrivâmes dans le port de New-York. Le général Lafayette croyait rentrer sans éclat dans la ville; mais les banderolles et les pavillons qui décoraient l'*Oliver-Elsworth* trahirent son retour, et le vaisseau le *Franklin*, qui se trouvait sur notre passage, le salua de treize coups de canon. Ce salut fut un signal pour les citoyens de New-York, et lorsque nous abordâmes le quai de Fulton, nous trouvâmes toute la population qui l'accueillit comme au premier jour de son arrivée, et qui l'accompagna avec acclamations jusqu'à City-Hôtel, où nous retrouvâmes nos logemens comme nous les avions laissés.

CHAPITRE VI.

FÊTE DONNÉE PAR LA SOCIÉTÉ DE CINCINNATUS. — ORIGINE ET STATUTS DE CETTE SOCIÉTÉ. — VISITE DES ÉTABLISSEMENS PUBLICS. — ÉPÉE OFFERTE PAR UN RÉGIMENT DE MILICES. — DÎNER DONNÉ PAR LES FRANÇAIS DE NEW-YORK. — FÊTE DE CASTEL-GARDEN.

En rentrant à New-York, le général Lafayette avait appris que les membres de la société de Cincinnatus voulaient le lendemain célébrer le 6 septembre, jour anniversaire de sa naissance, et il reçut d'eux une invitation à dîner, qu'il accepta avec reconnaissance. Vers les quatre heures de l'après-midi, nous vîmes arriver une longue file de vieillards marchant deux à deux et se tenant par le bras pour se prêter un mutuel appui que le poids des années leur rendait nécessaire. Ils étaient précédés par une musique militaire qui faisait de vains efforts pour régler la cadence de leurs pas chancelans. Nous descendîmes de suite au milieu d'eux; ils nous reçurent dans leurs rangs, attachèrent à la boutonnière du général Lafayette une décoration de l'ordre de Cincinnatus, qu'avait autrefois portée Washington, et nous nous mîmes en route

pour nous rendre à l'hôtel où le dîner avait été préparé. C'était vraiment un tableau touchant que celui qu'offraient ces vieux guerriers, restes glorieux de la guerre de l'indépendance, conduisant au milieu d'eux le compagnon de Washington, le fils adoptif de l'Amérique. La foule du peuple qui remplissait les rues que nous traversâmes, témoignait, par son attitude grave et silencieuse, le respect que lui inspirait ce cortége. La salle préparée pour le banquet était ornée de trophées d'armes et de soixante bannières portant les noms des principaux héros morts pour la liberté pendant la guerre de la révolution. Le repas fut animé par la joie franche et cordiale de tous ces vieux soldats qui se plaisaient à se rappeler les périls qu'ils avaient partagés. J'eus le plaisir d'être placé à table à côté du général Fish, qui, à York-Town commandait un bataillon de ces intrépides milices qui, sous les ordres de Lafayette, entrèrent l'arme au bras dans les retranchemens anglais. Il eut la bonté de me raconter les détails de cette glorieuse action, et même de la campagne toute entière. La vivacité de son récit me fit oublier ses soixante-dix ans; et les traits intéressans de patriotisme dont il le parsema, m'intéressèrent vivement. « Je sais bien, » me dit-il, en terminant, « que cette campagne de Virginie ne peut
» être comparée à vos campagnes d'Allemagne

» ou d'Italie, pas plus que nos fatigues et nos
» privations à vos désastres de Moscou. » — « Et
» pas plus, » ajoutai-je, « que vos résultats aux
» nôtres ; vous avez conquis le bonheur et la li-
» berté, et nous, nous avons rivé nos fers et ceux
» de l'Europe entière ! » — Cette triste réflexion
empoisonna un instant le bonheur que je goûtais
à ce banquet du patriotisme et de la reconnaissance.

Vers la fin du repas un rideau enlevé tout à
coup laissa voir au fond de la salle un grand
transparent représentant Washington et Lafayette se tenant par la main devant l'autel de
la liberté, et recevant une couronne civique des
mains de l'Amérique. Cette vue fit naître parmi
les convives de nouveaux transports de joie dont
l'expression ne fut suspendue qu'un moment
par la forte voix du colonel Swartwoot, qui
tout à coup se mit à lire l'ordre du jour de
York-Town, du 17 octobre 1781 : « Honneur à
» la division française du baron Viomesnil ! hier
» elle a enlevé une redoute ! Honneur à la divi-
» sion américaine du général Lafayette ! Au
» même instant elle enlevait une autre redoute,
» et demain elle montera la première à l'assaut. »
Des *vivat* prolongés couvrirent ces mots, et la
salle fut ébranlée par une triple salve d'applaudissemens. Mais bientôt tous furent ramenés à
des sentimens d'une nature différente par la voix

émue du général Lamb, qui fit entendre une ballade composée en 1792, pendant la captivité de Lafayette dans les donjons de l'Autriche, et qui fut alors très-populaire en Amérique. J'en emprunte la traduction suivante à M. B.....

« Auprès du foyer domestique,
» Malgré la paix et ses douceurs,
» Un vieux soldat de l'Amérique
» Exprimait ainsi ses douleurs :
» O toi l'orgueil de ce rivage,
» Noble amant de la liberté,
» Quel est le prix de ton courage?
» Les fers et la pauvreté !

» Fortune, honneur, douce patrie,
» Espoir d'un brillant avenir,
» Amour d'une épouse chérie,
» Devaient en vain te retenir.
» Pour voler à notre défense,
» Ton noble cœur a tout quitté.
» Mais quelle en fut la récompense?
» Des chaines et la pauvreté !

» Compagnons dont il fut le guide,
» Vous vites ce jeune héros,
» Aussi généreux qu'intrépide,
» Partager vos nobles travaux.
» Sa valeur effaça l'outrage
» Du joug par l'Anglais apporté.
» Quel est le prix de ce courage?
» Des chaines et la pauvreté !

» Tel, jadis, d'un prince barbare
» Bélisaire reçut des fers,
» Et le fier vainqueur du Bulgare
» De ses maux remplit l'univers.

» Par de semblables injustices
» Tel Annibal persécuté
» Obtint, pour prix de ses services,
» Des chaînes et la pauvreté ! »

Bientôt l'heure avancée de la nuit et le besoin de mettre un terme à la fatigue que causent nécessairement des émotions aussi profondes que celles que nous avions éprouvées pendant cette fête de famille, nous forcèrent à nous séparer. Rentré à City-Hôtel, je me souvins que souvent en Europe j'avais entendu parler de l'*ordre de Cincinnatus* ; je me rappelai même que je l'avais entendu attaquer par quelques-uns avec violence, comme tendant à détruire l'égalité républicaine en créant des priviléges, et citer par d'autres pour justifier l'existence des ordres de chevalerie ou privilégiés établis par les monarchies européennes. Cependant ce que j'avais vu et entendu de la société de Cincinnatus depuis mon arrivée aux États-Unis, ne me révélait point l'existence d'un ordre créé ou toléré par les lois, et destructif de l'égalité ; mais pour dissiper jusqu'à mes doutes à cet égard, j'interrogeai le lendemain matin un de nos convives de la veille qui vint visiter le général Lafayette. Il me répondit en me présentant une petite brochure renfermant l'origine et les règlemens de *la société de Cincinnatus*. La lecture de cette brochure me prouva que l'ignorance ou la mauvaise foi avait en Eu-

rope dénaturé le caractère de cette société qui
n'est pas plus un ordre privilégié aux États-Unis
que ne l'est à Paris *une association de bienfaisance*, ou la *Société biblique* en Angleterre.
La société de Cincinnatus n'est autre chose qu'une
association libre des anciens officiers de l'armée
révolutionnaire, qui se sont réunis dans le double but de perpétuer le souvenir de leurs patriotiques travaux, et de venir au secours de ceux
d'entre eux dont l'âge, les infirmités et les besoins réclameraient des secours. Quant au ruban
et à la médaille adoptés par la société, on ne
doit les regarder que comme un ornement que
ses membres portent dans leurs assemblées seulement, et non point comme une décoration
autorisée ou sanctionnée par le gouvernement;
d'ailleurs, pour éclairer sur ce point ceux qui
recherchent la vérité de bonne foi, je vais donner
ici les statuts et règlemens de la Société. Ils furent proposés aux officiers de l'armée en 1783.
Les divers régimens s'assemblèrent pour en
prendre connaissance, et nommèrent un conseil chargé de les examiner de nouveau et de les
discuter. Le 13 mai de cette même année 1783,
parut la déclaration suivante datée des cantonnemens de l'armée américaine sur les bords de
l'Hudson.

« Les représentans de l'armée américaine s'é-
» tant assemblés pour l'examen d'un plan qui

» leur a été présenté pour l'établissement d'une
» société dont les officiers doivent être membres,
» ils l'ont accepté ainsi rédigé :

» La volonté du suprême gouverneur de l'u-
» nivers ayant décidé l'affranchissement des co-
» lonies de l'Amérique de la domination de la
» Grande-Bretagne, et les ayant établies, après
» une lutte sanglante de huit années, libres,
» indépendantes, et états souverains mis en re-
» lations par alliances fondées sur la réciprocité
» des avantages avec la plupart des princes et
» puissances de la terre;

» Pour perpétuer la mémoire de ce prodi-
» gieux événement, ainsi que les amitiés mu-
» tuelles qui ont été formées sous l'influence du
» danger commun, et souvent cimentées par le
» sang, les officiers de l'armée américaine, de la
» manière la plus solennelle, s'associent et se
» constituent eux-mêmes en *Société des Amis*,
» qui sera perpétuée autant que possible, par
» les fils aînés de leurs enfans, ou à leur défaut
» par les aînés collatéraux qui en seront jugés
» dignes;

» Les officiers de l'armée américaine, géné-
» ralement choisis par les citoyens américains,
» ayant comme eux une grande vénération pour
» le caractère de l'illustre romain Lucius-Quintus
» Cincinnatus, et étant déterminés à suivre son
» exemple en retournant à leurs travaux après

» la guerre, croient pouvoir prendre à juste
» titre la dénomination de société de Cin-
» cinnatus.

» Les principes suivans seront invariables et
» formeront les bases de la société des Cincin-
» nati ;

» Veiller sans cesse à la conservation des droits
» de l'homme et des libertés pour lesquels ils
» ont combattu et versé leur sang, et sans les-
» quels il n'y a point de bonheur réel ;

» Augmenter avec un zèle infatigable et faire
» chérir entre les états cette union et cet hon-
» neur national si indispensablement nécessaires
» à la dignité et au bonheur futur de l'empire
» américain ;

» Maintenir cette cordiale affection qui existe
» entre les officiers de l'armée, et cet esprit de
» fraternité et de bonté qui doit les animer en
» toutes choses, et particulièrement lorsqu'il est
» question d'aider et protéger ceux de leurs col-
» lègues et leurs familles qui malheureusement
» sont dans le cas d'avoir besoin de secours.

» La société générale sera, pour la facilité
» des communications, divisée en sociétés d'états,
» et celles-ci en autant de sociétés de districts
» qu'il sera jugé nécessaire par la société d'état.

» Les sociétés de districts s'assembleront aussi
» souvent que le jugera la société d'état. Les so-
» ciétés d'état s'assembleront tous les ans, le

» 4 juillet, ou plus souvent, si le besoin l'exige;
» et la société générale, le premier lundi du mois
» de mai, annuellement, tant que cela paraîtra
» nécessaire, et ensuite une fois au moins tous
» les trois ans.

» A chaque assemblée, les principes de la
» société seront de nouveau examinés, et les
» meilleures mesures adoptées pour les propager.

» Les sociétés d'état se composeront de tous les
» membres résidans dans chaque état respectif;
» et chaque membre, passant d'un état dans un
» autre, sera considéré comme appartenant à la
» société de l'état dans lequel il sera alors établi.

» Chaque société d'état aura un président, un
» vice-président, un secrétaire, un trésorier et un
» trésorier assistant, tous choisis annuellement
» par la majorité des suffrages dans l'assemblée
» d'état.

» Chaque assemblée d'état adressera annuelle-
» ment, ou plus souvent s'il est nécessaire, une
» lettre circulaire aux autres assemblées d'états,
» dans laquelle sera indiqué tout ce qui paraîtra
» digne d'observations touchant les intérêts de la
» société ou l'union générale des états, et faisant
» connaître les officiers choisis pour la présente
» année. Des copies de ces lettres seront régu-
» lièrement transmises au secrétaire général de
» la société qui les enregistrera dans un livre
» destiné à cet usage.

» Chaque société d'état règlera tous ses intérêts
» particuliers, et ceux des sociétés de districts,
» en se conformant aux maximes des Cincinnati ;
» sera juge des qualités des nouveaux membres
» proposés, et pourra expulser tout membre
» dont la conduite serait incompatible avec
» l'honneur, ou qui par son opposition aux in-
» térêts généraux de la société, se serait rendu
» indigne d'en faire partie plus long-temps.

» Dans le but de créer des fonds suffisans pour
» assister les infortunés, chaque officier versera
» entre les mains du trésorier un mois d'appoin-
» temens. Cet argent constituera pour toujours
» le capital de la société, et les intérêts seule-
» ment seront employés à titre de secours.

» Des souscriptions libres pourront être rem-
» plies dans les sociétés de districts ou d'états,
» pour le soulagement des membres infortunés
» ou pour leurs veuves et les orphelins ; mais ne
» pourront être employées que par les sociétés
» d'états.

» Toute donation particulière, faite par des
» personnes appartenant ou non à la société,
» sera versée au capital permanent de la société,
» et les intérêts seuls de ces donations seront em-
» ployés à titre de secours.

» L'assemblée de la société générale se com-
» posera de ses officiers et d'une représentation
» de chaque société d'état ; cette députation ne

» pourra être de plus de cinq membres, et leurs
» dépenses seront couvertes par leurs sociétés
» respectives.

» Dans l'assemblée générale, le président, le
» vice-président, le secrétaire, le vice-secrétaire,
» le trésorier et le vice-trésorier seront élus pour
» remplir leurs fonctions jusqu'à la prochaine
» assemblée générale.

» Tous les officiers de l'armée américaine, tant
» en activité de service qu'en retraite ou en ré-
» forme, qui ont fait la campagne de la guerre
» révolutionnaire, ont des droits à devenir mem-
» bres de la société. Les fils aînés de ceux qui
» sont morts pendant la guerre ont les mêmes
» droits à être admis dans la société.

» Les officiers étrangers qui n'ont de résidence
» dans aucun des états de l'Union, seront in-
» scrits sur les contrôles du secrétaire général, et
» seront considérés comme membres de la so-
» ciété de l'état dans lequel ils se trouveront.

» Comme il y a, et qu'il y aura toujours dans
» tous les temps des hommes qui, dans leurs
» états respectifs, se feront remarquer par leurs
» capacités et leur patriotisme, et dont les vues
» élevées embrasseront les mêmes objets que les
» Cincinnati, il sera permis de les admettre
» comme membres honoraires de la société, et à
» vie seulement, en ayant soin que leur nombre
» cependant ne s'élève jamais au-delà du cin-

» quième du nombre total des officiers ou de
» leurs descendans.

» Chaque société d'état devra former une liste
» de ses membres, et à la première assemblée
» annuelle le secrétaire d'état rédigera sur par-
» chemin deux copies des statuts de la société,
» et les présentera à la signature de tous les
» membres. Une de ces copies sera transmise au
» secrétaire général pour être conservée dans les
» archives, et l'autre demeurera entre les mains
» du secrétaire d'état. De ces listes d'état le se-
» crétaire général fera une liste complète de tous
» les membres de la société et en enverra une
» copie à chaque secrétaire d'état.

» La société aura un ordre par lequel ses
» membres pourront se faire reconnaître ; ce sera
» une médaille d'or d'une dimension propre à
» recevoir des emblèmes, et suspendue par un
» ruban bleu, bordé de blanc, en signe de l'al-
» liance de la France avec l'Amérique.

» La société, profondément pénétrée de re-
» connaissance pour la généreuse assistance que
» l'Amérique a reçue de la France, et jalouse de
» perpétuer l'amitié qui a si heureusement pris
» naissance entre les officiers des forces alliées,
» pendant la guerre, décide que le président gé-
» néral transmettra, le plus tôt possible, une
» médaille de la société à chacun des officiers ci-
» dessous nommés :

» Son excellence le chevalier de la Luzerne,
» ministre plénipotentiaire ;

» Son excellence le sieur Gérard, dernier mi-
» nistre plénipotentiaire ;

» Leurs excellences le comte d'Estaing, — Le
» comte de Grasse, — Le comte de Barras, — Le
» chevalier Destouches, amiraux commandans la
» marine française, et son excellence le comte
» de Rochambeau, commandant en chef, et les
» généraux et colonels de son armée.

» Le président général leur annoncera en
» même temps que la société se tient honorée
» de les compter parmi ses membres.

» Une copie de la formation et des statuts de
» la susmentionnée société sera envoyée au plus
» ancien officier de chaque état, pour la faire
» signer et approuver par les officiers de leurs
» états respectifs, de la manière suivante :

» Nous, soussignés, officiers de l'armée amé-
» ricaine, déclarons faire volontairement partie
» de l'association susdite, et nous soumettre aux
» conditions qu'elle prescrit ; ce à quoi nous nous
» engageons par serment, sur l'honneur l'un
» l'autre.

» Fait dans les cantonnemens, sur la rivière
» d'Hudson, en l'année 1783. »

La société de Cincinnatus, comme on le voit par ses statuts, n'a rien d'alarmant pour l'éga-lité, puisqu'elle ne réclame aucun privilége. Cependant, de toutes les parties de l'Union américaine, s'élevèrent contre elle des voix accusatrices qui reprochèrent aux fondateurs de la société d'avoir voulu, à l'ombre de la bienfaisance et des souvenirs patriotiques, jeter les semences d'une noblesse héréditaire. Il est difficile de prononcer maintenant si les fondateurs ou du moins quelques-uns d'entre eux avaient ou n'avaient pas craint d'avoir d'arrière-pensée en faisant cette proposition; mais il est certain que l'article des règlemens qui fait succéder le fils au père, était bien capable de porter ombrage à des républicains aussi jaloux de l'égalité que le sont les Américains. Chacun attaqua avec vivacité le principe absurde de l'hérédité qui trouva partout des adversaires. Parmi les écrits qui parurent alors sur cette matière, chacun rechercha avec empressement une lettre de Franklin, qui devint bientôt publique, quoiqu'elle fût adressée à sa fille qui lui avait envoyé en France les papiers qui annonçaient la formation de la société de Cincinnatus. Cette lettre, dans laquelle on retrouve tout le piquant et toute l'originalité de son auteur, renferme des argumens si concluans et en même temps si plaisans contre l'hérédité de la noblesse, que je ne puis résister au désir de la rapporter ici.

« Paris, 26 janvier 1784.

» Ma chère enfant,

» Votre soin de m'envoyer les papiers-nou-
» velles m'est agréable. J'ai reçu, par le capi-
» taine Barney, ceux qui font mention de l'ordre
» de Cincinnatus. Mon opinion sur ce sujet a
» peu de poids; je suis seulement étonné d'une
» chose : lorsque la sagesse réunie de notre na-
» tion a, dans l'acte de confédération, manifesté
» de la répugnance pour établir une noblesse,
» comment se fait-il que, avec l'autorisation du
» congrès ou d'un état particulier, un certain
» nombre d'individus aient la prétention de se
» distinguer, ainsi que leur postérité, de leurs
» concitoyens, et de fonder un ordre de cheva-
» lerie héréditaire, en opposition directe avec le
» sentiment formellement déclaré de leur pays?
» J'en dis autant de plusieurs dispositions qui
» ont été introduites dans les règlemens de cet
» ordre par ses auteurs, qui auront sans doute
» été éblouis par cette profusion de rubans et de
» croix suspendus à la boutonnière des officiers
» étrangers. Très-probablement ceux qui dés-
» approuvent l'institution ne l'auront pas com-
» battue avec assez d'énergie, d'après un prin-
» cipe semblable à celui de votre excellente
» mère, au sujet des personnes pointilleuses qui
» exigent jusqu'aux plus légères marques de res-

» pect. « *Si ces bagatelles leur plaisent* », disait-
» elle, « *ce serait une cruauté de les leur re-*
» *fuser.* » C'est dans ces mêmes vues que, si l'on
» m'avait consulté, je ne me serais pas opposé à
» la création des rubans et des décorations,
» mais que j'aurais certainement repoussé l'idée
» de rendre ces distinctions héréditaires. L'hon-
» neur, celui, par exemple, que nos officiers ont
» si justement acquis, est personnel de sa na-
» ture, et ne peut se transmettre à d'autres.
» Chez les Chinois, le plus ancien et le plus sage
» des peuples, par sa longue expérience, l'hon-
» neur ne va pas en *descendant*, mais en *re-
» montant :* qu'un homme, pour prix de sa va-
» leur ou de sa sagesse, soit promu au rang
» de mandarin, ses père et mère auront droit,
» par cela seul, aux marques de respect qui sont
» conférées au mandarin lui-même. On suppose
» que la bonne éducation et les bons exemples
» donnés par les parens à leur fils, ont rendu
» celui-ci capable de devenir utile à l'état. Cet
» honneur ascendant est avantageux à la société;
» il encourage les pères et mères à bien soigner
» l'éducation de leurs enfans; mais l'honneur
» *descendant*, conféré à une postérité qui n'aura
» rien fait pour l'obtenir, est non-seulement
» absurde et injuste, mais désavantageux pour
» les enfans même du nouveau noble. Ils de-
» viendront orgueilleux, dédaigneront les em-

» plois utiles, tomberont dans la pauvreté, enfin,
» dans l'asservissement et la bassesse qui l'accom-
» pagnent. Tel est l'état présent que nous appe-
» lons *noblesse* en Europe. Ou bien si, pour
» conserver la dignité des familles, toute la for-
» tune est assurée à l'aîné des héritiers mâles,
» on verra éclore un nouveau fléau pour l'indu-
» strie et l'amélioration du pays ; ce mélange
» odieux d'orgueil, de mendicité et de fainéan-
» tise, qui a déjà dépeuplé une partie de l'Es-
» pagne et rendu la moitié de ses terres incultes.
» Les familles ne cesseront de s'éteindre par le
» peu d'encouragemens accordés aux mariages,
» et par le peu de soins apportés à l'agriculture.
» Je désire donc que dans l'ordre de Cincinnatus
» (si l'on y tient absolument) les marques dis-
» tinctives soient accordées aux pères et mères
» des chevaliers, plutôt qu'à leurs descendans.
» J'ose dire qu'il en résulterait de bons exem-
» ples et de bons effets. On mettrait ainsi en pra-
» tique le quatrième commandement de Dieu,
» *Tes père et mère honoreras*, tandis qu'au-
» cun précepte divin ne nous commande d'ho-
» norer nos enfans. Certes, il n'y a pas de meil-
» leure manière de rendre hommage aux au-
» teurs de nos jours, que de faire des actions
» d'éclat dont la gloire réfléchisse sur eux, et
» rien de plus convenable que de manifester,
» par un acte public, que c'est à l'éducation ou

» aux bons exemples reçus d'eux, que nous en
» attribuons tout le mérite.

» Quant à l'absurdité de l'illustration descen-
» dante, on peut en faire, non une simple thèse
» de philosophie, mais la démontrer mathé-
» matiquement. Par exemple, le fils d'un homme
» n'appartient que pour moitié à sa famille; il
» appartient pour l'autre moitié à la famille de
» sa femme : si ce même fils se marie, le petit-
» fils n'appartient plus au grand-père que pour
» un quart, et l'arrière-petit-fils ne descend de
» lui que pour un huitième; encore quelques
» générations, et ce ne sera plus qu'un seizième,
» un trente-deuxième, un soixante-quatrième,
» un cent vingt-huitième, un deux cent cin-
» quante-sixième. Ainsi, dans neuf générations
» qu'auront vu naître trois cents années (et ce
» n'est pas là une noblesse fort ancienne) nos
» chevaliers actuels de Cincinnatus ne seront
» plus que pour un cinq cent douzième dans
» l'existence de leur postérité. En supposant
» même que la fidélité actuelle des épouses amé-
» ricaines se soit maintenue intacte pendant
» neuf générations, ce résultat est si peu de
» chose, que je n'y vois pas un motif suffisant
» pour un homme raisonnable, de braver les fâ-
» cheuses conséquences de la jalousie, de l'envie
» et du mécontentement de ses compatriotes.

» Mais laissons-là nos calculs sur ce jeune

» noble, qui ne doit être que la cinq cent dou-
» zième partie d'un chevalier actuel, et re-
» montons à ses neuf degrés de noblesse. Il y a
» eu nécessairement un père et une mère, ce
» qui fait quatre individus; en remontant ainsi,
» on trouvera huit, seize, trente-deux, soixante-
» quatre, cent vingt-huit, deux cent cinquante-
» six, cinq cent douze personnes qui auront suc-
» cessivement existé, et concouru pour leur
» quote-part à la création du futur chevalier.
» Cette progression s'établit ainsi en chiffres :

$$\begin{array}{r}2\\4\\8\\16\\32\\64\\128\\256\\512\\\hline 1{,}024\end{array}$$

» Il faut donc mille vingt-quatre individus
» des deux sexes pour faire, d'ici à trois cents
» ans, un chevalier. Supposons mille chevaliers :
» cela établit le concours nécessaire et successif
» d'un million vingt-quatre mille pères et mères,
» à moins que quelques-uns d'entre eux ne se
» soient avisés de faire plus d'un chevalier. Ré-
» duisons donc vingt-quatre mille individus pour
» ce double emploi, et considérons si, après une

» évaluation modérée des sots, des misérables et
» des prostituées qui feront partie de ce million
» d'ancêtres, leur postérité pourra se vanter de
» tirer son origine des chevaliers actuels de Cin-
» cinnatus. Les généalogistes futurs de ces che-
» valiers, en dressant les preuves de leur descen-
» dance en ligne directe de tant de générations
» (si nous admettons que l'honneur soit de na-
» ture à se transmettre) ne feront autre chose
» que prouver le faible quotient de gloire qui
» appartiendra à chacun d'eux, puisque les cal-
» culs très-simples et très-clairs que je viens d'é-
» tablir, démontrent qu'en proportion de l'anti-
» quité des familles, le droit à l'illustration des
» ancêtres diminuera, et que plusieurs généra-
» tions de plus réduiront cet honneur à peu près
» à rien.

» J'espère donc que notre nouvel ordre renon-
» cera à la transmission héréditaire, et qu'il se
» contentera, comme les chevaliers de la Jarre-
» tière, du Bain, du Chardon, de Saint-Louis, et
» des autres ordres européens, du droit viager
» de porter une décoration, et que cette distinc-
» tion cessera avec la vie de ceux qui l'ont mé-
» ritée. Il n'en résultera, j'espère, aucun mal.
» Quant à moi, lorsque j'entrerai dans une com-
» pagnie où se trouveront des visages nouveaux
» pour moi, je reconnaitrai avec plaisir, à ce si-
» gne, les personnes dignes d'une considération

» particulière. Les hommes modestes se trouve-
» ront ainsi dispensés de chercher, pour se re-
» commander à notre intérêt, l'occasion de rap-
» peler leurs services dans la guerre du conti-
» nent, etc..»

L'opinion de Franklin et l'opinion publique n'empêchèrent point la formation de la société de Cincinnatus, mais la réduisirent à sa juste valeur; c'est-à-dire, que chacun s'habitua à ne voir dans ce corps qu'une association de bienfaisance, et paya avec plaisir un tribut de respect aux membres qui y avaient acquis des droits par leurs anciens services et par leur caractère personnel; mais le principe de l'hérédité nobiliaire fut frappé d'un tel discrédit, qu'aujourd'hui fort peu de fils osent succéder à leurs pères, et que même, dans quelques états, ils ne sont plus admis.

Les jours qui suivirent notre retour furent en partie consacrés à visiter les établissemens publics et les forts qui protégent le port et la rade de New-York. Le plus remarquable d'entre eux est le fort Lafayette, qui est placé à l'entrée de la rade, près de la pointe de Long-Island; ses feux se croisent facilement avec ceux du fort opposé, construit sur Staten-Island. Les officiers de la garnison, composée d'un détachement de l'armée régulière des États-Unis, firent au général une réception bien cordiale, nous montrèrent tous les détails intéressans du fort, qui a l'immense avantage d'être couvert, à l'épreuve de la bombe, sans être exposé aux inconvéniens de la fumée du canon, qui trouve une libre issue par les galeries qui ne sont point fermées dans l'intérieur de la cour. La pluie, qui tombait abondamment, ne nous permit pas d'examiner avec autant d'attention les autres forts.

De toutes les écoles publiques que le général Lafayette visita, celle qui nous inspira le plus vif intérêt fut l'*École libre des jeunes Africains*, fondée et administrée par la société d'Affranchissement des Noirs. Le général fut accompagné dans cette école, comme il l'avait été dans toutes les autres, par un grand nombre de dames qui toutes donnent des soins assidus à ces sortes d'établissemens. Là, on lui annonça qu'il avait été élu, à l'unanimité, membre de la société, en même temps que M. Greenville Sharpe et M. Thomas Clarkson. Cette nomination convenait trop bien à son caractère et à ses opinions bien connues sur l'esclavage des noirs, pour qu'il ne s'en montrât pas profondément touché. Immédiatement après, un jeune enfant noir s'approcha et lui dit avec vivacité : « Vous voyez,
» général, ces centaines de pauvres enfans de
» race africaine, qui paraissent devant vous; ils
» partagent ici, avec les enfans des blancs, les

» bienfaits de l'éducation ; comme eux ils ap-
» prennent à chérir le souvenir des services que
» vous avez rendus à l'Amérique ; et de plus ils
» révèrent en vous un ardent ami de l'émanci-
» pation de notre race, et un digne membre de
» la société à laquelle nous devons tant de re-
» connaissance. »

Il serait bien long et il me serait bien difficile de donner des détails précis sur tous les établissemens de bienfaisance que nous avons visités dans la ville de New-Yorck. Ils sont fort nombreux, et comme chacun d'eux est le produit d'une association ou d'une volonté particulière, il faudrait, pour les bien faire connaître, faire l'histoire de chacun d'eux. En général, on peut dire de tous ces établissemens qu'ils sont sous la protection et non sous l'influence de l'autorité. La plupart des emplois administratifs y sont remplis sans appointemens ni honoraires, par des hommes qui regardent leur nomination à ces emplois comme d'honorables témoignages de l'estime publique, et qui les remplissent avec un zèle et une probité qui la justifient. Il n'y a ordinairement de salarié que les emplois inférieurs ou de détails qui demandent le sacrifice de tout le temps de l'employé. La plupart de ces établissemens sont fondés ou par des sociétés, ou par des legs ; ils sont entretenus ou par des souscriptions publiques, ou par des subventions du gouvernement. Ainsi, par exemple, en parcourant les registres de l'administration de la maison de refuge pour les orphelins, qui a été fondée en 1806, on voit que cet établissement a reçu, dans le cours de l'année 1822, cinq cents dollars de la législature de l'état; deux cent quatre-vingt-sept dollars comme part sur les fonds alloués aux écoles publiques par l'état; quatorze cent trente dollars des souscriptions particulières. Cinq mille dollars d'un legs fait par M. Jacob Sherred; vingt-cinq dollars pour l'intérêt d'un legs fait par madame Marie Williams; trois cent quatre-vingt-dix dollars de dons anonymes; mille dix-sept dollars donnés par la société de la Madeleine; dix-neuf dollars d'ouvrages faits par des enfans, etc., etc.; et une foule de dons individuels, tels que livres, souliers, draps, boutons, habits, fruits, peignes, etc. Quelles que soient la nature et la valeur des dons, ils sont reçus par l'administration, qui les enregistre scrupuleusement, ainsi que le nom des donateurs. C'est à l'aide de ces secours sagement employés, que cette maison a, depuis 1806 jusqu'en 1822, reçu et élevé quatre cent quarante enfans, dont deux cent quarante-trois sont déjà placés dans la société d'une manière utile pour elle et pour eux.

Dans la maison de charité il y a plus de mille individus des deux sexes et de tout âge.

Le grand hôpital de New-York peut contenir près de deux mille malades. Les aliénés, quoique sous la même administration, sont dans un corps de bâtiment séparé.

Dans tous ces établissemens nous fûmes frappés de la propreté des chambres, de la blancheur du linge, de la bonne qualité des alimens, et surtout des manières affectueuses et douces des employés envers ceux qui leur sont confiés. On reconnaît facilement que là les administrateurs sont encouragés par quelque chose de plus précieux que des appointemens, l'estime publique.

Les personnes qui nous accompagnaient et qui paraissaient bien instruites, nous assurèrent qu'il y a dans la ville de New-York plus de quarante sociétés de charité et de philanthropie, dont le zèle soutenu contribue beaucoup à l'entretien de tous les établissemens que nous avions visités, et à réparer les infortunes particulières.

Après avoir visité l'académie des arts, où parmi une grande quantité de plâtres, de gravures et de peintures, il n'y a guère de remarquable que la collection des tableaux de Trumbull, et la collection des gravures données par l'empereur Napoléon à l'académie, nous nous rendîmes à la bibliothèque publique. Elle se compose de plus de vingt mille volumes. Le choix des ouvrages en a été dirigé avec goût, et tout nous parut dans un fort bon ordre. Le public y est admis tous les jours, excepté le dimanche; mais personne ne peut emporter de livres chez soi, excepté les actionnaires, qui sont au nombre de cinq cents.

Pendant ce second séjour à New-York, nous visitâmes aussi plusieurs fois les deux théâtres; mais il me serait difficile d'en dire mon opinion, car chaque fois que le général Lafayette paraissait dans la salle, il devenait tellement l'objet de l'attention publique, le tumulte causé par l'expression de la joie des spectateurs était si grand, qu'il était impossible aux acteurs de continuer leur jeu; il ne leur était plus permis de se faire entendre que pour chanter quelques couplets en l'honneur du *compagnon de Washington, du captif d'Olmutz,* ou *de l'hôte de la nation.* Quelques personnes de goût que j'ai questionnées, m'ont répondu que le répertoire de ces théâtres se composait assez ordinairement de pièces anglaises, et qu'en général, parmi les acteurs, on pouvait citer des sujets distingués. Ces deux salles sont évidemment trop petites pour une nombreuse population, et leur construction ne répond ni à la richesse, ni à la beauté de la ville de New-York. A cela les citoyens disent, avec raison, qu'avant de songer au luxe et au plaisir, il leur a fallu s'occuper des choses utiles, et qu'ils seraient bien humiliés si les étrangers n'étaient pas plus frappés de la commodité et de la beauté de leurs monumens d'utilité publique, que de l'élégance de leurs théâtres [1].

Le 9, nous assistâmes à un concert spirituel donné dans l'église Saint-Paul, où le général entendit, à son entrée, retentir cet hymne, connu sous le nom de *Marseillaise*, et qui fut composé, comme on le sait, pour l'armée du Rhin, par un neveu de Bailly. La réunion qui s'y trouvait était remarquable par le nombre et l'élégance des dames. Les divers morceaux que nous entendîmes furent exécutés avec un ensemble que je n'avais point encore trouvé dans les chœurs et les orchestres que j'avais entendus jusqu'alors aux États-Unis, car, il faut bien en convenir, la musique y est encore dans l'enfance de l'art. Les causes en sont faciles à trouver. D'une part, la langue anglaise est peu musicale; de l'autre, les Américains ont eu jusqu'à présent peu de temps à donner à la culture des arts d'agrément. Ils n'ont point encore d'écoles de musique : ils ont bien quelques artistes européens qui cherchent à répandre le goût de leur art; mais ils ne trouvent en général d'accès que dans les familles très-riches qui ont renoncé

---

[1] Depuis cette époque la ville a fait construire une nouvelle salle de spectacle qu'on dit aussi commode qu'élégante.

aux occupations lucratives, et ces familles sont presque aussi rares que les professeurs eux-mêmes. En quittant l'église Saint-Paul, nous nous rendîmes dans le parc en face de l'Hôtel-de-Ville, où les pompiers étaient rangés en bataille avec leurs pompes. Le général en passa la revue; après quoi cette milice d'une nouvelle espèce, mais non moins utile que celle qui est appelée à la défense du territoire, défila avec autant d'ordre que l'aurait fait une division d'artillerie. Nous vîmes ainsi passer sous nos yeux quarante-six pompes; chacune était traînée et escortée par une compagnie d'une trentaine d'hommes commandés par un chef armé d'un porte-voix. Sur chaque pompe était planté un étendard aux couleurs et aux emblèmes de la compagnie. Beaucoup de ces étendards étaient empreints de portraits d'hommes dont les noms sont chers au peuple. On y remarquait surtout le portrait équestre de Washington et celui de Lafayette. Après que toutes les pompes eurent défilé, nous montâmes sur le balcon de l'Hôtel-de-Ville, où le général fut harangué par le commandant en chef des pompiers, et d'où nous vîmes le spectacle des manœuvres des pompes. Elles s'étaient toutes réunies en un cercle, au milieu duquel on avait formé une haute pyramide avec les échelles et les harpons d'incendie. Sur cette pyramide on avait placé une petite maison remplie de matières combustibles. On y mit le feu, et, à un signal donné, toutes les pompes jouèrent en même temps, et frappèrent si juste qu'en moins de deux minutes le feu fut éteint. En se rencontrant ainsi au même point, tous les jets d'eau formèrent un dôme liquide paré des couleurs de l'arc-en-ciel, et du plus bel effet.

Le 10, nous étions engagés à dîner chez le colonel Fish; nous allions nous y rendre à quatre heures, lorsqu'en sortant de l'hôtel nous trouvâmes, rangé en bataille devant la porte, le 9e. régiment d'artillerie qui venait pour escorter le général Lafayette jusque chez son ami. Au moment où le général parut, le colonel Muir, commandant de ce régiment, s'avança vers lui et lui offrit, au nom de ses camarades, une épée richement travaillée, et dont toutes les parties avaient été exécutées dans les ateliers de New-York. En lui exprimant ses remercîmens, le général Lafayette, lui dit : « C'est avec plaisir et » reconnaissance que je reçois ce précieux pré- » sent d'un corps de soldats citoyens, dont cha- » cun sait bien que le fer a été donné aux hommes » pour défendre la liberté là où elle existe, et » pour la conquérir là où elle a été détruite par » des usurpateurs couronnés et privilégiés. » Cette réponse fut couverte d'applaudissemens, et le général fut conduit par le régiment et une foule nombreuse de citoyens chez le colonel Fish. Cette journée se termina par un beau feu d'artifice tiré en l'honneur de Lafayette, dans un jardin public.

Le lendemain, le général assista avec son fils à une fête maçonnique des Chevaliers du Temple, qui les affilièrent à leur loge et leur conférèrent les plus hautes dignités, dont ils leur offrirent les insignes richement travaillés. Le soir nous dînâmes avec les Français résidans à New-York, et qui avaient voulu célébrer, avec leur compatriote, le quarante-septième anniversaire de la bataille de Brandywine. Le diner eut lieu à Washington-Hall ; cette fête patriotique et de famille fut marquée d'un caractère à la fois heureux et original. Beaucoup d'Américains qui y assistaient furent frappés d'étonnement ; la table, extrêmement large, offrait un plan en relief de ce grand canal qui, traversant l'état de New-York, joint le lac Érié à l'océan Atlantique. Cette carte, d'une nouvelle espèce, occupait une longueur de soixante-dix pieds sur la table, où elle était creusée dans l'épaisseur du bois, et garnie en plomb. Une eau extrêmement limpide remplissait le canal bordé du gazon le plus vert figurant des prairies au milieu desquelles s'élevaient des représentations de fabriques, d'arbres et d'animaux. Des ponts élégamment jetés d'un bord à l'autre, des masses de rochers sous lesquels passait ce canal, des forêts dans lesquelles il se perdait en serpentant, achevaient de faire un ensemble vraiment unique de ce chef-d'œuvre de topographie. Au-dessus du centre de la table, était un immense soleil dans un état continuel de rotation. Des tableaux allégoriques, les portraits en pied de Washington et de Lafayette, des trophées de drapeaux français et américains complétaient l'ensemble de ces délicieuses décorations. Le banquet fut présidé par M. Monneron. Après le dîner, qui fut animé par une joie franche et cordiale, on porta un grand nombre de toasts ; ils étaient tous empreints de ce patriotisme énergique qui caractérise tout ce qui se dit et ce qui se fait dans un pays vraiment libre. Je ne puis résister au désir d'en rapporter ici quelques-uns.

Par les commissaires du banquet : « *Aux* » *États-Unis*, leur bonheur national est impérissable ; il est fondé sur la religion, sur l'industrie, sur la liberté. »

Par le président : « Au général Lafayette ; nous sommes fiers qu'il soit Français ! »

Et il ajouta : « Messieurs ! au quatorzième » siècle les Lafayette, dans la province d'Auvergne, amélioraient déjà le sort de ce qu'on » appelait à cette époque *les vassaux*.

» Au quinzième siècle, le maréchal de Lafayette » chassa du territoire français les ennemis.

» Au seizième siècle, mademoiselle de La-
» fayette était l'image de la beauté, de la vertu,
» de la charité.

» Au dix-septième siècle, madame de La-
» fayette composait les ouvrages qui passeront à
» la postérité la plus reculée.

» Au dix-huitième siècle, le général Lafayette
» est né. Il est né ennemi de la tyrannie, amant
» passionné de la liberté.

» Pendant sa jeunesse il a concouru à sup-
» porter et à défendre le berceau de la liberté
» des États-Unis.

» Dans un âge plus avancé, il a paru à la tri-
» bune publique : il a parlé de la liberté en Eu-
» rope comme il avait su la défendre en Amé-
» rique.

» De la tribune, il est entré dans les rangs
» des défenseurs de la patrie. Je l'ai vu dans les
» dangers révolutionnaires, son génie et son
» sang-froid ne l'abandonnaient jamais. Prompt
» à concevoir, ardent à exécuter, il combattit
» toujours pour la véritable liberté.

» Je suis historien oculaire et fidèle. Voyez
» ces trophées, ces drapeaux, ces étendards, sur
» tous est écrit : *Liberté, victoire, Lafayette.* »

A ce toast le général répondit par celui-ci :

« A la mémoire des Français morts pour la
» cause de la vraie liberté, depuis 1789 jusqu'à
» ce jour. Leurs mânes nous demandent que tant

» de sacrifices ne soient point perdus pour la
» patrie. »

Par M. Dias : « A la mémoire de Riégo et à
» celle des autres martyrs de la liberté.

» Le crime fait la honte, et non pas l'échafaud. »

Par M. Chevrolat : « A la France telle que je
» la voudrais; sans conspirations factices, sans
» ministres corrupteurs, sans accusateurs merce-
» naires, sans cette oppression lente qui mine
» sourdement son énergie et sa vigueur. »

Des stances à Lafayette, pleines de grâce,
d'harmonie et de patriotisme, composées par
M. Pillet et lues par M. Chegaray, achevèrent
d'exalter l'enthousiasme des convives qui se sé-
parèrent aux cris de *vive la liberté! vive Lafayette!*

Depuis plusieurs semaines la ville de New-
York s'occupait des préparatifs d'une fête magnifique qui devait surpasser en goût et en éclat
tout ce qui avait été fait jusqu'alors pour Lafayette. On avait choisi pour lieu de réunion un
fort circulaire d'environ six cents pieds de circonférence, appelé *Castle-Garden*, bâti autrefois pour la défense de New-York, sur un môle
en avant de la batterie, et maintenant consacré
à des fêtes publiques. Un pont de trois cents pieds
de long joint ce fort à une batterie. Nous devions
quitter New-York le 14, pour faire un voyage

sur l'Hudson, et la fête de Castle-Garden eut lieu le 13. Nous nous y rendîmes le soir, à la clarté des illuminations. Nous trouvâmes le pont couvert de riches tapis d'une extrémité à l'autre, et bordé de chaque côté d'une ligne de beaux arbres verts. Au milieu du pont s'élevait une pyramide de soixante-quinze pieds de hauteur, illuminée en verres de couleurs et surmontée d'une étoile brillante au milieu de laquelle on lisait le nom de Lafayette. Malgré tout ce que cette entrée avait de magnifique, notre étonnement et notre admiration augmentèrent cependant encore en entrant dans l'enceinte du fort. La salle, d'environ six cents pieds de circonférence, et autour de laquelle régnait un vaste amphitéâtre, contenait près de six mille personnes. La voûte, soutenue à son centre par une colonne de soixante pieds d'élévation, était formée de pavillons de toutes les nations, entremêlés avec élégance et symétrie. A la principale entrée était un arc de triomphe de fleurs et de verdure, surmonté d'une statue colossale de Washington reposant sur des pièces de canon. Au milieu s'élevait le génie de l'Amérique portant un bouclier avec ces mots : « A » l'hôte de la nation ». En face de la porte s'élevait, sur une estrade, un pavillon richement décoré, orné du buste d'Hamilton ; au devant étaient deux pièces de canon prises à York-Town. Ce pavillon était destiné à Lafayette. Autour de la salle, treize colonnes portaient les armes des treize premiers états de la confédération. Cette enceinte était éclairée par plus de mille flambeaux dont l'éclat était réfléchi par un grand nombre de faisceaux d'armes. Dès que le général parut, l'air de Lafayette se fit entendre (*see the conquering comes*); et une sorte de frémissement d'admiration et de respect l'accompagna jusqu'à sa place. Au même instant les toiles qui entouraient et formaient la salle, roulées comme des voiles, furent aussi rapidement enlevées qu'une décoration de théâtre, et l'intérieur devint visible aux yeux de la foule qui, sur des embarcations autour du môle, était venue attendre ce moment. La lune pure et brillante éclairait la rade sur laquelle se croisaient en tous sens mille canots et bateaux à vapeur. Quelques instans après que le général eut pris place sous le riche pavillon qui lui avait été préparé, un grand transparent fut tout à coup découvert en face de lui, et lui offrit l'image exacte de sa demeure de La Grange, avec ses larges fossés et ses cinq tours gothiques, et cette inscription au-dessous : « C'est ici sa demeure ». Le général Lafayette fut très-touché de cette idée délicate de ses amis, qui, par la présence de ce tableau, voulaient donner à leur fête le caractère d'une fête de famille. Plusieurs fois, pendant la nuit, on tenta de former des danses, mais chaque fois que le général faisait un pas pour s'en approcher, les quadrilles se rompaient sur son passage et venaient se grouper autour de lui. Le temps nous parut court au milieu de cette réunion délicieuse, et nous fûmes fort étonnés d'entendre le signal de notre départ à deux heures. Le bateau à vapeur qui devait nous conduire à Albany s'était approché du môle pour nous recevoir à la sortie du bal. Nous nous embarquâmes avec le comité qui était chargé d'accompagner le général, et un grand nombre de dames et de citoyens qui ne voulaient point se séparer de lui; on en reçut autant que le bâtiment en pouvait porter. Le capitaine Allyn, qui devait partir le lendemain pour la France, reçut à bord nos embrassemens et nos lettres pour nos amis, et malgré l'obscurité qui avait succédé à la clarté de la lune, nous levâmes l'ancre. Bientôt nous eûmes perdu de vue *Castle-Garden*, et au lieu des joyeux sons de la musique, nous n'entendîmes plus que le bruit monotone et cadencé de notre machine à vapeur, luttant contre la rapidité des flots de l'Hudson.

CHAPITRE VII.

NAVIGATION SUR L'HUDSON. — TRAHISON D'ARNOLD. — ÉCOLE MILITAIRE DE WESTPOINT. — NEWBURG. — POUGEKHEPSIE. — CLERMONT. — CATSKILL. — HUDSON. — ALBANY. — TROY. — RETOUR A NEW-YORK.

Le bateau à vapeur *le James Kent*, sur lequel nous nous embarquâmes, avait été préparé pour ce voyage, avec les soins les plus recherchés, par le comité chargé par la ville de New-York d'accompagner le général Lafayette; mais on n'avait point prévu qu'un si grand nombre de dames voudraient être de la partie, et il arriva que la plupart des hommes furent obligés de coucher sur le pont, quoique *le James Kent* contînt plus de quatre-vingts lits. Pour nous, nous cherchâmes en vain le repos dans une fort jolie chambre que nous occupions en commun avec le général Lewis et le colonel Fish. Le bruit du canon qui, à chaque instant, nous annonçait que nous passions devant un village; et les cris de notre équipage qui faisait efforts pour nous arracher du *Banc aux Huîtres*, sur lequel nous étions venus échouer pendant l'obscurité, nous empêchèrent de dormir, et les premières clartés du jour nous engagèrent à monter sur le pont pour y jouir de la vue majestueuse des rives de l'Hudson. Rien en effet de plus imposant que l'aspect des hautes montagnes, tour à tour boisées et rocheuses, qui encaissent le fleuve dans presque toute sa longueur. En entrant pour la première fois dans le Pas des hautes terres (*Pass of the higlands*), on se sent presque disposé à partager la terreur superstitieuse des Indiens, et l'on comprend comment les fantômes et leurs sinistres gémissemens ont long-temps exercé leur empire, même sur les premiers Européens qui ont habité ces lieux où la nature ne se montre que sous des formes bizarres et de sombres couleurs. Pour l'homme qui se complaît dans le souvenir des brigandages du moyen âge, et qui aime à contempler les ruines des vieux donjons, ancien refuge de la farouche féodalité, rien sans doute n'est comparable aux bords du Rhin; mais pour celui qui préfère la nature encore vierge et sauvage, rien n'est beau comme les bords de l'Hudson. Ce fleuve prend sa source dans la contrée la plus élevée, entre les lacs Ontario et Champlain, et coupe l'état de New-York, du nord au midi, dans une longueur de deux cent cinquante milles; elle est navigable pour les bâtimens de quatre-vingts tonneaux, jusqu'à Albany, cent soixante milles au-dessus de son embouchure, et les vaisseaux remontent jusqu'à la ville d'Hudson, à la distance de cent trente-deux milles de New-York. Il serait difficile, je crois, d'évaluer le nombre de bâtimens de toutes formes et de toutes grandeurs qui font le commerce entre Albany et New-York. Le fleuve en est continuellement couvert, et il est rare de naviguer un quart d'heure sans en rencontrer un grand nombre à la suite l'un de l'autre. La marée se fait sentir à quelques milles au-dessus d'Albany, où elle est de douze heures plus tardive qu'à New-York. L'eau est salée jusqu'à la distance de cinquante milles au-dessus de cette dernière ville, où la crue ordinaire est d'environ un pied. A Pellepels-Island, au nord des *Highlands*, elle est d'environ quatre pieds, et à *Kinderhook*, situé à vingt-deux milles au sud d'Albany, de trois pieds [1].

Malgré le courant et le mouvement contraire de la marée, nous faisions six milles à l'heure. Un groupe de vieux soldats révolutionnaires se pressait sur le pont autour du général Lafayette, et chacun d'eux se plaisait à lui rappeler les détails des événemens dont chaque point du rivage réveillait en eux le souvenir. Nous avions déjà passé devant Tarrytown, et à la vue de ce modeste village les vieux guerriers citoyens avaient

---

[1] Warden, *Statistique des États-Unis*.

prononcé avec respect les noms des trois miliciens, *John Paulding*, *David Williams*, et *Isaac Van Vert*, qui se sont immortalisés autant par leur noble désintéressement que par le service qu'ils ont rendu à leur patrie et à la liberté, en arrêtant le major André. *Stony-Point* et le fort *Lafayette*, où, par le choix judicieux d'une bonne position, Washington avait su rompre les communications de l'armée anglaise, étaient loin derrière nous, et notre capitaine nous annonçait que bientôt nous allions apercevoir West-Point, lorsque je remarquai que tout à coup les regards de nos compagnons de voyage se portaient avec tristesse vers une maison isolée qui apparaissait non loin du rivage vers lequel la montagne s'abaissait en pente plus douce; bientôt j'entendis proférer le nom de traître, et ensuite le nom d'Arnold. Cette maison, qui semblait réveiller ainsi l'indignation des voyageurs, était celle en effet où l'infâme Arnold marchanda le sang de ses compagnons d'armes et l'asservissement de sa patrie. L'histoire de la trahison d'Arnold renferme une grande leçon ; elle prouve une fois de plus combien il importe, dans un état bien organisé, de ne confier les emplois qu'à des hommes d'une moralité ien reconnue. Dans un capitaine, comme dans un magistrat, le courage et le talent sans probité ne sont plus que des qualités dangereuses dont on ne peut chercher à tirer parti sans s'exposer à de graves inconvéniens.

Arnold naquit dans l'état de Connecticut; mais la nature sembla lui avoir refusé les vertus qui caractérisent si fortement les habitans de cette contrée. Cependant il embrassa avec ardeur, dès le commencement, la cause sacrée de sa patrie; ses talens militaires, son courage dans les combats, sa résignation et sa patience en présence des fatigues et des privations, et surtout ses brillans services dans l'expédition du Canada, lui avaient acquis une grande réputation dans l'armée, et la confiance du congrès qui ne crut point être prodigue de récompense en l'élevant au grade de major général : il avait été blessé devant Québec et n'était point encore entièrement guéri de ses blessures, lorsqu'en 1778, Philadelphie ayant été évacuée par l'ennemi, on lui confia le commandement de cette ville.

Malheureusement, à ce courage qu'il avait montré devant l'ennemi, Arnold ne joignait pas cette fermeté de principes et cette rectitude de jugement qui seules pouvaient le mettre en état de résister aux nombreuses séductions qui nécessairement l'entouraient dans la situation brillante où il se trouvait : poussé par l'orgueil et une ridicule vanité, oubliant qu'il n'avait point les ressources d'une grande fortune personnelle, il se livra à toutes les folles dépenses d'une table somptueuse et d'un train dispendieux ; il ne tarda guère à contracter des dettes beaucoup plus considérables que ses revenus ; dans l'espoir de les acquitter, il s'engagea dans des spéculations dont ses fonctions auraient dû l'éloigner, et qui eurent pour lui des résultats désastreux ; poussé par les plaintes de ses créanciers, il chercha des ressources dans la mauvaise foi de son administration, mais l'examen de ses comptes par des commissaires du congrès, prouva un déficit considérable. Beaucoup de citoyens de Philadelphie se plaignirent de ses nombreuses exactions ; le gouvernement de Pensylvanie l'accusa de faits plus graves encore ; enfin, au mois de juin 1778, le congrès le fit arrêter et juger par une cour martiale qui le trouva coupable et qui le condamna à être réprimandé par le général en chef; cette condamnation, approuvée par le congrès, reçut son exécution dans le commencement de l'année 1779. Furieux de se voir ainsi frappé en même temps par la loi et par l'opinion publique, Arnold s'emporta en plaintes amères contre ce qu'il appelait l'ingratitude de ses concitoyens, et jura de s'en venger.

On attachait alors une grande importance à la forteresse de West-Point, pour la conservation de laquelle l'armée américaine avait long-temps manœuvré, et souvent combattu; on regardait cette forteresse comme la clef de communication entre les états de l'est et ceux du sud; en effet sa situation sur la cime d'une des montagnes les plus élevées de la rive droite de l'Hudson, et son double rang de batteries et de redoutes tracées par les plus habiles ingénieurs, en faisaient un excellent poste défensif, dont l'occupation donnait une grande influence sur tout l'état de New-York : Arnold ne l'ignorait pas, et c'est sur ce point important qu'il jeta les yeux pour préparer sa vengeance. A force d'intrigues et d'importunités, il obtint le commandement de West-Point au moment où il venait d'écrire au colonel anglais Robinson qu'il abjurait ses principes révolutionnaires, et qu'il désirait vivement regagner l'estime de son roi par quelque preuve éclatante de repentir. Cette lettre ouvrit entre lui et sir Henry Clinton une correspondance active, et conduite avec beaucoup de secret. Le principal objet de cette correspondance fut la recherche des moyens de faire tomber le plus tôt possible la forteresse de West-Point entre les mains des Anglais. Pour conduire cette intrigue plus sûrement, le général anglais fit choix d'un de ses aides-de-camp, le major André, jeune homme aussi distingué par ses qualités aimables, que par ses talens militaires qui lui avaient déjà assuré une belle réputation parmi ses compagnons d'armes. Un sloop de guerre nommé le *Vautour* lui fit remonter l'Hudson jusqu'au Bac du Roi, à environ douze milles au-dessous de West-Point; de là ses communications avec Arnold devinrent plus fréquentes et plus faciles; mais pour bien s'entendre une entrevue devenait indispensable; et ce dernier la demandait avec instance. André refusa d'abord, soit qu'il éprouvât une secrète répugnance à se trouver en contact avec un traître, soit plutôt qu'il lui parut indigne d'un loyal officier de pénétrer dans les lignes ennemies sous un nom et un habit qui ne lui appartenaient pas; cependant poussé par le désir de répondre à la confiance de son général, il finit par accepter le rendez-vous qui lui avait été indiqué pour la nuit, dans la maison d'un certain Josuah Smith qui avait la réputation de tenir secrètement au parti anglais. Smith lui-même vint chercher le major André pendant la nuit du 21 septembre, et le mena à terre à l'aide d'une chaloupe dont les rameurs étaient ses propres domestiques. André fut reçu par Arnold sur le rivage, et conduit à la maison de Smith, où il resta caché jusqu'à la nuit suivante. La conférence terminée et les plans définitivement arrêtés, André voulut profiter des ténèbres pour se retirer; mais arrivé au rivage, il trouva que le *Vautour* avait été contraint de s'éloigner pour ne point s'exposer au feu d'une batterie qui le menaçait; les rameurs qui l'avaient amené à terre refusèrent de le reconduire au sloop; il lui fallut se décider à retourner à New-York par terre; pour hâter sa marche, Smith lui fournit un cheval, et, pour l'assurer, Arnold lui délivra un passe-port sous le nom de James Anderson, chargé d'un service public; ce passeport lui servit à sortir heureusement des lignes des postes américains, et à arriver à Crompond où Smith, qui l'avait accompagné, le quitta après lui avoir donné des renseignemens pour continuer sa route; il approchait des lignes anglaises, près de Tarry-Town, lorsque tout à coup un milicien qui patrouillait entre les deux armées, avec deux autres de ses camarades, s'élança de derrière un buisson, et saisit son cheval par la bride; à cette arrestation soudaine, le major perdit sa présence d'esprit accoutumée, et au lieu de présenter le passe-port dont il était porteur, demanda au milicien : « A quel parti appartenez-vous ? »—« Au parti d'en bas, » répondit celui-ci (c'était ainsi qu'on désignait l'armée anglaise qui occupait New-York). « Et moi aussi, » ajouta imprudemment le major André; mais à peine avait-il laissé aller ce fatal aveu, que l'arrivée des deux autres miliciens lui révéla son erreur et son danger. Il crut remédier à l'une et échapper à l'autre, en offrant à ses capteurs une bourse pleine d'or, sa montre d'un grand prix, et en leur promettant, s'ils voulaient le laisser aller, la protection du gouvernement anglais, et de grandes richesses. Plus ses promesses étaient brillantes, plus les trois miliciens se persuadèrent que son arrestation devait être utile à la cause de l'indépendance, et rejetèrent avec dédain ses offres, en lui déclarant que, quoiqu'ils fussent très-pauvres, tout l'or du monde ne les déterminerait pas à composer avec leurs devoirs; et aussitôt ils procédèrent à un examen rigoureux des vêtemens du malheureux prisonnier, pour voir s'ils n'y découvriraient pas quelque papier capable de les éclairer. Les plans exacts des approches et des défenses de West-Point, qu'ils trouvèrent dans ses bottes, et plusieurs détails écrits de la main d'Arnold, confirmèrent leurs soupçons; ils le conduisirent au lieutenant-colonel Jameson qui commandait les avant-postes. André, sans doute dans l'intention de faire savoir à Arnold qu'il devait songer à son propre salut, demanda qu'on lui rendît compte sur-le-champ de l'arrestation de *son officier Anderson sur la route de New-York*. A la réception de cette nouvelle, le traître prit la fuite, et alla chercher dans les rangs de l'armée britannique la récompense de son infamie.

Le major André se déclara lui-même officier anglais dès qu'il présuma qu'Arnold était en sûreté. Le retour presque immédiat du général Washington hâta la convocation d'une cour martiale présidée par le général Greene, et dans laquelle siégeaient Lafayette et le baron de Steuben. André comparut devant ce tribunal sous la terrible accusation d'espionnage; ses juges le traitèrent avec une grande déférence et une grande douceur, et lui déclarèrent, dès l'ouverture des débats, qu'il pouvait se considérer comme dispensé par eux de répondre à toute question qui pourrait blesser sa conscience; mais le jeune infortuné, plus jaloux de son honneur que de sa vie, avoua franchement ses projets, et exposa sans détour sa conduite, ne prenant d'autre soin que de disculper ceux qui l'avaient secondé dans son entreprise. Sa candeur et son courage touchèrent ses juges qui ne purent entièrement cacher leur émotion en signant sa condamnation. Pour lui il s'y attendait, et l'entendit avec résignation. Ses derniers momens furent dignes de son noble caractère. Voici les détails qu'en donne un témoin oculaire, le docteur Thacher.

2 *octobre* 1780. — « Le major André ne vit
» plus : je viens d'assister à son exécution. C'était
» une scène du plus profond intérêt. Pendant son
» emprisonnement et son procès, il montra une
» grande élévation de caractère : on ne lui en-
» tendit pas proférer la moindre plainte, et il
» parut très-sensible à tous les témoignages d'in-
» térêt qu'on lui donna. Il avait laissé en An-
» gleterre sa mère et deux sœurs qu'il aimait ten-

» drement; il en parlait avec sensibilité, et écrivit
» à sir Henry Clinton, pour les recommander
» à ses soins personnels.

» L'officier de garde qui demeurait constam-
» ment avec le prisonnier, nous a rapporté que
» lorsqu'on vint le matin lui annoncer l'heure de
» son exécution, il ne laissa paraître aucune émo-
» tion. Sa contenance calme et ferme contrastait
» fortement avec le chagrin de ceux qui l'entou-
» raient. Voyant entrer son domestique tout en
» larmes : « Retirez-vous, » lui dit-il, « et ne vous
» représentez ici qu'avec le courage d'un homme. »
» Tous les jours le général Washington lui en-
» voyait à déjeûner de sa table; il le reçut ce
» jour-là, comme à l'ordinaire, et le mangea
» tranquillement; il se rasa ensuite, fit sa toi-
» lette, et, après avoir posé son chapeau sur la
» table, il se tourna vers les officiers de garde,
» et leur dit gaîment : « Allons, messieurs, me
» voilà prêt à vous suivre. » Lorsque l'heure fatale
» eut sonné, un fort détachement de troupes
» prit les armes. Un immense concours de peu-
» ple s'était assemblé. Tous nos officiers étaient
» présens, à l'exception du général Washington
» et de son état-major. La tristesse régnait dans
» tous les rangs, le désespoir était sur tous les
» visages. Le major André vint de sa prison au
» lieu du supplice, entre deux sous-officiers, qui
» portaient l'arme au bras. Les regards de la

» multitude se portaient avec intérêt sur lui. Sa
» contenance pleine de dignité annonçait le mé-
» pris de la mort ; souvent un léger sourire ve-
» nait embellir encore sa physionomie gracieuse,
» et il saluait avec politesse tous ceux qu'il re-
» connaissait dans la foule ; ceux-ci lui rendaient
» le salut avec le plus tendre empressement. Il
» avait exprimé le désir d'être fusillé, regardant
» ce genre de mort comme plus conforme aux
» habitudes et aux opinions militaires, et jus-
» qu'au dernier moment il avait cru que ce vœu
» serait exaucé ; mais lorsqu'il arriva en face de la
» potence, il fit involontairement un pas en ar-
» rière, et s'arrêta quelques momens. « Qu'avez-
» vous ? » lui dit un officier qui était à côté de
lui. — « Je suis bien préparé à mourir, » répondit-
» il, « mais ce mode m'est odieux. ..... » Tandis
» qu'il attendait au pied de la potence, je remar-
» quai en lui un léger frémissement ; il appuya
» le pied sur une grosse pierre, porta un instant
» ses regards dessus, et fit un effort de gorge
» comme s'il avalait quelque chose ; mais bientôt
» s'apercevant que tous les préparatifs étaient ter-
» minés, il s'élança légèrement dans la charrette,
» et relevant fièrement sa tête : « Ce ne sera, »
» dit-il, « qu'une courte angoisse. » Il tira alors de
» sa poche un mouchoir blanc avec lequel il se
» banda lui-même les yeux, avec une fermeté
» qui pénétra la foule d'admiration, et qui fit

» répandre des larmes, non-seulement à son do-
» mestique qui se tenait près de lui, mais encore
» à tous les spectateurs. Lorsque la corde fut at-
» tachée au gibet, il ôta son chapeau et passa lui-
» même le nœud coulant pardessus sa tête et
» l'ajusta à son cou sans vouloir être aidé par
» l'exécuteur. Il était dans cette situation lorsque
» le colonel Scammel s'approcha, et le prévint
» que, s'il avait quelque chose à dire, il lui était
» permis de parler. Il releva alors le mouchoir
» de dessus ses yeux, et dit : « Je vous prie de ne
» point oublier que je me suis soumis à mon sort
» en homme courageux. » La charrette partit
» alors, le laissa suspendu, et il expira presque
» aussitôt. Comme il l'avait dit, il n'éprouva
» qu'une courte angoisse. Il était vêtu de son uni-
» forme et fut enterré avec au pied de la potence,
» et le lieu de sa sépulture fut consacré par les
» larmes de tous ceux qui furent témoins de sa
» fin. Ainsi mourut à la fleur de son âge le major
» André, le plus bel ornement et l'honneur de
» l'armée anglaise, l'ami de sir Henry Clinton.
» Si l'infâme Arnold était encore capable d'é-
» prouver un sentiment honnête, il dut avoir
» l'âme déchirée de honte et de douleur, en
» apprenant la fin tragique de l'infortuné André.
» Pour lui, après avoir mis le comble à son dés-
» honneur, en prenant du service dans les rangs
» des ennemis de sa patrie, il alla après la guerre

» mourir en Angleterre sous le poids du mépris
» de ceux mêmes pour lesquels il s'était dés-
» honoré. »

Quelque temps après qu'Arnold eut abandonné West-Point, et lorsque déjà il s'était signalé par l'acharnement avec lequel il déchirait le sein de sa patrie par toutes les horreurs de la guerre, on lui amena un grenadier américain qui venait d'être fait prisonnier dans une rencontre. Il le reconnut pour avoir servi sous ses ordres à West-Point; il l'interrogea sur l'impression que sa fuite avait faite sur la garnison. Le fier grenadier républicain lui répondit avec franchise, et ne chercha nullement à lui déguiser l'indignation générale. « Eh bien ! que m'auriez-vous fait si
» vous m'aviez pris ? » — « Nous aurions enterré
» avec respect votre jambe fracassée devant Qué-
» bec, et nous aurions accroché votre corps à un
» gibet...... »

Pendant que les divers groupes qui couvraient notre pont, maudissaient encore la mémoire d'Arnold et donnaient un regret à l'infortune d'André, le bruit du canon répété mille fois par les nombreux échos de l'Hudson nous avertit que nous arrivions à West-Point. Nos chaloupes mises à flot nous portèrent rapidement au rivage. Le général Lafayette y fut reçu par le major Thayer, commandant de l'établissement, et par les généraux Brown et Scott, accompagnés de leurs états-majors. On le fit monter dans une calèche découverte, on plaça à côté de lui la veuve du colonel Hamilton ; et suivi d'une longue colonne formée des dames qui l'avaient accompagné, et d'une nombreuse population qui s'était réunie pour le recevoir, il gravit lentement la route rapide qui conduit à l'École Militaire. Pendant sa marche, deux pièces de canon placées sur la cime du rocher qui s'élevait au-dessus de nos têtes, grondaient sans cesse. Lorsque nous arrivâmes au plateau sur lequel sont les bâtimens de l'établissement, nous trouvâmes les jeunes élèves rangés en bataille. Le général les passa aussitôt en revue, et ils manœuvrèrent ensuite devant lui. Après les manœuvres, ils lui firent avec le plus tendre empressement les honneurs de la fête qu'ils lui avaient préparée.

La situation de West-Point me parut fort bien choisie pour une école militaire; c'est un fort beau plateau élevé sur la rive droite de l'Hudson et couronné par d'autres hautes montagnes, au sommet desquelles on aperçoit encore les débris du vieux fort Putnam. L'éloignement des grandes villes, le silence des forêts, l'aspect d'une nature à la fois imposante et belle, tout semble dans ce lieu inviter à la méditation et à l'étude.

Les élèves sont au nombre de deux cents. Les places vacantes sont à la disposition du président des Etats-Unis; pour y être admis, il faut avoir au moins quatorze ans et vingt-un ans au plus, savoir lire, écrire et compter; et signer, avec ses parens ou son tuteur, l'engagement de servir pendant cinq ans, à moins d'un congé avant l'expiration de ce temps. On y enseigne la philosophie naturelle et expérimentale, les mathématiques, la chimie et la minéralogie, le dessin et la fortification, la stratégie, l'escrime et la langue française. Toutes les dépenses de l'établissement sont faites par le trésor national. Chaque élève ou *cadet* reçoit par mois seize dollars, et deux rations par jour; formés par compagnie, ils font tout le service comme soldats ou sous-officiers, et passent, tous les ans, trois mois sous la tente pour se former aux travaux des campemens; à la fin de leurs cours, ils sont commissionnés pour les divers corps de l'armée, lorsqu'il y a des emplois vacans; mais beaucoup d'entre eux obtiennent la permission de rentrer de suite dans la vie civile. Le gouvernement refuse rarement cette faculté à ceux qui la réclament, parce que son but est moins d'avoir dans cet établissement une pépinière de soldats, que de former des citoyens capables de remplir au besoin les premiers emplois dans les milices qui s'enrichissent ainsi tous les ans d'un bon nombre de jeunes officiers instruits.

Nous eûmes le plaisir de trouver parmi les

professeurs trois de nos compatriotes, MM. Bérard, Du Commun et Gimbrede, qui mirent beaucoup d'empressement à répondre à nos questions, et qui nous parurent jouir d'une grande estime auprès des chefs de l'établissement et des élèves.

A six heures, nous redescendîmes au rivage pour nous rembarquer. Un grand nombre de nos compagnons de voyage, mais particulièrement les dames, sentant qu'il ne leur était pas possible de rester plus long-temps ainsi entassés sur le *James Kent*, nous quittèrent pour monter dans un autre bateau à vapeur qui retournait à New-York; et nous, nous continuâmes notre route avec nos bons et aimables membres du comité de New-York, chargés d'accompagner le général.

A sept heures, nous arrivâmes à Newburg; nous aurions dû y débarquer à trois heures, mais notre accident sur le Banc-aux-Huîtres nous avait retardés, et trente mille personnes attendaient avec la plus vive impatience sur le rivage, l'arrivée de l'hôte de la nation. Les tables, nous dit-on, étaient dressées dès le matin : en effet, il était facile de s'en apercevoir, car ici la réception fut plus tumultueuse que je ne l'avais encore vue nulle part; mais cette fermentation même des esprits nous fournit une nouvelle occasion de juger de l'empire des magistrats sur ce peuple qui, même dans ses momens d'exaltation, ne perd jamais rien de ce respect que les citoyens doivent aux lois qu'ils ont librement consenties. Après une course rapide aux flambeaux à travers les rues de Newburg, on nous conduisit en calèche découverte à Orange-Hôtel, où les principaux habitans nous offrirent à dîner. Pendant que nous étions à table, le bruit se répandit dans la ville que le général allait repartir de suite; à cette nouvelle, toute la population accourut en tumulte sous les fenêtres de l'hôtel, et mille voix confuses s'élevèrent pour déclarer qu'il était affreux d'arracher ainsi brusquement aux citoyens de Newburg, l'ami qu'ils avaient si long-temps et si ardemment désiré; que les ténèbres qui avaient couvert son arrivée n'avaient permis à personne de le contempler; qu'on aurait le chagrin de ne pouvoir lui faire hommage des préparatifs qu'on avait faits pour sa réception; qu'enfin on ne le laisserait point partir avant que le soleil eût éclairé sa présence dans la ville, et qu'il eût donné sa bénédiction aux enfans de Newburg. Au bruit de ces clameurs se joignit bientôt celui de la lutte qui venait de s'engager entre les milices qui défendaient la porte de l'hôtel, et la foule qui voulait entrer pour arriver jusqu'au général Lafayette. Pendant quelques instans, le maire de la ville qui était à table avec nous, ne parut pas s'occuper beaucoup de ce qui se passait dans la rue; mais quelqu'un étant

venu le prévenir que le désordre pouvait devenir
grave, que les milices et les officiers de police
commençaient à se fatiguer de la résistance de la
multitude, il se leva, prit le général Lafayette
par la main, et, précédé de deux flambeaux, il le
conduisit sur un balcon qui dominait la rue. A
la vue du général Lafayette, les cris et les applaudissemens s'élevèrent de toutes parts; mais
d'un signe le maire rétablit le silence, puis s'adressa au peuple : « Messieurs, (car ici toujours les
» magistrats emploient des formules polies en par-
» lant au peuple), messieurs, voulez-vous affliger
» l'hôte de la nation ? » — « Non, non, non ! »
— « Voulez-vous que Lafayette soit privé de sa
» liberté dans le pays qui lui doit son affranchis-
» sement ? » — « Non, non ! » — « Hé bien,
» écoutez donc ce que je vais vous dire, et ne
» me forcez pas à invoquer la loi pour vous faire
» rentrer dans l'ordre. » — Il se fit alors un
profond silence. — « Votre ami est attendu à
» Albany. Il s'est engagé à y être demain avant
» la fin du jour; il se trouve déjà en retard par
» un accident imprévu qui l'a arrêté trois heures
» dans sa marche. Si vous le retenez ici jusqu'à
» demain, vous le privez du plaisir de visiter
» toutes les autres villes qui l'attendent aussi sur
» son passage, et vous le faites manquer à tous
» ses engagemens; voulez-vous lui causer ce cha-
» grin ? » — « Non, non, non ! » Et l'air retentit

d'applaudissemens et de houzzas. Le général Lafayette adressa alors lui-même à la foule quelques paroles de remercîment qui furent accueillies avec un grand enthousiasme. Cependant le peuple maintenant silencieux se tenait encore pressé dans la rue, mais sans gêner la porte de l'hôtel. Lorsque le général descendit, quelques citoyens s'avancèrent et lui dirent qu'il dépendait de lui de consoler entièrement les habitans de Newburg, et que pour cela il ne lui en coûterait pas un quart d'heure. « Nos fem-
» mes et nos enfans sont réunis ici près, dans
» une salle qui avait été préparée pour vous
» recevoir; venez un instant vous offrir à leurs
» regards, et nous serons tous heureux. » Il n'était point possible de résister à une demande si touchante. Nous entrâmes dans cette salle remplie de dames et de jeunes filles parées pour le bal; déjà elles ne comptaient plus le voir, et sa présence leur causa une bien agréable surprise; dans l'effusion de leur joie, elle se précipitèrent toutes vers lui, et détachant les couronnes et les fleurs dont elles étaient parées, elles l'en couvrirent entièrement. En sortant de cette salle, nous trouvâmes tous les hommes rangés en double haie sur le chemin qui conduit au rivage, et le général ne put arriver au *James Kent* qu'à travers les témoignages les plus tendres et les plus respectueux de tous ces braves

gens qui, malgré ses assurances, craignaient encore de lui avoir fait de la peine. Il reçut les adieux des autorités de New-Burg sur son bord ; au signal donné par notre capitaine, nous recommençâmes notre navigation malgré les ténèbres qui nous environnaient.

Le soleil à son retour nous trouva à la hauteur de Pouhgkeepsie ; il fut impossible au général de ne point s'y arrêter. Les quais et le rivage étaient couverts de milices, de citoyens, et même d'un grand nombre de dames qui avaient attendu pendant toute la nuit l'arrivée de Lafayette.

Pouhgkeepsie est, comme toutes les villes qui bordent l'Hudson, à la fois manufacturier et commerçant ; aussi sa population s'accroît-elle rapidement. Elle était en 1820 de trois mille quatre cents âmes ; aujourd'hui elle s'élève déjà à près de cinq mille.

C'est à Poughkeepsie, dans la demeure de George Clinton, que Washington, Hamilton, le chancelier Livingston et M. Jay, avaient l'habitude de se réunir pour discuter la constitution qui fut acceptée par les États-Unis. Cette circonstance fut éloquemment rappelée au général Lafayette par le colonel Livingston qui était chargé de le haranguer au nom des citoyens.

En continuant notre navigation, nous visitâmes la famille de l'ancien gouverneur Lewis, qui habite une fort jolie maison sur la rive gauche du fleuve, et à quatre heures nous arrivâmes à Clermont où nous débarquâmes en face de l'élégante habitation de M. Robert Livingston. Les fêtes qui avaient été préparées dans cet endroit délicieux par les citoyens accourus des cantons environnans et par la famille Livingston, nous arrêtèrent jusqu'au lendemain matin.

A peine avions nous quitté Clermont que nous vîmes la belle montagne de Catskill qui, s'élevant à quelques milles du fleuve, termine heureusement l'horizon par sa belle masse brune qui se développe en un amphithéâtre au centre duquel éclate de blancheur la maison du *jardin des Pins*, située à deux cent cinquante pieds au-dessus du niveau de l'Hudson; cette maison est un objet de curiosité pour le voyageur, et un but de promenade pour les habitans des environs. Les masses de citoyens et de milices, qui couvraient une longue jetée qui s'avance en pointe dans le fleuve, apprirent au général, par leurs acclamations, que les habitans de Catskill attendaient aussi une visite de l'hôte national. Nous restâmes au milieu de cette population quelques minutes seulement, pendant lesquelles le général eut la douce satisfaction de s'entretenir avec quelques-uns de ses anciens compagnons révolutionnaires, parmi lesquels il reconnut un nommé James Foster qui était particulièrement attaché à son service, lorsqu'il fut blessé au combat de la Brandywine.

Pour aborder à la petite ville d'Hudson, nous n'eûmes pour ainsi dire qu'à traverser le fleuve un peu obliquement. Sur le port, qui est très-commerçant, le général Lafayette fut reçu par les autorités et par toute la population en tête de laquelle on lui présenta un détachement d'environ quatre-vingts soldats de la révolution; l'un d'eux sortit des rangs et lui montra une épée qu'il avait reçue de lui à Rhode-Island. « Après » ma mort elle changera de main, » lui dit-il, « mais elle ne changera point de destination : » elle servira toujours à la défense de la liberté. »

Des arcs de triomphe avaient été élevés; un banquet public était préparé, et les dames s'apprêtaient à danser; mais il nous fallut renoncer à toutes ces fêtes pour pouvoir arriver le même jour à Albany, où le général était attendu avec impatience. Les habitans d'Hudson comprirent parfaitement sa situation, et eurent la bonté de ne le retenir que fort peu de temps.

La richesse d'Hudson s'accroît chaque jour par son commerce et ses manufactures; sa population qui, en 1820, n'était pas tout-à-fait de trois mille âmes, s'élève maintenant à plus de cinq mille. La ville est régulière et bien bâtie; elle s'élève en amphithéâtre à environ cent pieds au-dessus du niveau du fleuve. Les plus grands vaisseaux de commerce peuvent facilement aborder ses quais; ses environs sont fortement accidentés, d'un aspect agréable, et bien cultivés. Hudson a été fondé en 1784, et renferme encore beaucoup de descendans des Hollandais qui vinrent dans le pays en 1636.

Malgré la force de notre machine à vapeur, qui nous fait remonter le fleuve à raison de plus de six milles à l'heure, nous n'arrivons qu'à cinq heures du soir à hauteur d'Overslaugh, petit bourg situé sur la rive gauche du fleuve, à fort peu de distance d'Albany. Ici, il nous faut renoncer à la navigation parce que notre bâtiment tire trop d'eau. Nous débarquons et nous nous trouvons en un instant placés dans d'élégantes calèches qu'entoure une escorte de dragons commandée par le général Van-Renslaer et le colonel Cooper, et bientôt après nous arrivons à Greenbush, autre village au centre duquel nous trouvons un arc de triomphe où on nous offre quelques rafraîchissemens, pendant que les membres de la municipalité haranguent le général qui leur répond avec cette facilité, cet esprit d'à-propos qui tous les jours, quatre ou cinq fois au moins, jettent dans l'étonnement et l'admiration ceux qui l'entendent.

Ce ne fut qu'avec la nuit que nous arrivâmes en face d'Albany, sur les bords du fleuve qu'il fallait traverser pour entrer dans la ville qui est située sur la rive droite. Un grand pont volant, appelé *Horseback*, reçut à la fois nos deux voitures attelées de quatre chevaux chacune; environ trente cavaliers de notre escorte, ainsi que plus de cent cinquante piétons, et nous porta facilement sur l'autre rive qui retentissait des acclamations de la multitude et du bruit non interrompu de l'artillerie. La scène sur laquelle nous nous trouvions ainsi placés, était grande et majestueuse; l'obscurité de la nuit la rendait plus imposante encore; mais elle n'était point sans danger : chaque coup de canon, par son bruit et sa clarté subite, frappait d'épouvante ces chevaux fougueux qui nous entouraient et qui n'avaient d'autre obstacle devant eux qu'une chaîne assez légère qui n'aurait pu les empêcher de se précipiter dans le fleuve, s'ils n'avaient été retenus par des hommes vigoureux. George Lafayette, dans sa tendre sollicitude pour son père, avait quitté la voiture et n'avait voulu se reposer sur personne du soin de maintenir les chevaux qui conduisaient le général. Au moment où nous abordâmes, les cris de joie de la multitude redoublèrent; l'escorte et les voitures s'élancèrent à terre avec la rapidité de l'éclair, au milieu d'une foule tellement épaisse, qu'il est difficile de concevoir comment de tant de gens que l'enthousiasme de la reconnaissance poussait jusque sous les roues du char de Lafayette, il n'y eu ait pas eu d'écrasés. A l'entrée du faubourg, le cortége se forma avec ordre; une troupe de musiciens ouvrit la marche, et nous nous rendîmes au Capitole en parcourant toutes les rues éclairées par d'inombrables illuminations et de hautes pyramides de bois embrasées. A l'entrée de la rue qui conduit au Capitole, s'élevait un arc de triomphe surmonté d'un grand aigle vivant qui, au moment où le général passa, battit des ailes comme pour lui rendre hommage.

Nous nous rendîmes au Capitole dans la salle du sénat; les tribunes étaient remplies d'un grand nombre de dames; le corps municipal y était assemblé. Le général y fut reçu et harangué par le maire qui lui exprima avec éloquence la reconnaissance des États-Unis, et particulièrement celle des citoyens d'Albany. — « Ceux qui ont
» partagé avec vous les travaux de notre révolu-
» tion, et qui vivent encore, lui dit-il, vous ac-
» cueillent comme un ami, comme un frère : la
» génération qui s'est élevée depuis que vous avez
» quitté ces rivages, est animée des mêmes sen-
» timens, et celles qui naîtront dans les siècles
» à venir, célèbreront en vous le bienfaiteur de
» l'Amérique, le héros de la liberté. Dans cha-
» cun des cœurs qui battent autour de vous, vous
» avez la place de l'amitié, et votre éloge est
» dans toutes les bouches..... »

Dans sa réponse, le général Lafayette ne put

s'empêcher d'exprimer l'étonnement que lui causaient les nombreux changemens survenus dans l'aspect de tout ce qui s'offrait maintenant à ses regards. « Il n'y a point encore un demi-siècle,
» dit-il, que cette ville, déjà ancienne il est vrai,
» mais encore bien faible alors, me servit de
» quartier-général sur les frontières d'un vaste
» désert; j'y reçus, comme commandant des dé-
» partemens du nord, la renonciation au pouvoir
» royal, et la reconnaissance de la souveraineté
» plus légitime du peuple des États-Unis. Au-
» jourd'hui, je retrouve Albany, ville puissante
» et riche, siége central du gouvernement de
» l'état de New-York, et les déserts qui l'entou-
» raient changés en plaines fertiles et bien cul-
» tivées; la génération présente, illustrée déjà par
» deux guerres glorieuses, et plus encore par son
» sincère attachement à des institutions dont
» l'excellence lui assure une supériorité incontes-
» table sur l'orgueilleux pouvoir qui voulait s'ar-
» roger sur elle le droit de contrôle..... »

De la salle du sénat, nous passâmes dans les appartemens du gouverneur Yates, qui, entouré de son état major, accueillit le général avec une grande cordialité, et le harangua au nom de l'état.

En sortant de chez le gouverneur, on fit passer le général sur le principal balcon du Capitole pour le présenter au peuple assemblé. Au moment où il s'avança entre les deux colonnes du centre du balcon, un aigle descendit et posa sur sa tête une couronne de lauriers et d'immortelles. Cette scène fut vivement applaudie par les nombreux spectateurs.

Avant de nous rendre à l'hôtel qui avait été préparé pour nous loger, le général voulut faire une visite à un de ses vieux compagnons d'armes, M. Mathieu Grégory, qui, à York-Town, avait monté un des premiers à l'assaut des retranchemens, avec lui et Hamilton. Là, nous trouvâmes une nombreuse réunion composée des juges de la cour suprême, du barreau, et des principaux officiers de l'état.

Cette journée d'émotions et de fatigues auxquelles un homme moins robuste que le général Lafayette aurait infailliblement succombé, se termina par un souper dans lequel on but à *l'hôte de la nation, à la liberté et à la souveraineté du peuple;* et par. un bal brillant d'où nous sortîmes à minuit pour aller prendre un peu de repos.

Albany fut fondé en 1612 par une colonie hollandaise, et est, après James-Town en Virginie, le plus ancien établissement des États-Unis; située sur la rive droite de l'Hudson, à cent cinquante milles de New-York, cette ville n'offre point un aspect agréable; le terrain est partout inégal, ses rues sont, il est vrai; larges et bien alignées, mais l'architecture des maisons est de mauvais goût et rappelle beaucoup les vieilles villes de l'Allemagne. A l'exception du Capitole, il n'y a point de bâtiment qui ait l'aspect monumental; celui-ci produit un assez bel effet par sa situation sur une éminence qui termine une fort belle rue, appelée *State Street*. Ce monument, qui sert à la fois au sénat, à la chambre représentative, aux cours de justice, à la société des arts, à celle d'agriculture, etc., et qui renferme la bibliothéque, est construit en granit pris sur les bords de l'Hudson, et les colonnes, ainsi que tous les ornemens extérieurs, sont en beau marbre blanc tiré des carrières du Massachuset. La façade principale est d'architecture ionique; la plupart des salles sont décorées et meublées avec un luxe que l'on admire d'abord, mais qu'ensuite on ne peut s'empêcher de blâmer quand on apprend qu'il a jeté l'administration municipale dans des dettes qui, nécessairement, retombent à la charge des administrés. Les dépenses totales de construction se sont élevées à plus de cent vingt mille dollars, dont trente-quatre mille au moins ont été payés par la ville.

La maison de ville, l'académie, l'école lancastérienne, l'arsenal, la prison, et quelques autres monumens d'utilité publique, sont proprement et commodément construits en briques.

La ville est gouvernée par une municipalité qui se compose d'un maire, d'un recorder, de dix aldermen, de dix aldermen adjoints, tous nommés par le peuple. Pour simplifier l'administration et faciliter la surveillance de la police, elle est divisée en cinq sections ou quartiers. Des gardes de nuit sont spécialement chargés de veiller aux dangers du feu; une excellente organisation de pompiers assure de prompts secours en cas d'incendie. Ces précautions sont surtout rendues nécessaires par la présence de nombreux magasins d'huiles ou d'esprits, imprudemment établis au milieu de la ville.

Les règlemens de police sont exécutés avec une rigidité qui ne laisse à aucune classe de citoyens l'espoir de les enfreindre impunément; entre mille preuves qui m'ont été citées, en voici une bien remarquable : — Les règlemens défendent expressément aux cavaliers de galoper dans les rues. Il y a peu de temps, le maire était à sa maison de campagne, non loin de la ville; tout à coup le bruit des cloches, et bientôt même la vue des flammes lui apprennent qu'un incendie vient d'éclater. Il s'élance à cheval, part, et arrive dans la ville qu'il traverse au galop jusqu'au lieu de l'incendie; il met pied à terre et se place aussitôt à la tête des pompiers : en quelques instans, son exemple et ses sages conseils contribuent à détruire le danger, et il retourne paisiblement à sa demeure. Le lendemain il reçoit une assignation pour comparaître devant le juge de paix qui le condamne à *une amende* pour avoir violé le règlement qui défend de galoper dans les rues..... Le maire ne songea en aucune façon à justifier sa faute par le motif qui la lui avait fait commettre, et se soumit sans murmures à la condamnation qu'il reconnut lui-même être juste. Cette soumission à la loi fut d'un bon exemple, et à sa sortie du tribunal, il fut accueilli par une nombreuse députation de citoyens, qui lui adressa des remercimens publics pour les services éminens qu'il avait rendus la veille en s'exposant courageusement pour la conservation des propriétés de ses administrés.

Les dépenses de la ville s'élèvent annuellement à environ quarante-cinq mille dollars; ses revenus cette année (1824), sont évalués à plus de quarante-neuf mille dollars, mais sa dette est plus de deux cent cinquante mille dollars. Cette dette, qui nécessairement déprécie la valeur des biens situés à Albany, a été contractée par les prodigalités des anciennes administrations: on ne doute pas qu'elle ne soit bientôt éteinte par une caisse d'amortissement de plus de cent mille dollars, et surtout par les ressources qu'offre journellement la prospérité toujours croissante du commerce.

Comme place commerciale, Albany est une

des villes les plus considérables de l'Union. Depuis son origine elle a servi d'entrepôt à tous les produits qui arrivent de l'ouest. Maintenant la facilité des communications que l'on vient d'ouvrir avec le lac Érié, par la construction d'un grand canal de navigation, va encore accroître sa prépondérance commerciale.

Près de quatre-vingts bateaux à vapeur naviguent sans cesse entre Albany et New-York, et le nombre des sloops qui font le cabotage entre ces deux villes, est beaucoup plus considérable.

En 1820, la population d'Albany était de douze mille six cent trente âmes; elle est aujourd'hui de seize mille.

Le lendemain, 18 septembre, à huit heures du matin, M. Clinton était déjà avec un grand nombre de citoyens dans l'appartement du général Lafayette, pour lui offrir, au nom de la société littéraire et philosophique de New-York, un diplôme qui le constituait membre de cette société. A cette occasion M. Clinton prononça un éloquent discours qui toucha d'autant plus le général, qu'il retrouvait dans l'orateur le fils et le neveu de deux hommes bien distingués, avec lesquels il fut intimement lié pendant la guerre de l'indépendance. Pendant cette courte cérémonie un nombreux cortége s'était formé devant notre hôtel, et à neuf heures nous étions embarqués, au bruit du canon, sur le canal qui conduit à Troy. Cinq jolies galiotes de celles qui font habituellement la navigation du canal, avaient été préparées pour notre voyage : la première portait une troupe de musiciens ; dans la seconde fut placé le général Lafayette avec le gouverneur Yates, les ex-gouverneurs Clinton et Lewis, le maire et le conseil municipal, et quelques-uns des principaux citoyens d'Albany ; dans les trois dernières suivait l'escorte, commandée par le major Coles, et qui se composait d'une compagnie d'artillerie et de trois compagnies d'infanterie. Nous nous arrêtâmes quelques instans en route pour visiter l'arsenal de Gibon's-ville qui appartient au gouvernement des États-Unis. Cet arsenal, un des plus considérables et des mieux approvisionnés de l'Union, a été fondé en 1813 sous la direction du colonel d'artillerie Bomford actuellement attaché au département de la guerre, et achevé par les soins du major Dalliba, de la même arme, qui y a introduit un système d'administration remarquable par son ordre et son économie. A son entrée dans la cour de l'arsenal, le général fut reçu par les officiers employés dans ce poste, et salué par le feu de trois pièces de canon prises à York-Town. On nous fit remarquer dans le parc d'artillerie quelques pièces françaises données aux États-Unis par la France pendant la guerre révolutionnaire, et tous les équipages de campagne pris à Saratoga avec le général Burgoyne. Nous visitâmes toutes les salles d'armes; elles sont tenues avec un soin et une élégance remarquables; nous y trouvâmes plus de trente mille fusils fabriqués d'après les meilleurs modèles d'Europe, ainsi qu'un grand nombre de pistolets et de sabres très-bien exécutés. Le magasin à poudre renferme aussi des provisions très-considérables.

Il n'était pas encore midi lorsque nous arrivâmes au point où le canal communique avec l'Hudson en face de Troy. A la vue de cette ville qui, aujourd'hui, renferme près de huit mille habitans, et qui, par son importance commerciale, tient le premier rang après Albany dans l'état de New-York, le général Lafayette fut frappé d'étonnement. « Eh quoi! » s'écria-t-il, « cette ville est-elle donc sortie de terre par en- » chantement? » — « Non, » lui répondit en souriant quelqu'un qui était à ses côtés, « mais » elle a été créée et peuplée en quelques années » par l'industrie protégée par la liberté. » Le général nous raconta alors comment, en 1778, lorsqu'il passa l'Hudson à ce même point avec un corps de troupes qu'il commandait, il n'y avait alors que deux ou trois pauvres chaumières dans l'une desquelles il se procura avec peine une tasse de lait et un morceau de pain de maïs..... Pendant qu'il nous donnait ces intéressans détails, notre galiote descendait dans le fleuve, que douze barques pavoisées nous faisaient traverser à la remorque.

En débarquant au milieu de la nombreuse population qui bordait le rivage, le général fut reçu par un comité chargé de lui exprimer les sentimens de reconnaissance et d'attachement des citoyens. « Votre infatigable dévouement à » la cause de la liberté civile et religieuse, » lui dit l'orateur, « a rendu votre nom illustre par- » tout où sont respectés et honorés les droits de » l'homme. L'affranchissement de ce pays fut un » acte digne des patriotes par les conseils et les » armes desquels il fut consommé. Leurs tra- » vaux, leurs privations, leurs sacrifices, mais plus » particulièrement encore vos généreux efforts, » ont gravé dans le cœur des citoyens de ces » états un profond sentiment de reconnaissance » qui s'accroît chaque jour par le développement » d'une prospérité sans exemple, et les bienfaits » des plus sages institutions.

» Puissiez-vous jouir long-temps parmi nous » des fruits de vos glorieux travaux! Ces fruits » vous les recueillerez dans la forme de notre » gouvernement, qui nous garantit l'ordre et la » liberté; dans notre système de jurisprudence, » qui assure à la fois et la paix publique et les » droits particuliers; dans nos écoles publiques, » qui prodiguent aux pauvres comme aux ri- » ches les bienfaits d'une sage éducation; dans

» la métamorphose de nos immenses déserts en
» champs fertiles; dans la naissance, l'accroisse-
» ment et la multiplication de nos cités, de nos
» villes et de nos villages; dans la création des
» nombreux moyens de communication pour fa-
» ciliter nos relations commerciales; dans la va-
» riété et l'harmonie de nos divers cultes religieux;
» enfin, vous les recueillerez encore, ces fruits
» de vos travaux et de ceux de nos patriotes de
» la révolution, dans l'esprit d'entreprise et d'in-
» dustrie d'un peuple frugal, content de son
» sort, soumis à ses lois, en paix avec lui-même
» et avec le monde entier, et élevant la voix de
» la reconnaissance, d'abord vers Dieu, et en-
» suite vers ses bienfaiteurs, à la tête desquels
» vous placent vos vertus et vos généreux ser-
» vices. »

Des applaudissemens unanimes, et les cris mille fois répétés de *welcome, welcome Lafayette!* couvrirent et la fin de ce discours, et la réponse du général. Aussitôt il fut comme enlevé dans les bras des spectateurs et placé dans une calèche découverte, accompagné du vieux colonel Lane, qui combattit avec lui à Brandywine, à Montmouth et à Yorktown. Le cortége précédé par les membres de la loge maçonnique, et suivi de nombreux corps de milices, parcourut toutes les rues de la ville au milieu des cris de joie de ce peuple libre et reconnaissant.

Pendant que nous étions à déjeûner dans la maison du balcon de laquelle nous avions vu défiler toutes les milices de la ville et celles des comtés voisins, la général reçut un message des dames de Troy, qui l'invitaient à se rendre à la pension des jeunes filles où elles s'étaient toutes réunies pour le recevoir ; il s'y rendit avec empressement. Les avenues de cet établissement dirigé par madame Willard, étaient décorées de branches de verdure et de fleurs, et se terminaient auprès de la maison par un arc de triomphe sous lequel il fut accueilli par un comité de cinq dames, à la tête duquel était madame Pawling, qui, en peu de mots, lui exprima éloquemment les sentimens patriotiques des dames de Troy, et leur tendre reconnaissance pour l'illustre bienfaiteur de leur chère patrie. Il fut ensuite conduit par ce comité dans l'intérieur de l'établissement où nul homme ne pénétra avec lui, et quelques instans après nous entendîmes les voix pures et angéliques des jeunes filles qui lui répétaient en chœur : « *Pour nous* » *visiter tu as laissé ta famille chérie sur une* » *terre lointaine; mais ne t'affliges pas : n'es-tu* » *pas ici dans ta patrie ? Vois combien les* » *filles de la Colombie sont fières et heureuses* » *de te saluer du doux nom de père !* » Bientôt le général reparut sur le seuil ; ses traits annonçaient une profonde émotion ; ses yeux étaient remplis de douces larmes. Il descendit lentement les degrés, soutenu et entouré par les principales dames de l'établissement; deux cents jeunes filles vêtues de blanc le suivaient en élevant harmonieusement vers le ciel la voix de la reconnaissance. Elles le conduisirent jusqu'à la dernière porte, où elles lui adressèrent de touchans adieux, en présence de plusieurs milliers de spectateurs que cette scène tenait plongés dans un silence religieux.

Le général Lafayette ne voulut point quitter la ville de Troy sans faire quelques visites particulières à diverses personnes de sa connaissance intime, et particulièrement à madame Taylor, avec la famille de laquelle il fut lié pendant la guerre de la révolution. Madame Taylor est une jeune femme très-distinguée par son esprit et par les connaissances qu'elle a acquises dans le pensionnat que nous venions de visiter. Nous trouvâmes chez elle un fort joli cabinet de minéralogie, remarquable par son ordre et sa richesse. Elle offrit au général, *comme un souvenir de Troy*, un très-bel herbier renfermant plus de deux cents plantes des plus remarquables des environs, recueillies, mises en ordre et décrites par elle-même.

Après ces visites nous sortîmes lentement de la ville, au milieu de la population qui couvrait la route que nous avions à parcourir pour arriver aux bords de l'Hudson. Chacun s'élançait vers la calèche du général et voulait presser sa main. A chaque pas on voyait des pères élevant leurs enfans au-dessus de la foule pour qu'ils pussent mieux voir Lafayette et lui demander sa bénédiction. Au moment où nous traversions le fleuve, un triple *houzza* et une salve d'artillerie exprimèrent les adieux et les derniers vœux des habitans de cette riche et heureuse cité.

La ville de Troy est située sur la rive gauche de l'Hudson à six milles d'Albany, un peu au-dessus du point où la marée se fait encore sentir, et dans une plaine assez étendue, formée d'alluvions, et très-fertile. Le fleuve a, dans cet endroit, encore plus de huit cents pieds de large. Soixante sloops, appartenant à des citoyens de la ville, sont constamment employés par le commerce, ce qui n'empêche pas que d'autres bâtimens ne trouvent encore de l'occupation. Les exportations en grains sont surtout très-considérables.

Sur tous les cours d'eaux qui se jettent dans le fleuve, et sur le fleuve lui-même, sont un grand nombre d'usines en pleine activité; elles sont particulièrement destinées à moudre, à scier, et à couler du fer et du plomb. La plus considérable de ces usines est celle connue sous le nom d'Adamsville. Le corps principal de bâtiment qui renferme la fabrique de clous, contient vingt-quatre machines propres à couper et à faire les têtes; elles sont toutes mises en mouvement par une énorme roue en fonte, à laquelle l'impulsion est donnée par un courant d'eau. Cette manufacture travaille, dit-on, mille tonneaux de fer par an.

A deux milles environ d'Adamsville on trouve une belle manufacture de coton qui a constamment dix-sept cents fuseaux en action, mus par trente métiers que l'eau met en mouvement.

Tout à côté s'élève une blanchisserie de toiles de coton où le blanchissage s'opère par des procédés chimiques à raison d'un ou deux sous l'aune.

Des tanneries, des manufactures de poterie, des papeteries, des savonneries et des chantiers de construction, environnent de toutes parts cette ville qui n'existait pas en 1787; qui, en 1801, n'était qu'un faible village; qui ne prit le titre de cité qu'en 1816, et qui, en 1820, fut ravagée par un incendie dont les dommages s'élevèrent à plus de trois cent soixante-dix mille dollars.....! Dans les soixante jours qui suivirent cette catastrophe, la compagnie d'assurance remplit fidèlement ses engagemens qui s'élevaient à cent dix mille dollars, et en peu de temps les bâtimens incendiés furent relevés plus élégans, plus commodes et plus solides. Aujourd'hui la ville s'accroît encore sur un plan régulier; toutes les rues sont larges, tirées au cordeau et garnies de beaux trottoirs.

Les habitans de Troy ne se font pas moins remarquer par leur amour pour les lettres et les sciences, que par leur activité et leur intelligence industrielles. Ils ont dans leur ville trois journaux périodiques, quatre imprimeries, cinq librairies considérables, et un grand nombre d'écoles publiques.

Troy possède encore beaucoup d'autres sources de bonheur et de prospérité, sur lesquelles notre trop court séjour dans cette ville ne m'a pas permis de prendre des renseignemens positifs; il paraît que les travaux de canalisation, pour faciliter le commerce, sont dignes d'une attention particulière; mais peut-être aurai-je l'occasion de revenir sur ce sujet, car nous devons, dit-on, visiter un jour la plus grande partie des canaux de l'état de New-York.

J'ai remarqué avec bien du plaisir que la population de couleur, qui est très-peu nombreuse (environ trois cents), associait librement ses vœux pour l'hôte de la nation, à ceux de la population blanche. On compte maintenant à peine trente esclaves dans la ville et ses dépendances. Encore trois ans, et la liberté n'aura plus à rougir dans cet état en présence des hommes de couleur!....

En rentrant à Albany, où nous sommes revenus par terre, nous avons fait une visite au gouverneur Yates et à M. Dewit Clinton qui a été aussi gouverneur de l'état de New-York pendant les années 1817 et 1818. Ce dernier, qui a déjà fourni une longue et brillante carrière politique, est appelé, si je ne me trompe, à jouer un rôle important dans les affaires de son pays. Il a déjà été successivement secrétaire du gouverneur George Clinton, son oncle; membre de l'assemblée législative de l'état de New-York; sénateur des États-Unis; trois fois maire de New-York; membre de la commission de navigation intérieure; président du conseil de canalisation; lieutenant-gouverneur, et enfin gouverneur de l'état; plusieurs institutions de bienfaisance lui doivent leur existence; il est membre de presque toutes les sociétés savantes; et je ne serais point surpris si un jour j'entendais proclamer son nom parmi ceux des candidats à la présidence des États-Unis. Il a maintenant cinquante-cinq ans: il est difficile d'avoir à la fois une taille plus imposante et des traits plus nobles : chacun s'accorde à dire que sa passion dominante est de contribuer au bonheur de ses semblables. Voilà bien des titres de recommandation auprès d'une nation qui sait si bien récompenser ceux qui se sont dévoués à son service [1].

---

[1] Depuis que ceci a été écrit, la mort a enlevé M. Clinton aux affections de sa famille et aux espérances de ses concitoyens.

Il était bien tard lorsque nous pûmes quitter Albany. Nous sortîmes de la ville comme nous y étions entrés, à la clarté des illuminations, et nous rejoignîmes notre navire *le Kent*, à minuit, au point où nous l'avions laissé. Peu d'instans après nous nous mîmes en mouvement pour redescendre l'Hudson jusqu'à New-York, où nous arrivâmes le lundi, 20 septembre, au point du jour, après une navigation de vingt-six heures, interrompue seulement par quelques courtes visites que nous fîmes encore à Newburg, West-Point, etc.

CHAPITRE VIII.

NEW-YORK.

Au retour de notre voyage sur l'Hudson, le général Lafayette témoigna le désir de rentrer dans le calme de la vie privée, pour pouvoir consacrer quelques instans à la douce intimité que réclamaient un grand nombre de ses vieux amis. En conséquence, les fêtes publiques furent suspendues, les citoyens reprirent leurs occupations accoutumées, et moi je pus examiner plus attentivement les habitudes et la physionomie du peuple de cette grande ville, que jusqu'à présent je n'avais vu *qu'en habit de fête*.

Ma première sortie eut naturellement pour objet de visiter dans toute sa longueur *Broad-Way*, qu'on dit être le bazar de l'industrie américaine, et qui est aussi celui des productions du monde entier. Sa longueur d'environ trois milles, la largeur de ses trottoirs solidement et proprement construits en briques, l'élégance de ses maisons, la richesse et la variété de ses magasins, et la foule toujours active qui l'anime, font de cette belle rue une des promenades les plus intéressantes pour le voyageur qui a le temps d'observer. Une seule chose à mon gré la dépare, c'est ce cimetière immense qui borde un des côtés de la rue, et dont les passans ne sont séparés que par une grille en fer. Cette vue contraste d'une façon pénible avec la joie folâtre des groupes de jeunes filles qui, à chaque instant, passent d'un pied léger devant ce triste asile de la mort. Je suis étonné que la sagesse de la corporation de New-York, qui a déjà tant fait pour l'embellissement et la salubrité de la ville, n'ait point encore songé à éloigner ce foyer d'émanations putrides qui, dans certaines saisons de l'année, peut devenir si fatal à toute la population.

La plupart des autres rues qui joignent immédiatement Broad-Way, sont aussi fort propres et très-régulières; mais celles qui sont situées dans les environs des quais n'offrent pas toujours un aspect agréable. On y voit un grand nombre de maisons en bois, assez mal bâties, et qui servent de refuge à la débauche et à l'ivrognerie. Ce dernier vice exerce ici de grands ravages; il plonge chaque année un grand nombre de victimes dans les prisons ou les hôpitaux; la plus grande partie des crimes ou des maladies n'ont point d'autres causes. Le bas prix des liqueurs spiritueuses qui ne paient aucun droit de débit, et peut-être aussi l'excessive chaleur du climat sont les principales causes de cette triste passion. On assure qu'il y a dans la ville de New-York plus de trois mille cabarets, dans lesquels se débite annuellement au moins pour trois millions de dollars de vin et de liqueurs fortes. Cela me paraît effrayant eu égard à la population [1].

La prostitution est ici moins commune qu'on ne pourrait le supposer dans une grande ville de commerce, continuellement remplie de marins et d'étrangers. On y compte à peine trois mille femmes publiques, ce qui n'est guère que la soixantième partie de la population. Cette proportion serait bien faible pour Paris, et surtout pour Londres, où les prostituées forment ordinairement le vingt-cinquième de la population. Si on recherche les causes de cette grande différence, on en trouve une principalement dans les mariages précoces et multipliés des habitans de New-York. C'est ordinairement de vingt à vingt-cinq ans que les hommes se marient ici, et les femmes de seize à vingt. Au reste, l'âge n'est déterminé par aucune loi; aucune loi non plus n'autorise les parens à s'opposer au mariage de leurs enfans. L'acte religieux constitue seul l'acte du

---

[1] Cette prodigieuse consommation de liqueurs s'explique facilement par la présence du grand nombre de matelots que reçoit journellement le port de New-York.

mariage, et jamais la différence de communion n'empêche un ministre du culte de donner la bénédiction nuptiale à ceux qui viennent la lui demander. Toujours sûr de trouver des moyens d'existence pour sa compagne et pour lui, le jeune Américain ne s'arrête jamais aux considérations de fortune pour se déterminer dans son choix qui est toujours selon son cœur. De là moins de célibataires dans la société, et par conséquent moins de causes de corruption.

Un troisième fléau, plus terrible que l'ivrognerie et la prostitution, exerce aussi ses ravages dans la ville de New-York, et porte chaque jour de rudes atteintes à la morale publique. Je veux parler de ces gouffres sans fond qui engloutissent indistinctement et les bénéfices du riche négociant, et les économies du pauvre ouvrier; qui sont l'écueil de tant de vieilles probités longtemps éprouvées, et qui, en échange de l'argent qu'on leur confie, ne rendent jamais que honte et misère; enfin, je veux parler des *bureaux de loteries*.

Les lois de l'état de New-York défendent l'établissement de nouvelles loteries. Mais les législateurs ont cru devoir respecter celles déjà existantes, parce qu'elles ont été fondées en vertu de priviléges antérieurs à la constitution. Ce respect pour le mal consacré par le temps, n'est-il point une coupable faiblesse? Quelques personnes avec lesquelles j'en ai parlé, m'ont répondu que les loteries de New-York n'avaient pas l'immoralité des nôtres, parce que leurs produits, au lieu d'aller dans les caisses du gouvernement, étaient employés à l'entretien des hôpitaux ; ni leur danger pour les classes ouvrières, parce que l'élévation des mises n'en permet l'accès qu'aux riches. Ces argumens me paraissent bien faibles et ne me réconcilient point avec les loteries.

De toutes les villes des États-Unis, New-York est certainement celle dont la société devrait avoir le plus perdu de son caractère national. Le grand nombre d'étrangers qui y afflue sans cesse, semblerait devoir en être la cause toujours agissante. Cependant on y retrouve tous les traits principaux qui conservent à sa physionomie son caractère de nationalité. Un de ces traits est l'hospitalité. Une seule lettre de recommandation suffit pour ouvrir ici aux étrangers l'entrée dans toutes les sociétés les plus distinguées, et si leur conduite et leur caractère répondent honorablement à la bienveillance que chacun est disposé à leur accorder, il leur est facile d'en retirer en peu de temps agrément et profit. Malheureusement beaucoup se montrent indignes d'un si bienveillant accueil, et j'ai peine à comprendre comment, après tant d'épreuves malheureuses, les habitans de New-York s'exposent encore aussi volontiers à voir payer leur généreuse hospitalité par la fraude, la trahison et la calomnie. Il n'est point rare de rencontrer ici des Européens qui, interrogés sur le caractère des Américains, répondent avec effronterie : « Ils sont tous égoïstes, » corrompus et hypocrites. » Si ensuite on descend à un examen attentif de la conduite de ces hommes qui accusent avec tant d'aigreur, on est tout surpris d'apprendre que l'un n'ose plus reparaître devant telle personne, parce qu'il est depuis trop long-temps son débiteur insolvable et de mauvaise foi ; que l'autre, accueilli d'abord avec confiance au sein de telle famille, en a été ensuite chassé pour avoir tenté d'y exercer la plus lâche séduction ; que l'autre enfin est maintenant en butte au mépris de l'opinion publique qu'il s'était d'abord conciliée sous le masque de vertus qu'il était incapable de pratiquer réellement. Il me serait facile, pour justifier mon assertion, de nommer plusieurs de ces hommes; mais il me serait bien plus doux, si je ne craignais de blesser quelques modesties, de nommer MM. P..., B..., M..., G..., etc., qui, par leur intelligence, se sont créé une honorable existence, et qui, par la noblesse de leur caractère, vengent le nom français du mépris dans lequel auraient pu le plonger tant d'aventuriers.

Parmi tant de calomnies répandues par des voyageurs ignorans ou de mauvaise foi, il est cependant quelques fâcheuses vérités que l'on ne peut taire sans faiblesse ; aussi ne garderai-je pas le silence sur les nombreuses banqueroutes qui, à New-York, comme dans toutes les grandes villes de commerce des Etats-Unis, portent à la morale publique des atteintes non moins dangereuses qu'à la confiance et à la sécurité que réclame partout le commerce comme bases indispensables à son existence et à sa prospérité. L'homme de mauvaise foi n'est ici arrêté dans ses transactions commerciales par aucune loi répressive. Cependant, depuis quelques années, la partie saine, la partie probe du commerce de New-York, et c'est l'immense majorité, a élevé la voix avec force pour réclamer auprès du congrès une loi qui assure aux créanciers d'un négociant en faillite un droit égal au partage du dividende qu'il abandonne, et qui empêche qu'un marchand qui se trouve embarrassé dans ses affaires, assigne d'avance tout ce qu'il possède, au paiement de quelques amis confidentiels qui lui ont prêté leurs noms et leur argent pour lui créer le crédit factice à l'aide duquel il a surpris la confiance du public. Le congrès n'a point été sourd aux réclamations de la chambre de commerce de New-York et de beaucoup d'autres villes ; il a déjà recherché avec soin s'il était possible de faire une loi qui réprimât ces abus sans cependant entraver la liberté absolue dont ne peut se passer le commerce. Les difficultés ont paru grandes aux législateurs, mais non point insurmontables. On attend beaucoup de leur zèle consciencieux et éclairé.

Les femmes suivent ici, pour leurs vêtemens, les modes françaises, mais sont encore entièrement américaines pour les mœurs, c'est-à-dire qu'elles consacrent presque toute leur existence à l'administration de leur ménage et à l'éducation de leurs enfans. Elles vivent, en général, fort retirées, et quoique la plupart d'entre elles puissent offrir les ressources d'une conversation agréable et spirituelle, elles n'occupent cependant que peu de place dans les assemblées, où les jeunes filles semblent avoir seules le droit de régner. Ces dernières, il est vrai, tiennent de la nature et de l'éducation tous les moyens de plaire. La liberté illimitée dont elles jouissent sans jamais en abuser, donne à leurs manières une grâce, une franchise et un abandon modeste que l'on ne trouve pas toujours dans nos salons où, sous le nom de réserve, on impose à nos jeunes filles une si pénible nullité.

Si les femmes américaines sont remarquables par leur sévère fidélité à la foi conjugale, les jeunes filles ne le sont pas moins par leur constance dans leurs *engagemens*. On m'a souvent montré, dans des assemblées, plusieurs jeunes personnes de dix-huit à dix-neuf ans, qui, depuis deux ou trois ans étaient *engagées*, et dont les futurs maris étaient, l'un en Europe pour étudier les arts ou les sciences, l'autre en Chine pour affaires de commerce, l'autre enfin dangereusement occupé à la pêche de la baleine dans les mers les plus éloignées. Les jeunes filles ainsi *engagées* tiennent dans la société le milieu entre leurs jeunes compagnes encore libres, et les femmes déjà mariées. Elles ont déjà un peu perdu de cette folâtre gaîté des premières, et pris une légère teinte de la gravité des secondes. Les nombreux soupirans, désignés ici par le nom de *beaux*, qui d'abord les entouraient en foule, et qu'elles accueillaient avant d'avoir fait leur choix, ont encore pour elles des attentions délicates, mais maintenant moins empressées; et si l'un d'eux, mal informé, ou entraîné par des espérances obstinées, persiste à offrir ses vœux et son cœur, cette réponse : « *Je suis engagée* » faite avec une douce franchise, et un indulgent sourire, détruit bientôt toutes ses illusions, sans cependant blesser son amour-propre. — Ces sortes d'engagemens qui précèdent le mariage sont très-communs, non-seulement à New-York, mais encore dans tous les autres états de l'Union, et il est infiniment rare qu'ils ne soient point remplis avec une religieuse fidélité. L'opinion publique, très-sévère sur ce point, n'épargnerait pas celle des deux parties qui aurait disposé d'elle-même sans le consentement de l'autre.

Les personnes qui croient que les principes républicains sont incompatibles avec les jouissances que procure la richesse, trouveront le luxe de New-York excessif, et supposeront qu'un peuple qui foule aux pieds les riches tapis d'Angleterre, qui fait couler à grands flots dans l'or et le cristal les vins les plus délicats de la France, et qui court après le plaisir dans des chars élégans, ne peut long-temps encore conserver son indépendance. Ces personnes auraient raison de s'effrayer si le luxe ici était, comme celui de nos princes et de nos courtisans d'Europe, né de l'oppression et nourri des sueurs du peuple; mais qu'elles se rassurent en songeant qu'il n'est que le produit de l'industrie, fille si féconde et si riche, de la liberté.

Quoique New-York soit une ville fort étendue, renfermant une population nombreuse, et recevant annuellement dans son sein au moins trente mille étrangers, les désordres graves y sont inconnus, et les plus légers délits n'y peuvent que bien rarement échapper à la surveillance d'une police qui n'est pas moins étonnante par son activité que par le peu d'éclat avec lequel elle procède. A l'ordre parfait qui règne le jour et la nuit, il semble qu'elle soit partout, et cependant on ne la voit agir nulle part. La sécurité qu'elle garantit aux étrangers, comme aux citoyens, n'est point comme à Paris le résultat de l'odieuse combinaison de gendarmes assassins avec de sales et dégoûtans espions. Le voyageur n'est point obligé, en entrant dans une auberge, de décliner son nom, sa qualité, ses projets, pour obtenir la protection due à tous; enfin, après avoir fait quelque séjour à New-York, on est forcé de convenir que son administration, semblable à un bon génie, fait sentir partout sa bénigne influence sans se montrer nulle part.

Les Européens qui, depuis long-temps, sont habitués à souffrir qu'un homme ou plusieurs hommes, sous le nom de gouvernement, entravent à leur gré l'exercice des droits naturels des autres hommes leurs administrés, ont peine à concevoir comment il peut exister une nation chez laquelle tous les individus, sans exception, peuvent voyager, aller, venir dans tous les sens, parcourir les plus grandes distances, pénétrer dans toutes les villes, et dormir tranquillement dans toutes les auberges sans être obligés à avoir sur eux cette ridicule et tyrannique permission de *l'autorité*, écrite sur un chiffon de papier appelé *passeport*. Cette liberté illimitée de se promener dans tous les sens, leur cause un étonnement qui va quelquefois jusqu'à l'incrédulité. L'anecdote suivante, que je garantis historique, en est une preuve assez plaisante.

Proscrit en 1815 par la restauration, le général *** avait été obligé de quitter précipitamment Paris, et avait été chercher un asile près d'un ami au Havre, d'où il espérait pouvoir passer sans danger sur une terre moins ennemie que celle de sa patrie. L'occasion lui en fut bientôt offerte. Un capitaine de navire américain touché de sa triste situation, le prit avec empressement à son bord, et l'emmena aux États-Unis. La joie que le général *** éprouva d'être hors d'atteinte du danger qui le menaçait, fut le sentiment qui l'absorba d'abord tout entier; il oubliait qu'il fuyait peut-être pour toujours sa patrie, sa famille, ses amis; le vaste Océan et l'avenir de trente jours qui le séparaient de New-York, lui donnaient une sécurité qui ne fut troublée qu'à la vue de la terre nouvelle à laquelle il venait demander l'hospitalité. Il se rappela alors avec effroi que la précipitation avec laquelle il avait quitté Paris ne lui avait permis de prendre aucun papier. Sans titres authentiques, *sans passeport*, qu'allait-il devenir? Cependant il débarque, et le douanier qui l'interroge avec politesse sur la nature des objets que renferme son porte-manteau, lui fait éprouver un sentiment de crainte qu'il n'avait encore ressenti que lorsque l'empereur Napoléon, son maître, le regardait d'un air mécontent. Mais au bout de quelques minutes, le douanier le laisse aller sans lui demander son passe-port; sans doute c'est une distraction. Il faut bien vite en profiter; et notre officier général, plus léger de moitié, charge précipitamment son petit bagage sur l'épaule d'un porteur par lequel il se fait conduire dans un des hôtels de Broadway. Là un domestique le reçoit et l'introduit dans une salle qui renferme quatre ou cinq lits sur plusieurs desquels des effets indiquent déjà prise de possession. Il demande avec inquiétude s'il n'est point possible d'avoir une chambre particulière. Il y en a encore une qui renferme deux lits; on la lui donne en lui promettant qu'il n'aura point de compagnon. Le voilà seul, il respire enfin, et remercie sa bonne étoile de l'avoir conduit si heureusement à travers tant de dangers. Le prochain paquebot du Havre doit lui apporter des lettres de crédit; il pourra alors se faire connaître et obtenir protection. Il ne s'agit donc, pour éviter d'être arrêté comme aventurier, vagabond, ou suspect, que de passer quinze jours dans la retraite, et il s'y résigne. Déjà il avait passé trois longues journées dans son *solitary confinement*, lorsque dans la matinée de la quatrième, le maître de l'hôtel se présente à lui, et d'un air de politesse sans empressement, d'intérêt sans curiosité, lui dit : « Monsieur, je ne suis point indiscret de ma » nature, je n'ai point pour habitude de tour- » menter mes hôtes par d'impertinentes ques- » tions, mais je crains que cette retraite sévère

» à laquelle vous paraissez vous être condamné » depuis votre entrée dans ma maison ne soit » provoquée par le chagrin ou par quelque fâ- » cheux embarras, et je viens vous offrir sans fa- » çon mes services que je vous engage à accepter » de même. » Le ton simple et cordial dont ces mots étaient prononcés, encouragèrent le pauvre reclus. «Vous me paraissez un brave homme,» dit-il à son hôte, « et je veux mettre ma confiance » en vous. Ma situation est fâcheuse : vous allez » en juger. » Puis jetant un regard inquiet autour de la chambre et baissant la voix : « Je suis » officier français; forcé, par suite de grands évé- » nemens que vous connaissez sans doute, de » quitter ma patrie, je viens chercher ici un asile » contre la proscription..... Les Américains et » leur gouvernement sont hospitaliers, je le sais, » mais enfin, ici comme partout ailleurs, la po- » lice chargée de veiller à la sûreté des citoyens » exige sans doute que les étrangers se fassent » connaître, et moi comment puis-je le faire, » puisque je n'ai pas même un passeport? sur » quels titres me fonderai-je pour obtenir la per- » mission de résider dans cette ville, ou de me » rendre dans une autre? Vous m'offrez vos ser- » vices, dites-vous? eh bien! soyez ici ma caution » près de la police, faites que je puisse résider et » circuler dans la ville sans être inquiété, et ma » reconnaissance n'aura pas de bornes.... » A ce discours, à l'agitation qui l'accompagnait, l'aubergiste américain crut que l'officier français était fou, et il aurait persisté dans cette opinion, si celui-ci ne lui avait enfin expliqué toute l'importance et l'indispensable nécessité du passeport pour un voyageur européen. Il s'empressa de le rassurer en lui disant : « L'autorité qui nous régit émane de nous, et nous n'avons point été assez insensés pour lui accorder le droit absurde de paralyser nos facultés les plus naturelles, comme de marcher, par exemple, dans telle ou telle direction, et aussi loin que nous le désirons. Les étrangers qui abordent notre sol sont comme nous admis à la jouissance de toutes celles de leurs facultés dont l'exercice ne blesse point les droits des autres hommes. Allez donc, si vous le désirez, du Labrador au golfe du Mexique, de l'Océan Atlantique au lac Huron, ou demeurez paisible habitant de New-York ; et je vous garantis la sécurité la plus parfaite, la liberté la plus absolue. » Le général **** avait peine à croire à cette assertion, mais cependant l'expérience ne tarda pas à le convaincre, et dans les premiers voyages qu'il fit, il fut moins touché des beautés de la nature et de l'aspect d'un pays entièrement nouveau pour lui, que du bonheur de n'être point obligé, à l'entrée de chaque ville, ou à chaque relai, de montrer son passe-port à un gendarme.

Le mouvement du port de New-York est un des tableaux les plus animés et les plus variés qu'on puisse imaginer. Il est rare qu'une demi-heure s'écoule sans qu'un navire quitte ou aborde le rivage. Les quais sont sans cesse couverts de nombreux groupes de voyageurs qui partent ou qui arrivent; la variété de leurs costumes et de leurs langages, prouve qu'il y a peu de parties du globe avec lesquelles les États-Unis ne soient en relations. Au milieu de cette foule qu'animent les divers sentimens d'étonnement ou de regret, il est facile de reconnaître les Américains, à leur calme, je dirai presque à l'indifférence avec laquelle ils quittent ou revoient la terre natale et les amis qui les accompagnent au navire, ou les reçoivent sur le rivage. Habitué dès l'enfance à comparer entre elles les prodigieuses distances qui séparent les divers points du pays qu'il habite, l'Américain est moins ému au moment d'entreprendre le voyage de New-York à la Chine, que ne l'est un bourgeois de Paris qui se dispose à aller voir la mer à Dieppe. On peut se faire une idée de la facilité avec laquelle les Américains voyagent hors de chez eux, en jetant un coup-d'œil sur les tableaux qui présentent annuellement le nombre des passagers débarqués dans les divers ports de l'Union; on verra que les citoyens des États-Unis y figurent dans une proportion prodigieuse en raison de leur population.

Le tableau suivant qui renferme l'état des passagers débarqués dans le seul port de New-York, depuis le 1er. mars 1818 jusqu'au 11 décembre 1819, pourra aussi faire juger approximativement de la proportion dans laquelle chaque nation fournit des voyageurs aux États-Unis.

Américains.	16,628
Anglais.	7,629
Irlandais.	6,067
Écossais.	1,492
Français.	930
Belges.	590
Allemands.	499
Suisses.	372
Espagnols.	217
Hollandais.	155
Italiens.	103
Danois.	97
Portugais.	54
Prussiens.	48
Suédois.	28
Africains.	5
Sardes.	3
Norwégiens.	3

CHAPITRE IX.

DÉPART DE NEW-YORK. — ROUTE DE NEW-YORK A TRENTON. — COMBATS DE TRENTON ET DE PRINCETON. — VISITE A JOSEPH BONAPARTE. — ÉTAT DE NEW-YORK.

Le 23 septembre nous avons quitté New-York pour la troisième fois. Le profond silence qui régnait parmi la foule qui remplissait les rues, la tristesse empreinte sur toutes les physionomies, indiquaient assez que cette troisième absence de Lafayette devait être de longue durée. Combien ce départ contrastait avec notre première arrivée! Aujourd'hui pas un cri de joie, pas une acclamation, mais que d'expression dans ce silence même du peuple et des milices qui, depuis notre hôtel jusqu'au rivage, où nous attendait le vaisseau, formaient une double haie! Le général voulut traverser à pied le long espace que nous avions à parcourir, et renvoya les voitures qu'on nous avait préparées, mais quand il fut sur le seuil de la porte, il fut tellement entouré et pressé par tous ceux qui voulaient le voir encore une fois, qu'il nous fut impossible, pendant quelques instants, de le dégager pour lui frayer un passage par lequel il pût avancer. A chaque pas sa marche était retardée par les adieux les plus touchans; à chaque pas des hommes se précipitaient au-devant de lui, lui prenaient la main, la lui serraient avec tendresse, et le quittaient ensuite brusquement en détournant leur visage pour lui dérober les larmes qu'ils n'avaient plus la force de retenir.

Accompagnés d'une nombreuse députation de la ville, nous montâmes sur le bateau à vapeur le *Kent*, qui devait nous porter sur les terres de Jersey, dont nous n'étions séparés que par la rivière du nord qui, dans cet endroit, est d'une prodigieuse largeur. Au moment où nous levâmes l'ancre, le canon retentit; mais que ses sons nous parurent lugubres! Ils semblaient être en harmonie avec les adieux de la foule qui soupirait tristement sur le rivage; nous partagions cette tristesse, et peut-être allions nous céder à notre attendrissement, lorsque tout à coup un contraste frappant vint changer malgré nous la nature de nos sensations. Sur la rive gauche nous laissions une famille désolée pleurant le départ d'un père; sur la rive droite nous entendions les cris de joie d'hommes libres qui venaient recevoir leur libérateur. Bientôt nous fûmes au milieu d'eux, et leur accueil franc et cordial adoucit un peu la douleur de la séparation.

M. Williamson, gouverneur de New-Jersey,

avait réuni à Paulushook, où nous débarquâmes, tout son état-major et un détachement de milices avec lequel il escorta le général pendant toute sa route à travers l'état de New-Jersey. Notre course fut tracée par Bergen, Newark, Elisabeth-Town, Rahway, New-Brunswick, Princeton et Trenton. Dans chacune de ces villes et dans tous les villages qui les séparent, le général Lafayette fut reçu au milieu des fêtes les plus brillantes, préparées par le même esprit d'enthousiasme et de reconnaissance dont il avait recueilli l'expression dans toutes les autres parties de la Nouvelle-Angleterre. A Bergen, une députation de la ville lui présenta, au nom des habitans, une canne faite d'une branche d'un pommier sous lequel il avait déjeûné avec Washington, lorsqu'il avait traversé cette ville avec lui pendant la guerre de la révolution. Ce pommier fut renversé en 1821 par une horrible tempête. Ces diverses circonstances étaient gravées sur la pomme d'or de la canne.

A Newark, jolie petite ville située sur la Passaic, l'hôte de la nation fut salué par les chants patriotiques de chœurs nombreux de jeunes garçons et de jeunes filles. Il coucha à Elisabeth-Town, et le lendemain il entra à New-Brunswick au bruit des cloches et du canon. Le 25, il s'arrêta quelques instans à Princeton, où le président de l'université, à la tête des professeurs, vint lui présenter le diplôme de membre de la société, qui lui avait été décerné à l'unanimité sous la présidence du docteur Witherspoone, et le soir même il arriva enfin à Trenton, où l'attendait un grand concours de peuple, à la tête duquel les magistrats lui exprimèrent les sentimens d'amour et de reconnaissance dont chaque citoyen était animé pour lui.

Toute cette ligne que nous avons parcourue pendant ces deux jours, est vulgairement appelée le jardin des États-Unis. Ce nom convient en effet admirablement à cette partie fertile des Jerseys, qu'arrosent de nombreux cours d'eau, et que décorent si gracieusement les plus belles plantations qu'il soit possible d'imaginer. Si, dans cette marche de deux jours, nos yeux ont été constamment récréés par l'aspect d'une belle nature, notre imagination n'a pas été moins agréablement occupée par les souvenirs historiques que nous rappelait à chaque pas la terre que nous foulions. Ce fut par cette même route que Washington effectua sa belle retraite en 1776, après avoir éprouvé quelques échecs sur la rivière du Nord. Ce fut à Trenton et à Princeton que, par une manœuvre hardie, il reprit sur ses présomptueux adversaires, l'offensive qui devait rendre la confiance à ses troupes et ramener la victoire sous ses drapeaux.

Les détails de ces glorieuses journées ne pouvaient manquer de m'intéresser vivement; aussi les écoutai-je avec avidité lorsque je les entendis raconter par quelques vieux membres de la société de Cincinnatus, avec lesquels nous dînâmes le jour de notre arrivée à Trenton. Voici comment ils rapportèrent les faits dont ils ont été témoins.

« Washington ayant appris qu'un corps avancé
» de quinze cents cavaliers hessois et anglais,
» sous les ordres du colonel Rahl, avait pris po-
» sition à Trenton, forma le projet de le sur-
» prendre et de l'enlever, s'il était possible. Pour
» effectuer son projet, il fit choix de la nuit de
» Noël, pensant bien que la discipline et la sur-
» veillance se ressentiraient un peu de la fête.
» Il n'avait pas alors sous ses ordres plus de trois
» mille hommes; il en prit deux mille quatre
» cents, les partagea en deux divisions, l'une
» sous les ordres du général Greene, l'autre sous
» ceux du général Sullivan, et à leur tête il tra-
» versa la Delawarre, à l'aide de bateaux, au mi-
» lieu de la nuit du 25 décembre, par un temps
» affreux de pluie et de neige. Ayant débarqué
» sur la rive du Jersey, il dirigea une de ses co-
» lonnes à gauche pour gagner le grand chemin
» de Maidenhead, et l'autre directement sur
» Trenton, en suivant le long de la rivière. La
» marche fut tellement rapide et secrète que les
» deux colonnes arrivèrent à sept heures du ma-

» tin sur les postes avancés qui furent entière-
» ment surpris. Dès les premiers coups de fusils
» la brigade courut aux armes, et quelques hom-
» mes tentèrent d'atteler l'artillerie qui était
» parquée dans l'église, mais ils en furent em-
» pêchés par la vivacité avec laquelle l'avant-
» garde américaine arriva jusqu'à eux. Les Hes-
» sois et les Anglais, se voyant cernés de toutes
» parts, renoncèrent bientôt à se défendre. Le
» colonel Rahl et quelques autres officiers ayant
» été dangereusement blessés dès le premier choc,
» la troupe se rendit à discrétion. Cette action,
» qui valut aux vainqueurs six pièces de canon,
» une centaine de petites armes, trois étendards,
» douze cents prisonniers, et beaucoup de ba-
» gages, leur coûta tout au plus une dixaine
» d'hommes. Le général Washington décida que
» les Hessois seraient dirigés vers l'intérieur de
» la Pensylvanie, et qu'on leur laisserait tous
» leurs bagages. Cet raitement généreux, auquel
» ils étaient loin de s'attendre, leur inspira une
» grande vénération pour le général américain
» qui, disaient-ils, *était un bien bon et bien*
» *aimable rebelle.*

» Après ce succès, Washington se retira der-
» rière la Delawarre, d'où, après avoir reçu des
» renforts considérables de l'état de Maryland et
» de Virginie, il rentra de nouveau dans les Jer-
» seys, et vint camper à Trenton. A cette nou-

» velle, lord Cornwallis reconnut qu'il s'était
» trompé, lorsqu'il avait cru que la guerre tirait à
» sa fin. Il sentit bien que son adversaire n'était
» point homme à abandonner la partie tant qu'il
» lui serait possible de tirer un coup de fusil ; en
» conséquence il résolut de le pousser vigoureu-
» sement. Malgré les rigueurs de la saison, il
» rassembla toutes ses troupes dispersées dans
» les quartiers d'hiver, et marcha contre lui avec
» des forces considérables. A son approche,
» Washington se retira derrière l'Assumpinck,
» de manière que la ville de Trenton se trouva
» entre les deux armées qui, pendant la première
» soirée, échangèrent quelques coups de canon,
» après quoi ils restèrent quelque temps à s'obser-
» ver. Cependant Cornwallis se renforçait tous les
» jours, et il n'attendait plus que l'arrivée de deux
» brigades de Brunswick pour tenter le passage du
» ruisseau et attaquer. La situation de Washing-
» ton était alors fort critique, les vivres commen-
» çaient à manquer, et toute communication avec
» les Jerseys et les états de l'Ouest lui était in-
» terdite ; mais il ne désespéra pas du salut de la
» sainte cause qu'il défendait. Le 2 janvier, à une
» heure après minuit, il ordonna de tenir les feux
» bien allumés et de laisser quelques soldats pour
» les entretenir, tandis que l'armée, marchant
» par la droite pour rabattre ensuite sur la gauche,
» passerait derrière l'armée anglaise, et rentrerait

» dans les Jerseys. Le mouvement était dange-
» reux, s'il n'était pas secret; car il fallait le
» prolonger considérablement sur la droite afin
» de passer plus facilement l'Assumpinck à sa
» source, et retomber ensuite sur Princeton. Il
» fut exécuté avec un rare bonheur. A un mille
» environ de Princeton, l'avant-garde de Wa-
» shington, en entrant dans le grand chemin,
» se trouva face à face avec le régiment anglais
» du colonel Mawhowd, qui, plein de sécurité,
» marchait sans précaution vers Trenton. L'ac-
» tion s'engagea aussitôt. L'avant-garde améri-
» caine fut d'abord repoussée par la vivacité du
» feu des Anglais. Le général Mercer qui la com-
» mandait, cédant à son impétuosité, voulut re-
» nouveler l'attaque à la baïonnette; mais, en
» s'élançant par-dessus un fossé, il tomba au
» milieu des Anglais qui le massacrèrent impi-
» toyablement au moment où, se croyant pri-
» sonnier, il leur présentait son épée. Les Amé-
» ricains, découragés par la perte de leur chef, se
» retirèrent dans les bois, attendant le gros de
» l'armée qui ne tarda pas à arriver. Le corps
» anglais continua sa route sur Maidenhead, de
» sorte que le général Washington, en arrivant
» sur le lieu de l'action, ne trouva plus que le
» 48e. régiment anglais qui, au bruit des pre-
» miers coups de feu, s'était porté sur la grande
» route. Il l'attaqua brusquement, le dispersa,

» et lui fit quelques prisonniers. Pendant ce
» temps, le général Sullivan s'avançait rapide-
» ment, laissant sur sa gauche le chemin de
» Princeton, dans l'intention de tourner cette
» ville, et de couper aux troupes qui l'occupaient
» tout espoir de retraite sur Brunswick. Un bois
» par lequel il devait passer était occupé par deux
» cents Anglais qu'il délogea en un instant, et
» qu'il poussa sans relâche jusqu'au grand collége
» de Princeton, dans lequel ils auraient pu éta-
» blir une résistance opiniâtre, mais qu'ils ne
» songèrent pas à occuper, ce qui les mit dans
» la nécessité de déposer les armes presque sans
» combat. Washington, après avoir, à la tête de
» son principal corps, dispersé ou pris tout ce qui se
» trouvait devant lui, rassembla ses forces, et mar-
» cha rapidement sur Middle-Brook. Il aurait bien
» voulu pousser jusqu'à Brunswick, que dans le
» premier moment il aurait enlevé sans peine ;
» mais il avait fait trente milles en un jour, et
» ses troupes étaient harassées de fatigue. Il lui
» fallut s'arrêter. Il serait difficile de peindre
» l'étonnement de Cornwallis lorsqu'il entendit
» à douze milles derrière lui l'audacieuse attaque
» d'un ennemi qu'il croyait en sa présence, au
» milieu des feux qui brillaient encore sur les
» bords de l'Assumpinck. Il se retira précipitam-
» ment sur Brunswick, et dès cet instant les
» Jerseys furent libres et la Pensylvanie rassurée. »

Ce fut le samedi, 25 septembre, que nous arrivâmes à Trenton. Le lendemain dimanche, après l'office divin, que nous entendîmes dans l'église presbytérienne, nous montâmes en voiture avec le gouverneur et un de ses aides de camp, et sans escorte et sans appareil, le général Lafayette se rendit à Bordenton, séjour de Joseph Bonaparte. L'ex-roi parut fort touché de la visite de l'hôte de la nation, et le reçut avec une expression de sensibilité et de cordialité qui prouvèrent au général Lafayette que le temps n'avait point affaibli les sentimens d'affection qu'il lui avait témoignés autrefois. Il nous retint à dîner et nous fit faire connaissance avec sa famille qui, dans ce moment, se composait seulement de sa fille et de son gendre, le prince de Canino, fils de Lucien Bonaparte. Avant que le dîner fût servi, Joseph entraîna le général Lafayette dans son cabinet et l'y retint pendant plus d'une grande heure. Nous passâmes ce temps à converser avec le prince de Canino dont les manières sont fort affables et dont l'esprit paraît fort cultivé. L'étude des sciences, et particulièrement celle de l'histoire naturelle, occupe, dit-on, une grande partie de son temps; il a continué avec un talent remarquable le grand ouvrage d'ornithologie de Wilson, et n'est point resté au-dessous de lui. Après le dîner, dont madame de Canino fit les honneurs avec beaucoup d'amabilité, nous trouvâmes les jardins, les cours, remplis par les habitans des environs, qui amenaient leurs enfans à la bénédiction du patriarche de la liberté. Joseph ordonna lui-même avec empressement que toutes les portes fussent ouvertes, et en un instant les appartemens furent envahis par la foule empressée. C'était un tableau vraiment remarquable que celui qu'offraient en cet instant ces bons paysans américains sous les riches lambris de Bordenton. Quoique leurs yeux ne fussent point habitués à tout l'éclat d'un ameublement royal, ils ne s'arrêtaient cependant pas sur tous ces beaux tableaux de l'école italienne ou française, ni sur ces bronzes ou ces marbres exquis, dont les appartemens de Joseph sont ornés avec une élégante profusion; c'était Lafayette seul qu'ils voulaient voir, et après l'avoir vu ils sortaient satisfaits, et comme incapables de s'occuper désormais de quelque chose qui pût faire diversion à leur bonheur. Lorsque la foule satisfaite eut silencieusement quitté la maison, le général Lafayette s'empressa de s'excuser auprès de son hôte de ce qu'il lui avait attiré un si grand concours de visites; à cela Joseph répondit avec beaucoup d'amabilité qu'il s'estimait fort heureux de ce que ses voisins avaient bien voulu associer leurs hommages aux siens; « d'ailleurs, » ajouta-t-il, « je » suis déjà depuis long-temps accoutumé à les voir » aussi nombreux chez moi, car tous les ans, au

» 4 juillet, nous célébrons ensemble l'anniversaire
» de l'indépendance américaine. »

Le temps s'était écoulé rapidement durant cette visite, et le gouverneur de l'état de Jersey fut obligé de rappeler au général que nous n'avions que le temps nécessaire pour retourner à Trenton avant la nuit; nous nous mîmes aussitôt en route. Joseph et sa famille voulurent accompagner le général pendant une partie du chemin. Nous nous partageâmes les voitures qui étaient préparées, et nous traversâmes assez lentement l'immense et belle propriété dont la paisible possession me paraît bien préférable à celle si agitée du royaume d'Espagne. Lorsque nous eûmes rejoint la grande route, Joseph fit arrêter la voiture, et s'adressant avec enjouement au général Lafayette: « Permettez », lui dit-il, « que je m'arrête sur
» mes frontières, et que je vous rende ici à la ten-
» dresse des Américains qui réclament l'heureux
» droit de vous faire les honneurs de leur pays. »
Il embrassa tendrement le général, nous serra affectueusement la main, et s'éloigna rapidement avec sa famille.

Durant toute cette visite, Joseph Bonaparte se montra homme d'esprit et homme aimable. La bienfaisance qu'il exerce autour de lui, la générosité avec laquelle il accueille les étrangers, et particulièrement les Français malheureux; et enfin l'aménité de son caractère lui ont, assure-t-on, concilié tous les cœurs. Sa fortune est considérable, sa famille le chérit, et cependant il n'a point l'air heureux. Cela tient, je crois, à ce qu'il n'a point encore oublié le grand malheur qu'il a eu d'être roi.

A notre retour à Trenton, nous passâmes la soirée avec le gouverneur, sa famille, et quelques-uns des principaux citoyens de l'état. On s'entretint beaucoup des événemens de la révolution américaine, dans lesquels le général Lafayette avait pris le plus de part. Le souvenir des sacrifices de tous genres faits à cette glorieuse époque, amena naturellement la conversation sur les immenses bienfaits qu'on en avait retirés sur tous les points de l'Union. Un des officiers du gouverneur, homme d'un esprit cultivé et de connaissances remarquables, nous traça rapidement le développement de la prospérité de l'état de Jersey depuis qu'il a été arraché au ridicule et absurde système colonial. Cette province, dont les premiers établissemens furent fondés en 1628 par une compagnie suédoise, et qui, après avoir passé successivement aux mains des Hollandais et des Anglais, changea au moins dix fois de maîtres dans l'espace de soixante-douze ans, comptait à peine vingt-cinq mille habitans un siècle après sa formation, et tout au plus cent mille au moment où elle fut appelée à jouir des bienfaits de l'indépendance, en compte aujourd'hui au moins deux cent quatre-vingt mille. Quoique l'état de Jersey ait été constamment le théâtre de la guerre révolutionnaire, et que par conséquent ses pertes aient été considérables, cependant aujourd'hui sa prospérité égale celle des états les plus florissans. Protégée par quarante années de paix et de liberté, son industrie lui a créé une source féconde de richesses.

La constitution de l'état de Jersey fut discutée et adoptée par le congrès continental, tenu à Burlington, le 2 juillet 1776. Cette constitution fut précédée d'une déclaration par laquelle le principe suivant fut consacré.

« Toute autorité constitutionnelle, exercée jus-
» qu'à ce jour par les rois de la Grande-Bretagne
» sur ces colonies ou sur leurs autres posses-
» sions, n'existait qu'en vertu d'un contrat con-
» senti par le peuple dans l'intérêt commun
» de toute la société. La fidélité et la protection
» étant, dans la nature des choses, des biens ré-
» ciproques qui dépendent également l'un de
» l'autre, le contrat est susceptible d'être dissous
» par le peuple, lorsque ces avantages lui sont re-
» tirés ou refusés; et attendu que George III a re-
» fusé sa protection au bon peuple de ces colonies;
» qu'il a cherché par divers actes à le livrer au
» pouvoir absolu du parlement, et qu'il lui a fait
» la guerre de la manière la plus cruelle et la
» plus inouie par la seule raison qu'il voulait

» maintenir ses justes droits, toute autorité exer-
» cée au nom du roi d'Angleterre est nécessaire-
» ment à sa fin. »

La constitution du New-Jersey établit aussi trois pouvoirs, le législatif, l'exécutif et le judiciaire, mais avec cette différence que dans cet état le gouverneur est toujours membre de l'assemblée législative, et chancelier de l'état. Il est élu tous les ans par le conseil et l'assemblée générale. Il a le droit de faire grâce aux condamnés, même dans le cas de trahison; il commande en chef les forces militaires; cependant il n'a aucune influence sur la nomination des capitaines et des officiers subalternes qui sont toujours élus par les compagnies dans chaque comté. Il n'y a que les généraux et les officiers d'état-major qui soient élus par le conseil et l'assemblée.

Les forces militaires se composent d'environ quarante mille hommes de toutes armes. Les réglemens pour les milices sont à peu de chose près les mêmes que dans l'état de Massachusets.

CHAPITRE X.

ENTRÉE A PHILADELPHIE. — HISTOIRE ET CONSTITUTION DE L'ÉTAT DE PENSYLVANIE. — COMMERCE, AGRICULTURE, ETC. — VILLE DE PHILADELPHIE. — SES MONUMENS, SES ÉTABLISSEMENS PUBLICS, SES PRISONS, ETC.

Le lundi 27 septembre, nous passâmes la Delawarre sur un pont d'environ neuf cents pieds de long et entièrement couvert, de manière à offrir aux voyageurs un bon abri contre le mauvais temps. Les piétons le parcourent sur un beau trottoir. Le chemin du milieu est partagé en deux, et les voitures sont obligées de prendre un côté en allant, et l'autre côté en revenant, pour éviter tous les accidens. Il est construit sur les dessins de M. Burr, qui en a posé la première pierre en 1804. Il a été achevé en 1812. En entrant sur le sol de Pensylvanie, le général Lafayette fut reçu par le gouverneur de l'état à la tête de son état-major, et en présence des troupes et des citoyens de Morrisville réunis en grand nombre. De Morrisville, nous allâmes coucher à l'arsenal de Francfort, en passant par la charmante petite ville de Bristol. Nous reprîmes notre marche le lendemain matin au milieu d'une escorte plus nombreuse encore que celle de la veille, et à mesure que nous approchions de Philadelphie, les piétons, les cavaliers et les voitures augmentaient tellement le cortége, que nous n'avancions plus qu'avec la plus grande difficulté. A peu de distance de la ville, dans une plaine, étaient environ six mille hommes de milices volontaires, et en belle tenue sous les armes, formant un carré au milieu duquel le général Lafayette fut reçu au bruit du canon par les autorités civiles et militaires. Après qu'il eut parcouru à pied les rangs des milices, et qu'elles eurent défilé devant lui sous les ordres du général Cadwallader, nous nous mîmes en marche avec elles pour entrer en ville. Jamais il ne fut plus vrai de dire que la population toute entière était venue au-devant du général Lafayette. Il ne restait d'habitans dans les maisons que ceux que l'âge ou la faiblesse avait empêchés de sortir. Des gradins avaient été élevés de chaque côté des rues jusqu'à la hauteur des toits pour porter les spectateurs. Dans la principale rue du faubourg par lequel nous entrâmes, étaient rangés en bataille tous les différens corps de métiers. A la tête de chaque corps était un atelier composé de quelques ouvriers exécutant des travaux de leur profession. A côté de chacun de ces ateliers était une bannière sur laquelle on voyait les portraits de

Washington et de Lafayette, avec cette inscription : *A leur sagesse et à leur courage nous devons le libre exercice de notre industrie.* Parmi tous ces corps d'artisans on remarquait surtout celui des imprimeurs. Au-dessus d'une presse établie au milieu de la rue était cette inscription : *Liberté de la presse, la plus sûre garantie des droits de l'homme.* De cette presse sortaient avec profusion des odes à Lafayette et des chansons patriotiques, que l'on jetait dans nos voitures à mesure qu'elles passaient, ou que l'on distribuait au peuple qui suivait. Après les artisans étaient les écoles publiques ; maîtres et écoliers, tous étaient décorés du ruban *Welcome Lafayette*. A la tête du cortége marchait un détachement de cavalerie. L'hôte de la nation était dans une magnifique calèche traînée par six chevaux ; à côté de lui, on avait placé le vénérable juge Peter, qui fut le secrétaire et l'âme du département de la guerre pendant toute la révolution ; venaient ensuite le gouverneur, le maire, le conseil municipal, les juges dans diverses voitures ; enfin George Lafayette et le secrétaire de son père dans une calèche semblable à celle du général, et derrière nous roulaient pesamment quatre grands chariots ressemblant par leur forme à des tentes, et renfermant chacun quarante vieux soldats révolutionnaires. On ne pouvait sans attendrissement contempler ces vétérans de la liberté, dont les yeux à demi éteints par l'âge, trouvaient encore des larmes pour exprimer leur joie et le bonheur inespéré qu'ils goûtaient de revoir leur ancien compagnon d'armes; leurs voix affaiblies et tremblantes se ranimaient en se mêlant au son des instrumens guerriers qui les accompagnaient, et trouvaient une vigueur nouvelle pour répéter leurs anciens chants de guerre, bénir les noms de Washington et de Lafayette, et crier vive la liberté! Une longue colonne d'infanterie fermait la marche. Le cortége, après avoir parcouru toutes les rues principales, et passé sous treize arcs de triomphe, s'arrêta devant la maison de ville où nous descendimes. Pendant que nous y prenions quelques instans de repos, les députés et les sénateurs de la Pensylvanie, le conseil municipal, le corps judiciaire et les autorités militaires s'assemblaient dans la salle principale. Quelques instans après, à un signal donné par treize coups de canon, on nous introduisit dans cette salle, et le général ayant été conduit au pied de la statue de Washington, fut harangué par le maire, qui lui dit :

« Il y a quarante-huit ans, dans cette ville,
» dans cette salle même, qu'à juste titre on peut
» appeler le berceau de l'indépendance, une con-
» vention d'hommes tels que le monde en voit
» peu, éminens en vertus, en talens, en patrio-
» tisme, déclarèrent à la face du monde leur dé-

» termination de se gouverner par eux-mêmes,
» et de prendre pour eux et pour leurs descen-
» dans un rang parmi les nations. Bien peu de
» ceux qui vécurent alors respirent aujourd'hui;
» mais dans ce nombre l'histoire trouvera, et
» nous nous énorgueillissons de placer le général
» Lafayette dont la vie entière a été consacrée au
» maintien de la liberté et à la défense des
» droits imprescriptibles de l'homme.

» Général! plusieurs de ceux de vos compa-
» triotes qui vinrent à notre secours ne sont
» plus; mais ce peuple s'en souvient, et les âges
» futurs consacreront leur gloire. Efforçons-nous
» d'oublier un instant ces ombres glorieuses pour
» féliciter le héros que nous avons le bonheur de
» recevoir. »

En entendant ce discours, en reconnaissant cette salle dans laquelle fut signée la déclaration d'indépendance des États-Unis, cette salle à la porte de laquelle il attendit en 1777, avec tant d'anxiété, la permission de consacrer son bras et sa fortune à une cause alors presque désespérée, le général Lafayette éprouva une émotion qu'il eut peine à contenir, et qui plusieurs fois se manifesta dans sa réponse.

« Mon entrée dans cette grande et superbe
» cité, » dit-il, « les solennels et touchans souve-
» nirs qui m'y accompagnent, l'affectueuse ré-
» ception qui m'y est faite, éveillent dans mon

» cœur le souvenir de tous les sentimens que
» j'ai éprouvés depuis cinquante ans.

» C'est ici, c'est dans cette enceinte sacrée,
» par un conseil de sages, que fut énergiquement
» déclarée l'indépendance des États-Unis. En
» anticipant celle de toute l'Amérique, elle com-
» mença pour le monde civilisé une ère nouvelle,
» celle de l'ordre social fondé sur les droits de
» l'homme, ordre dont le bonheur et le calme de
» votre république démontrent chaque jour les
» avantages. Ici, monsieur, fut formée notre
» brave et vertueuse armée révolutionnaire; ici,
» fut inspirée par la Providence, l'heureuse idée
» d'en confier le commandement à notre bien-
» aimé Washington, ce guerrier sans tache.
» Mais ces souvenirs et une foule d'autres sont mê-
» lés avec le regret profond de la perte des hom-
» mes grands et bons que nous avons à pleurer.
» C'est à leurs services, monsieur, à votre respect
» pour leur mémoire, à l'amitié qui me liait à
» eux, que je dois rapporter une grande partie
» des honneurs que j'ai reçus ici et ailleurs,
» honneurs bien au-dessus de mon mérite per-
» sonnel.

» C'est aussi sous les auspices de leurs noms
» vénérés, autant que par l'impulsion de mes
» propres sentimens, que je vous prie, monsieur
» le maire, et vous, membres des deux conseils
» et habitans de Philadelphie, d'agréer le tribut

» de mon respect, de mon affection et de ma
» profonde reconnaissance. »

Tout le peuple fut ensuite admis à défiler devant l'hôte de la nation, pour lui serrer la main. Cette cérémonie dura plusieurs heures et offrit le tableau de la plus parfaite égalité qu'il soit possible d'imaginer. Devant des généraux marchaient des artisans aux mains noires, aux bras nerveux, aux manches retroussées; à côté d'un magistrat était un cultivateur vêtu d'une simple toile; le prêtre et l'artiste venaient se tenant par la main, et des enfans, assurés de voir respecter leurs droits et leur faiblesse, marchaient hardiment devant des soldats et des matelots. Cette variété de costumes contrastait singulièrement avec l'uniformité des physionomies qui toutes exprimaient le même sentiment de reconnaissance et d'admiration.

Après cette réception, le général fut conduit à Washington-Hall, au milieu d'une foule toujours croissante; un dîner splendide y était servi. Toutes les autorités y assistèrent, et de nombreux toasts y furent portés. On y but à la Grèce régénérée, à laquelle on souhaita un Washington pour chef, et un Lafayette pour ami.

Le soir, une population de cent vingt mille âmes, augmentée de quarante mille étrangers accourus des divers points de l'Union, se promenait à la lueur des illuminations et des feux de joie, en

chantant les exploits du champion de la liberté, et ces réjouissances du peuple, qui, en Europe, sous la protection de la police, auraient été signalées par des meurtres, des vols et des accidens de tous genres, se passèrent ici sans le plus léger désordre. Le lendemain matin, le maire vint faire une visite au général Lafayette : il tenait dans ses mains les rapports qu'il venait de recevoir de ses officiers de police : il nous les montra. « Voyez, » nous dit-il avec une vive expression de satisfaction, « Voyez comment se » conduisent des hommes libres! Plus de qua-
» rante mille étrangers sont venus se mêler aux
» fêtes de mes administrés, et moi je n'ai point
» cru, cependant, qu'il fût nécessaire d'aug-
» menter le nombre de mes surveillans. Ils ne
» sont pourtant que cent seize, sans armes, et
» ils n'ont pas eu un seul délit à réprimer dans
» cette nuit de joyeuse effervescence populaire!
» Voici leurs rapports....., pas une plainte.....,
» pas le plus léger trouble..... » Et la joie brillait dans les yeux de ce vertueux administrateur dont tout le bonheur prenait sa source dans la sagesse de ses administrés. Je pensai que M. le maire de Philadelphie serait un bien mauvais préfet de police à Paris.

Les jours suivans, le général reçut, dans la salle de la déclaration d'indépendance, les adresses des diverses corporations, ou corps régulièrement constitués, tels que le clergé, la société philosophique, la société biblique, l'université, la chambre de commerce, le barreau, les enfans des écoles, l'infanterie légère de Washington, l'association bienfaisante de Lafayette, les soldats révolutionnaires, les Français résidans à Philadelphie, etc., etc. A chacune de ces adresses, le général Lafayette répondit par une improvisation facile, élégante, et tellement appropriée aux diverses circonstances qui l'entouraient, ou qu'on lui rappelait, que l'étonnement et l'admiration du public s'accroissaient à chaque instant.

La députation du clergé offrait un tableau bien intéressant et bien digne de fixer l'attention d'un Européen. Conduite par l'évêque White, qui fut aumônier du congrès pendant la guerre révolutionnaire, elle était composée de près de quatre-vingts pasteurs, presque tous de communion différente, mais tous animés d'un même esprit de tolérance et de charité. L'orateur s'exprimant toujours au nom des ministres des *diverses communions de toutes dénominations*, se rendit l'organe fidèle de leurs sentimens unanimes en disant :

« Tous, nous nous félicitons de devoir en par-
» tie à vos efforts le bonheur de vivre sous un
» gouvernement qui accorde une protection
» égale à toutes les communions religieuses,
» quelle que soit leur dénomination, en ne leur

» imposant d'autre obligation que de respecter
» la paix et l'ordre légal de la vie civile. »

Le général lui répondit :

« Les témoignages unanimes d'affection et
» d'estime dont je suis honoré par les respecta-
» bles pasteurs des diverses communions reli-
» gieuses de Philadelphie et des environs, pé-
» nètrent mon cœur des sentimens de la plus
» profonde reconnaissance, et me fournissent
» une nouvelle preuve de la sainte fraternité qui,
» sur cette heureuse terre, unit ensemble les mi-
» nistres d'*un Évangile de liberté et d'égalité.*

» Les principes républicains, en effet, ne peu-
» vent jamais trouver un plus puissant appui que
» celui que leur prêtent naturellement des pas-
» teurs qui, à leurs éminentes vertus person-
» nelles, joignent l'inappréciable avantage d'être
» librement élus par leurs congrégations res-
» pectives.

» Je vous prie, messieurs, de recevoir mes
» respectueux et tendres remercîmens pour vo-
» tre bonne adresse, qui est d'autant plus tou-
» chante pour moi, qu'elle m'est présentée par
» un vieux et respectable ami, par l'ami de Wa-
» shington, dont les patriotiques prières et les
» bénédictions ont été si souvent, dans cette
» salle du congrès, associées aux plus grands évé-
» nemens de la révolution. »

Le discours de l'évêque White, et la réponse

du général Lafayette éveillèrent en moi, je l'avoue, bien des idées nouvelles. Je commençai à comprendre que, sous un bon gouvernement, la religion et la liberté, loin d'être incompatibles, peuvent se prêter un mutuel appui, et que, pour obtenir cette heureuse alliance, inconnue en Europe, il ne faut qu'une chose, c'est que le gouvernement, renonçant à l'absurde et monstrueux système de vouloir se faire de la religion un instrument ou un appui, laisse aux citoyens le droit de choisir et de payer eux-mêmes les hommes auxquels ils veulent confier la direction de leurs consciences.

J'ai dit que les Français résidant à Philadelphie étaient venus exprimer au général Lafayette leurs sentimens personnels d'attachement, et le plaisir qu'ils éprouvaient de voir un de leurs compatriotes jouir d'un si beau triomphe. Ils s'étaient réunis sous la présidence de M. Duponceau, qu'ils chargèrent d'être leur organe, et qui s'en acquitta avec cette chaleureuse éloquence qui prend sa source dans la foi, et l'amour de la liberté.

M. Duponceau, que nous eûmes le plaisir d'entendre encore haranguer le général Lafayette, à la tête de la société philosophique dont il est membre, et du barreau de Philadelphie dont il est un des principaux ornemens, habite les États-Unis depuis la guerre de l'indépendance, qu'il a faite avec distinction sous les ordres du baron de Steuben dont il était aide-de-camp. Comme jurisconsulte, littérateur et savant, M. Duponceau s'est acquis dans sa patrie adoptive une brillante réputation que rehausse encore la pratique de toutes les vertus. Pendant notre séjour à Philadelphie, nous avons compté au nombre de nos momens heureux ceux que nous avons passés dans sa société toujours aimable, toujours instructive.

Nous retrouvâmes aussi à Philadelphie un autre compatriote que nous eûmes bien du plaisir à presser dans nos bras : je veux parler du général Bernard, de cet homme aussi modeste qu'instruit, dont les talens et le patriotisme désintéressé ont été méconnus par le gouvernement français de 1815. Le général Bernard qui, comme on sait, a traversé avec éclat la cour impériale de Bonaparte sans rien perdre de son républicanisme, ce qui peut être considéré comme un phénomène, a trouvé ici de justes appréciateurs de son mérite. Chargé par le gouvernement américain d'assurer la défense de l'Union par un système complet de fortification, et la prospérité de son commerce par la construction de canaux et de routes sur un immense développement, il nous donnera la satisfaction de voir un nom français noblement associé à toutes les belles entreprises d'une grande nation. On ne peut connaître le général Bernard sans lui accorder un sincère sentiment d'estime, d'admiration et d'amitié.

Tout le temps que le général Lafayette put dérober à l'empressement de ses nombreux amis, et du peuple de Philadelphie, fut consacré à visiter les établissemens d'humanité et d'utilité publique qui sont très-multipliés dans cette vaste cité. Mais avant de les désigner ou de les décrire, je veux jeter un coup d'œil rapide sur la fondation et l'histoire de la Pensylvanie.

Ce fût en 1627 qu'une société de Suédois et de Finlandais aborda sur les rives de la Delawarre, et jeta les premiers fondemens de cette colonie, qui plus tard se développa si rapidement sous les douces et humaines institutions de William Penn. La sagesse et la modération des Suédois, et leur excellente administration, auraient dû leur assurer la paisible possession d'un sol qu'ils avaient acquis du libre consentement des propriétaires naturels, les Indiens; mais trente ans s'étaient à peine écoulés qu'ils se virent dépossédés par les Hollandais, qui, eux-mêmes, ne tardèrent pas à l'être par les Anglais, non moins avides et plus habiles qu'eux.

En 1681, Charles II, roi d'Angleterre, voulant récompenser les services que l'amiral Penn avait rendus à la couronne, accorda à son fils William Penn, vingt mille acres de terre, sur les bords de la Delawarre. Cette concession fut garantie par une charte qui renfermait la clause suivante :

« La colonie portera le nom de Pensylvanie.
» William Penn, ses successeurs et lieutenans,
» munis du consentement de la pluralité des
» hommes libres, ou de leurs représentans libre-
» ment assemblés, feront des levées d'argent
» pour l'utilité publique, établiront des tribu-
» naux, nommeront des juges, etc.... Les lois
» seront combinées avec la raison et de manière
» à ne point être en opposition avec celles d'An-
» gleterre ; le souverain se réserve de connaître
» des affaires privées, et de les juger en cas d'ap-
» pel. Dans tous les cas où la loi positive de la
» province sera muette, les lois d'Angleterre se-
» ront suivies. Un double de toutes les lois faites
» dans la province sera remis tous les cinq ans au
» conseil privé ; et si, dans l'espace de six mois
» après qu'il les aura reçues, elles sont déclarées
» contraires à la prérogative royale ou aux lois
» d'Angleterre, elles seront considérées comme
» nulles. Les propriétaires pourront percevoir
» sur les marchandises telles taxes que l'assem-
» blée fixera ; ils auront toujours un député à la
» cour de Londres pour répondre de ce qui pour-
» rait être allégué contre eux ; et dans le cas où
» ils seraient condamnés par les tribunaux, et
» ne satisferaient pas à la condamnation dans

» l'espace d'un an, le monarque pourra reprendre
» le gouvernement jusqu'à ce qu'ils y aient sa-
» tisfait, sans que cela porte néanmoins aucun
» préjudice aux propriétaires particuliers, ainsi
» qu'à tous autres habitans de la province. Ils
» pourront transférer la propriété. La propriété
» des terres déjà occupées par des chrétiens,
» doit leur être conservée. Le monarque ne met-
» tra ni taxes ni impositions sur ladite colonie,
» sans le consentement du propriétaire ou de
» l'assemblée, ou sans un acte du gouvernement.»

Le 11 juillet de l'année où cette charte lui fut accordée, le propriétaire et ceux qui devaient émigrer avec lui convinrent : « Qu'avant de
» distribuer les terres aux acheteurs, on pren-
» drait ce qui serait nécessaire pour les chemins;
» que toutes les affaires avec les Indiens seraient
» traitées dans le marché public; que tous les
» différens entre les émigrans et les Indiens se-
» raient jugés par six émigrans et six Indiens;
» que sur cinq acres on en laisserait un en bois,
» afin de conserver les chênes et les mûriers
» blancs pour la construction des vaisseaux; que
» personne ne quitterait la province sans le noti-
» fier dans le marché public, trois semaines
» auparavant. »

A la fin de cette même année, les colons arrivèrent en Pensylvanie, et jetèrent les fondemens de leur établissement. Penn arriva lui-même au commencement de l'année suivante, et acheta de lord Berkley et des héritiers de George Carteret, pour la somme de quatre mille livres sterling, quelques parties du New-Jersey, qu'il ajouta à sa propriété, et se trouva ainsi possesseur de tout l'espace compris entre le 40°. et le 43°. degré de latitude. Il acheta aussi des Indiens quelques terres qu'il leur paya avec la plus grande exactitude, ne pensant pas que le titre d'européen lui donnât le droit de dépouiller impitoyablement les nations sauvages de leurs possessions légitimes et naturelles. Aussi son esprit de justice et de modération ne tarda pas à lui concilier l'attachement des Indiens qui, d'hostiles qu'ils étaient d'abord à tous les établissemens des blancs, devinrent bientôt ses alliés bienveillans et fidèles. Sa réputation parvint même bientôt en Europe, et inspira à une multitude d'hommes malheureux dans leur pays, le désir d'aller chercher près de lui la paix et la liberté. Les premiers colons qui étaient arrivés avec lui imitaient ses vertus, et l'établissement prospérait. Dès l'année 1682, William Penn convoqua une assemblée générale des habitans, et les engagea à s'occuper avec lui de la rédaction d'une constitution dont l'exécution serait confiée à un gouverneur, assisté d'un conseil provincial, et des habitans formés en assemblée générale. Le conseil devait être composé de soixante et dix

membres choisis par les habitans, et présidé par le gouverneur ou son représentant. Ce conseil devait être renouvelé annuellement par tiers. A cette occasion William Penn prononça un discours dans lequel il établit cette proposition trop méconnue par les peuples et les gouvernenemens européens : « Que quelle que soit la forme
» d'un gouvernement, le peuple y est toujours
» libre lorsqu'il n'est gouverné que par les lois,
» et qu'il participe à la confection de ces lois ;
» que c'est le seul moyen par lequel il puisse
» l'être ; qu'au-delà de ces conditions il n'y a
» que tyrannie, oligarchie et confusion ; que les
» grandes fins de tout gouvernement sont de
» faire respecter le pouvoir par le peuple, et
» de garantir le peuple des abus du pouvoir ;
» qu'ainsi le peuple est libre en obéissant, et les
» magistrats honorables et honorés par la justice
» de leur administration et leur soumission à la
» loi. »

Cependant des troubles survinrent ; ils furent causés par les réclamations du gouverneur du Maryland, lord Baltimore ; et William Penn fut obligé d'aller en Angleterre pour faire valoir ses droits. Pendant son absence, il confia le gouvernement à cinq commissaires, qui mécontentèrent tout le monde par leurs abus d'autorité. Dans ces circonstances, le roi Jacques ayant abdiqué, son successeur s'empara du gouvernement de la Pensylvanie ; mais trois ans après, c'est-à-dire en 1696, il le rendit à son propriétaire. En 1699, Penn retourna en Pensylvanie, et reprit le maniement des affaires; il proposa alors une nouvelle constitution qui fut adoptée, et qui fut conservée jusqu'à l'époque de la révolution. De nouvelles contrariétés le rappelèrent bientôt après en Angleterre, où il mourut subitement d'une attaque d'apoplexie, en 1718. Sa mort fut un grand malheur, sans doute, pour la gloire de la colonie qu'il avait fondée, mais la société des amis, dont il était chef, se montra digne héritière de ses vertus, et continua par sa politique libérale à attirer dans son sein tous les hommes que les persécutions religieuses et le despotisme des rois dégoûtaient de l'Europe. De 1729 à 1754, la colonie reçut trente-cinq mille cinq cent dix-sept émigrés, la plupart Irlandais et Allemands. On vit alors surgir du sein de cette population nouvelle, toutes ces doctrines diverses qui se partagèrent les consciences, et divisèrent la colonie en quakers, épiscopaliens, presbytériens, catholiques, luthériens, calvinistes, moraves, covenanters, méthodistes, universalistes, etc., etc. Quelques-unes de ces sectes se laissèrent aller malheureusement à cet esprit de prosélytisme et d'intolérance dont elles avaient été victimes elles-mêmes en Europe, et on les vit quelquefois persécuter les

Indiens, leurs voisins, pour leur imposer leurs croyances. Ce fut leur fanatisme qui, en 1763, sous l'exécrable prétexte de débarrasser la terre de païens, massacra impitoyablement la peuplade des Conestogos, qui vivait si paisible et si confiante dans le traité conclu avec William Penn. Cet acte de barbarie détruisit la bonne harmonie qui avait régné pendant près de soixante ans entre les Indiens et les colons, et suscita des guerres qui ne se terminèrent qu'en 1779, par la presque entière destruction des premiers dont les tristes débris furent relégués sur les bords du Niagara.

Depuis la mort de Penn, jusqu'en 1763, la bonne intelligence entre la colonie et la mère-patrie ne paraît pas avoir souffert d'altération, mais la loi sur le timbre trouva, chez les Pensylvaniens, le même esprit de résistance que dans la Nouvelle-Angleterre, et en 1768 l'assemblée provinciale protesta avec énergie contre le droit que le parlement d'Angleterre voulut s'arroger de taxer les colonies. En 1773, le thé importé par les Anglais, dans le port de Philadelphie, fut détruit comme il l'avait été à Boston, et toute la Pensylvanie répondit par un cri unanime d'approbation, au cri insurrectionnel du Massachusetts. Enfin, ce fut à Philadelphie, qu'en 1776, cinquante-quatre députés des Treize États, réunis sous la présidence de John Hancock, signèrent l'immortelle déclaration d'indépendance des États-Unis.

Vers la fin de la même année, la convention de Pensylvanie assemblée à Philadelphie, adopta et proclama une nouvelle constitution qui fut précédée de la déclaration des droits et du considérant suivant :

« Les objets de l'institution et du maintien de
» tout gouvernement, doivent être d'assurer
» l'existence du corps politique de l'état, de le
» protéger, et de donner aux individus qui le
» composent, la faculté de jouir de leurs droits
» naturels et des autres biens que l'auteur de
» toute existence a répandus sur les hommes ; et
» toutes les fois que ces grands objets du gou-
» vernement ne sont pas remplis, le peuple a le
» droit de le changer par un acte de la volonté
» commune, et de prendre les mesures qui lui
» paraissent nécessaires pour assurer sa sûreté
» et son bonheur.

» Les habitans de cette république s'étant
» jusqu'à présent reconnus sujets du roi de la
» Grande-Bretagne, uniquement en considéra-
» tion de la protection qu'ils attendaient de lui,
» et ledit roi ayant non-seulement retiré cette
» protection, mais ayant commencé et conti-
» -nuant encore, par un esprit de vengeance inexo-
» rable, à leur faire la guerre la plus cruelle et la
» plus injuste, dans laquelle il emploie non-

» seulement les troupes de la Grande-Bretagne,
» mais encore des étrangers mercenaires, des
» sauvages et des esclaves, pour parvenir au but
» qu'il s'est proposé, et qu'il avoue, de les ré-
» duire à une entière et honteuse soumission à la
» domination despotique du parlement britan-
» nique; ayant en outre exercé contre lesdits ha-
» bitans plusieurs autres actes de tyrannie qui
» ont été pleinement développés dans la décla-
» ration du congrès national, ce qui a rompu et
» anéanti tous les liens de sujétion et de fidélité
» envers ledit roi et ses successeurs, et fait cesser
» dans ces colonies tous les pouvoirs et toutes les
» autorités émanées de lui.

» Comme il est absolument nécessaire, pour le
» bien-être et la sûreté des habitans desdites co-
» lonies, qu'elles soient désormais des états libres
» et indépendans, et qu'il existe dans chacune
» de leurs parties une forme de gouvernement
» juste, permanente et convenable, dont l'auto-
» rité du peuple soit la source unique et le fon-
» dement, conformément aux vues de l'honora-
» ble congrès américain.

» Nous, les représentans des hommes libres
» de Pensylvanie, assemblés extraordinaire-
» ment et expressément à l'effet de tracer un
» gouvernement d'après les principes exposés ci-
» dessus; reconnaissant la bonté du Modérateur
» suprême de l'univers (lui qui seul sait à quel

» degré de bonheur, sur la terre, le genre hu-
» main peut parvenir en perfectionnant l'art
» du gouvernement); reconnaissant la suprême
» bonté qu'il a de permettre que le peuple de cet
» état fasse, de son propre et commun consen-
» tement, sans violence, et après en avoir mûre-
» ment délibéré, les lois qu'il jugera les plus
» justes et les meilleures pour gouverner sa future
» société; pleinement convaincus que c'est pour
» nous un devoir indispensable d'établir les prin-
» cipes fondamentaux de gouvernement les plus
» propres à procurer le bonheur général du peu-
» ple de cet état et de sa postérité, et à pour-
» voir aux améliorations futures, sans partialité
» et sans préjugés pour ou contre aucune classe,
» secte ou dénomination d'hommes particuliers,
» quelles qu'elles soient; en vertu de l'autorité
» dont nos constituans nous ont revêtus, nous
» ordonnons, déclarons et établissons *la décla-*
» *ration des droits et le plan de gouvernement*
» *suivant*, pour être la constitution de cette ré-
» publique, et pour y demeurer en vigueur à
» jamais et sans altération, excepté dans les ar-
» ticles que l'expérience démontrera par la suite
» exiger des améliorations, et qui seront corrigés
» ou perfectionnés en vertu de la susdite autorité
» du peuple, par un corps de délégués, composé
» comme l'ordonne ce plan de gouvernement,
» pour obtenir et assurer d'une manière plus effi-

» cace le grand objet et le véritable but de tout
» gouvernement, tels que nous les avons exposés
» ci-dessus.

» *Déclaration des droits des habitans de l'état*
» *de Pensylvanie.*

» Art. 1er. Tous les hommes sont nés égale-
» ment libres et indépendans, et ils ont des
» droits certains, naturels, essentiels et inalié-
» nables, parmi lesquels on doit compter le
» droit de jouir de la vie et de la liberté, et de
» les défendre; celui d'acquérir une propriété,
» de la posséder et de la protéger; enfin, celui
» de chercher et d'obtenir leur bonheur et leur
» sûreté.

» Art. 2. Tous les hommes ont le droit na-
» turel et inaliénable d'adorer le Dieu tout-puis-
» sant de la manière qui leur est dictée par leur
» conscience et leurs lumières. Aucun homme
» ne doit ni ne peut être légitimement contraint
» à embrasser une forme particulière de culte
» religieux, à établir ou entretenir un lieu par-
» ticulier de culte, ni à soudoyer des ministres
» de religion contre son gré, ou sans son propre
» et libre consentement; aucun homme, qui re-
» connaît l'existence de Dieu, ne peut être juste-
» ment privé d'aucun droit civil comme citoyen,
» ni attaqué en aucune manière, à raison de ses
» sentimens en matière de religion, ou de la

» forme particulière de son culte; aucune per-
» sonne dans l'état ne peut ni ne doit être revê-
» tue, ni s'arroger l'exercice d'aucune autorité
» qui puisse lui permettre de troubler ou de gêner
» le droit de la conscience dans le libre exercice
» du culte religieux.

» Art. 3. Le peuple de cet état a seul le droit
» essentiel et exclusif de se gouverner et de régler
» son administration intérieure.

» Art. 4. Toute autorité résidant originaire-
» ment dans le peuple, et étant par conséquent
» émanée de lui, il s'ensuit que tous les officiers
» du gouvernement revêtus de l'autorité, soit lé-
» gislative, soit exécutive, sont ses mandataires,
» ses serviteurs, et lui sont comptables dans tous
» les temps.

» Art. 5. Le gouvernement est ou doit être
» institué pour l'avantage commun, pour la pro-
» tection et la sûreté du peuple, de la nation ou
» de la communauté, et non pour le profit et
» l'intérêt particulier d'un seul homme, d'une
» famille, ou d'un assemblage d'hommes qui ne
» font qu'une partie de cette communauté. La
» communauté a le droit incontestable, inalié-
» nable et imprescriptible de réformer, changer
» ou abolir le gouvernement, de la manière
» qu'elle juge la plus convenable et la plus pro-
» pre à procurer le bonheur public.

» Art. 6. Afin d'empêcher ceux qui sont revê-

» tus de l'autorité législative ou exécutive de de-
» venir oppresseurs, le peuple a le droit, aux
» époques qu'il juge convenables, de faire ren-
» trer les officiers dans l'état privé, et de pourvoir
» aux places vacantes par des élections certaines
» et régulières.

» Art. 7. Toutes les élections doivent être li-
» bres, et tous les hommes libres ayant un même
» intérêt suffisant, évident et commun, et étant
» attachés à la communauté par les mêmes
» liens, tous doivent avoir un droit égal à élire
» les officiers, et à être élus pour les différens
» emplois.

» Art. 8. Chaque membre de la société a le
» droit d'être protégé par elle dans la jouissance
» de sa vie, de sa liberté et de sa propriété; il
» est par conséquent obligé de contribuer pour
» sa part aux frais de cette protection, de don-
» ner, lorsqu'il est nécessaire, son service per-
» sonnel ou un équivalent; mais aucune partie
» de la propriété d'un homme ne peut lui être
» enlevée avec justice, ni appliquée aux usages
» publics, sans son propre consentement ou ce-
» lui de ses représentans légitimes. Aucun homme
» qui se fait un scrupule de porter les armes ne
» peut y être forcé justement, lorsqu'il paie un
» équivalent; et enfin les hommes libres de cet
» état ne peuvent être obligés d'obéir à d'autres
» lois qu'à celles qu'ils ont consenties pour le bien

» commun, par eux-mêmes ou par leurs repré-
» sentans légitimes.

» Art. 9. Dans toutes les poursuites pour un
» crime, un homme a le droit d'être entendu
» par lui et par son conseil, de demander la cause
» et la nature de l'accusation qui lui est intentée,
» d'être confronté aux témoins, d'administrer
» toutes les preuves qui peuvent lui être favora-
» bles, de requérir une instruction prompte et
» publique par un jury impartial du pays, sans
» l'avis unanime duquel il ne saurait être déclaré
» coupable. Il ne peut pas être forcé d'adminis-
» trer des preuves contre lui-même, et aucun
» homme ne peut être privé justement de sa li-
» berté que par un jugement de ses pairs, en
» vertu des lois du pays.

» Art. 10. Tout homme a le droit d'être, pour
» sa personne, sa maison, ses papiers, et pour
» toutes ses possessions, à l'abri de toutes recher-
» ches et de toutes saisies ; en conséquence, tout
» *warrant* est contraire à ce droit, si des sermens
» ou affirmations préliminaires n'en ont pas suffi-
» samment établi le fondement, et si l'ordre ou
» la réquisition donnés par le *warrant* à un offi-
» cier ou messager d'état de faire ces recherches
» dans les lieux suspects, d'arrêter une ou plu-
» sieurs personnes, ou de saisir leurs propriétés,
» ne sont pas accompagnés d'une désignation ou
» description spéciale de la personne ou des objets

» à rechercher ou à saisir. Enfin il ne doit être
» décerné un *warrant* que dans les cas et avec les
» formalités prescrites.

» Art. 11. Dans les discussions relatives à la
» propriété et dans les procès entre deux ou plu-
» sieurs particuliers, les parties ont droit à l'in-
» struction par jurés, et cette forme de procéder
» doit être regardée comme sacrée.

» Art. 12. Le peuple a le droit et la liberté de
» dire, d'écrire et de publier ses sentimens; en
» conséquence la liberté de la presse ne doit ja-
» mais être gênée.

» Art. 13. Le peuple a le droit de porter les
» armes pour sa défense et celle de l'état; et
» comme en temps de paix des armées sur pied
» sont dangereuses pour la liberté, il ne doit pas
» en être entretenu; et le militaire doit toujours
» être tenu dans une exacte subordination à l'au-
» torité civile, et toujours gouverné par elle.

» Art. 14. Un recours fréquent aux principes
» de la constitution, et une adhésion constante à
» ceux de la justice, de la modération, de la tem-
» pérance, de l'industrie et de la frugalité, sont
» absolument nécessaires pour conserver les avan-
» tages de la liberté et maintenir un gouverne-
» ment libre. Le peuple doit, en conséquence,
» avoir une attention particulière à tous ces dif-
» férens points dans le choix de ses officiers et
» représentans; et il a le droit d'exiger de ses

» législateurs et de ses magistrats une observation
» exacte et constante de ces mêmes principes
» dans la confection et l'exécution des lois néces-
» saires pour la bonne administration de l'état.

» Art. 15. Tous les hommes ont un droit na-
» turel et essentiel à quitter l'état dans lequel
» ils vivent, pour s'établir dans un autre qui
» veut les recevoir, ou à former un état nou-
» veau dans des pays vacans ou dans des pays
» qu'ils achètent, toutes les fois qu'ils croient
» pouvoir par là se procurer le bonheur.

» Art. 16. Le peuple a droit de s'assembler,
» de consulter pour le bien commun, de donner
» des instructions à ses représentans, et de de-
» mander à la législature, par la voie d'adresses,
» de pétitions ou de remontrances, le redresse-
» ment des torts qu'il croit lui être faits. »

La constitution qui fut adoptée après cette déclaration des droits, fut revisée en 1790.

Maintenant, comme toutes celles des autres états, elle établit trois pouvoirs : le législatif, l'exécutif et le judiciaire.

Le pouvoir législatif réside dans une chambre des représentans et un sénat.

Les représentans sont élus annuellement par les citoyens. Leur nombre varie en raison de la population, mais ne doit jamais être au-dessous de soixante, ni au-dessus de cent.

Les conditions pour être représentant sont

l'âge de vingt-un ans, le droit de citoyen acquis depuis trois ans, trois années de résidence dans l'état, avant l'époque de l'élection, et une année dans la ville ou le district qui élit, à moins d'une absence pour le service public.

Les sénateurs sont élus tous les quatre ans. Chaque année un quart sortant est renouvelé par d'autres élections. Le nombre total des sénateurs ne peut être ni au-dessous du quart, ni au-dessus du tiers de celui des représentans.

Pour être sénateur, il faut avoir atteint l'âge de vingt-cinq ans, être citoyen et habitant de l'état depuis quatre ans, et habitant du comté électoral pendant l'année qui précède l'élection.

Tout individu libre, âgé de vingt-un ans, ayant habité l'état pendant deux ans avant l'élection, et payé une taxe quelconque pendant le même espace de temps, est électeur.

Les élections se font par scrutin dans chaque comté. Les membres du bureau électoral, en recevant le billet du votant, constatent son nom et son droit de manière que personne ne puisse voter deux fois ou sans titre.

Le pouvoir exécutif est confié à un gouverneur qui est élu par les citoyens tous les trois ans : il doit être âgé de trente ans et avoir habité l'état sept ans avant son élection ; il ne peut être continué dans ses fonctions plus de neuf années sur douze. Il commande toutes les forces armées de l'État, tant qu'elles ne sont pas appelées au service général de l'Union. Il peut convoquer l'assemblée générale dans les circonstances extraordinaires. Il a le droit de rejeter une loi soumise à son approbation, mais elle peut cependant être sanctionnée ensuite, si après cette opposition elle est adoptée par les deux tiers des chambres.

Le pouvoir judiciaire est exercé par différentes cours dont les juges, nommés par le gouverneur, ne peuvent être destitués que sur la demande des deux tiers des chambres. Ces cours sont : une cour suprême, composée d'un chef de justice et de quatre juges, une cour d'*oyer and terminer*, chargée des causes civiles et criminelles; une cour des plaids communs; une cour d'erreurs et d'appel; et enfin une cour des quatre sessions de paix pour chaque comté. Cette dernière cour n'est chargée de juger que des vols peu considérables, et des escroqueries. Cette juridiction, dans la ville, appartient à la cour du maire, composée du maire, du greffier et d'un alderman.

Chaque officier public, en entrant en fonctions, est tenu de prêter serment à la constitution, mais on n'exige de lui aucune profession de foi religieuse.

Depuis que cette constitution a été adoptée, la Pensylvanie n'a cessé de croître en population, en richesses et en bonheur. En 1790, elle n'avait pas quatre cent cinquante mille âmes, aujourd'hui elle en renferme un million cinq cent mille, dont cent quarante-un mille sont sans cesse occupées à faire fleurir son agriculture, dont la prospérité peut être comparée à celle de nos départemens français les plus productifs. C'est surtout depuis que la propriété a été plus divisée par l'augmentation de la population, que l'agriculture a fait de si rapides progrès. Les anciennes propriétés de mille à douze cents acres sont aujourd'hui, pour la plupart, partagées en fermes de quatre-vingts à cent arpens, sur chacune desquelles s'élèvent une maison commode, des bâtimens d'exploitation bien disposés et de riches vergers qui fournissent constamment les grands marchés des plus beaux fruits que l'on puisse voir. Depuis l'emploi du gypse comme engrais, les terres ont beaucoup augmenté de valeur; il serait, je crois, difficile d'en trouver maintenant au-dessous de cent dollars l'acre aux environs des grandes villes, et au-dessous de six à sept dollars dans les parties de l'état les moins habitées.

La plupart des fermiers ne sont pas seulement cultivateurs, il sont encore commerçans et manufacturiers; ils fabriquent eux-mêmes les étoffes de laine dont ils s'habillent, et vendent beaucoup d'eau-de-vie qu'ils font avec l'extrait des pêches, du maïs, du riz, du sarrasin et du sucre d'érable; ils récoltent aussi beaucoup de cidre, et pour leur consommation particulière ils font du vin avec les fraises sauvages, les framboises, les groseilles et les cerises, mais fort peu avec le raisin.

La guerre de 1812, en paralysant le commerce extérieur de la Pensylvanie, a beaucoup contribué au développement de ses manufactures; elles sont maintenant très-nombreuses et très-variées; d'après les dernières estimations, il parait qu'elles emploient un capital de plus de quarante mille dollars, et au moins soixante mille bras.

Depuis la dernière guerre, le commerce a repris son ancienne activité. Cependant les exportations ne sont point en rapport avec l'activité de l'industrie de l'état; elles consistent principalement en blé, farine, bœufs, porcs, graine de lin, ustensiles de fer, planches, savon et chandelle. Elles ne s'élevaient pas en 1820 à huit millions de dollars. Le cabotage est considérable, et une trentaine de vaisseaux sont habituellement employés au commerce des Indes, de la Chine, et de la côte du nord-ouest. En tout, le commerce intérieur et extérieur occupe environ sept mille personnes.

Le commerce, l'agriculture et l'industrie ne rencontrant aucun obstacle à leur développement, et n'ayant aucune charge considérable à supporter, ne peuvent manquer de voir augmenter leur prospérité chaque année. Les contributions sont légères, puisque jamais aucune d'elles ne peut s'élever à plus d'un pour cent de la valeur de la propriété. Voici comment elles sont réparties et prélevées. Tous les trois ans, à l'époque de l'élection générale, *le peuple* choisit des assesseurs qui, après avoir fait l'estimation en argent, de la valeur des propriétés imposables, envoient aux commissaires du comté les noms de deux propriétaires recommandables du district, dont l'un est nommé receveur. Celui-ci annonce aux citoyens le taux des contributions, et le jour où leurs réclamations seront entendues par les commissaires; les paiemens ont ensuite lieu, et l'argent est versé entre les mains du trésorier du comté, qui est élu pour trois ans par les commissaires du comté, et qui perçoit pour ses honoraires un pour cent des fonds qui lui passent entre les mains. Les contributions se lèvent sur les terres, les maisons, les moulins, les manufactures, les rentes foncières, le bétail au-dessus de quatre ans, sur les charges lucratives, commerciales, et en général toutes les fonctions, à l'exception de celles des ministres de l'Évangile et des maîtres d'école; enfin sur les patentes pour tenir des tavernes, et sur les adultes qui n'exercent aucune profession.

L'excellente organisation financière de l'État et la sévère économie apportée dans toutes les dépenses du gouvernement, ne nécessitent jamais d'impôts extraordinaires et permettent encore aux administrateurs de consacrer des fonds assez considérables à l'exécution du septième article de la constitution, qui prescrit au pouvoir législatif de s'occuper de tous les moyens propres à multiplier les établissemens d'instruction publique pour procurer gratuitement aux enfans indigens l'éducation élémentaire, et contribuer au rapide développement des arts et des sciences. Les écoles primaires pour les pauvres, et les académies pour l'étude de la littérature et des sciences, sont encouragées, non-seulement par les soins de la législature, mais encore par les sacrifices et les efforts constans de tous les citoyens qui se cotisent entre eux pour en créer de nouvelles partout où le besoin s'en fait sentir.

Les lois civiles de l'Angleterre sont encore pour la plupart en vigueur dans l'état de Pensylvanie. Leur conservation fut une des conditions stipulées dans la patente que Charles II accorda à William Penn. Elles auraient pu être entièrement changées à l'époque de la révolution, puisqu'alors les liens avec l'Angleterre furent rompus; mais le temps et l'habitude les avaient tellement consacrées qu'elles furent conservées intactes, et qu'aujourd'hui même elles n'ont encore éprouvé que de rares et légères modifications. Il ne pouvait en être de même des lois criminelles. Le code pénal, souvent sanguinaire, de la Grande-Bretagne, ne pouvait convenir à la douce et philanthropique *société des amis*; aussi fut-il, dès les premiers temps de la colonie, l'objet des attaques de Penn, qui chercha à lui substituer un code plus conforme à l'esprit de sa secte, qui s'élevait avec force contre la peine de mort, ou qui désirait du moins qu'elle ne fût pas d'une application si facile et si fréquente; mais le parlement fut sourd à ce cri de l'humanité, et réforma et le code de Penn et les décrets tolérans de Calvert qui l'avait précédé de près d'un demi-siècle.

Après la révolution, les disciples de Penn, toujours animés de son esprit philanthropique, élevèrent de nouveau la voix contre la barbarie du code pénal anglais; cette voix trouva de l'écho dans les lumineux et profonds écrits de Franklin, de William Bradford, de Caleb Lowndes, et du docteur Rush, et bientôt la peine de mort ne fut plus appliquée qu'aux meurtres et aux empoisonnemens avec préméditation. L'emprisonnement et le travail proportionné aux forces du condamné, remplacèrent les châtimens corporels et les honteuses flétrissures qui achèvent de corrompre l'âme en livrant le corps à un éternel mépris.

C'est en 1793 que ces heureux changemens furent opérés. Depuis cette époque, des essais nombreux et efficaces sur l'amélioration des prisons, le sort des prisonniers, et particulièrement sur le système philanthropique de réformation morale des détenus, ont été faits à Philadelphie, et ont été bientôt imités dans toute l'Union. Ce ne sont pas seulement les gouvernemens d'états ou les corporations des villes qui s'en sont occupés; mais encore un grand nombre d'associations bienfaisantes, parmi lesquelles la société des quakers occupe le premier rang, se sont dévouées à cette grande et bonne œuvre. Parmi tous les témoignages que l'on pourrait citer, je me bornerai à celui du plus respectable et du plus utile philanthrope de l'Europe, le duc de La Rochefoucault-Liancourt, qui, dans un ouvrage considérable et fort instructif pour l'époque, son voyage dans les États-Unis pendant les années 1795, 1796 et 1797, parle avec enthousiasme des prisons réformatrices des États-Unis, et particulièrement de la prison d'état de Philadelphie, principalement administrée par des membres de la société des amis. Ce mot prison d'état a une autre signification en Europe; mais ici il signifie les prisons construites par les législateurs des états pour les condamnés dans les cours de justice. Toutes les fois qu'en Angleterre, en France, et autres parties de l'Europe, on a voulu améliorer les prisons, ce sont toujours celles des États-Unis, et plus particulièrement encore celles de Philadelphie, qu'on a prises pour modèles.

Cependant les moyens moraux de réformation, si bien détaillés dans l'ouvrage de La Rochefoucault-Liancourt, et par quelques autres voyageurs, n'ont pas à la longue satisfait l'ardeur de perfectionnement qui anime les directeurs de ces établissemens. D'un autre côté, il est probable que les prisons de Pensylvanie, en recevant un plus grand nombre de détenus, et parmi ceux-ci un plus grand nombre d'émigrans d'Europe et une plus grande proportion d'hommes moins susceptibles de réforme, ont donné des résultats moins satisfaisans que dans les temps décrits par M. de Liancourt. On a voulu faire encore mieux, et beaucoup de ces respectables amis de l'humanité ont pensé que la prison solitaire laissant le détenu à ses réflexions ou à celles qu'on lui suggérerait, et le séparant des autres condamnés, offrait plus de chances pour sa conversion. En conséquence, et comme aucune dépense n'effraie les Américains lorsqu'une fois ils se sont pénétrés d'une grande utilité publique, on a construit à grands frais près de Philadelphie un bâtiment immense avec ses cours et ses cellules où chaque prisonnier peut être enfermé à part, et où, par la forme de la construction, on peut exercer une surveillance facile et continuelle.

Ce superbe établissement était en construction lorsque le général Lafayette, accompagné du comité chargé de lui faire les honneurs de la ville, est allé le visiter, et a été reçu par les respectables directeurs et administrateurs qui lui ont expliqué les perfectionnemens obtenus. Il faut du courage pour oser contredire des hommes si vertueux, si expérimentés, si généreux dans l'intention comme dans l'exécution de leurs bienfaisans travaux. La franchise et la conviction du général surmontèrent sa répugnance, et avec tous les égards, tout le respect qui leur étaient dus, et que sa situation personnelle exigeait encore plus, il leur représenta que la prison solitaire était un supplice qu'il fallait avoir éprouvé pour en bien juger; que le vertueux et éclairé Malesherbes, qui, pendant son ministère, sous l'ancien régime, avait adouci le sort des prisonniers d'état, regardait la prison solitaire comme conduisant à la folie. Le général observa que, pendant les cinq années de sa captivité, il en avait passé une entière de cette manière, et une autre partie de ce temps à ne voir un compagnon que pendant une heure, et il ajouta, en riant, qu'il avait même éprouvé que ce n'était pas un moyen de réformation, puisqu'on ne l'avait mis là que pour avoir voulu révolutionner les peuples contre le despotisme et l'aristocratie, qu'il passait sa solitude à y rêver, et qu'il n'était point sorti plus corrigé à cet égard. Le général Lafayette fit aussi quelques observations sur une surveillance trop assidue, telle que celle, par exemple, à laquelle il avait été soumis lui-même pendant les premiers temps

de sa captivité, où il était continuellement gardé à vue par un sous-officier, qu'on relevait, jour et nuit, toutes les deux heures. M. Adams, alors secrétaire d'état, parut adhérer à ces observations. Elles ont été depuis le sujet d'une controverse dans les papiers publics et les pamphlets, où les hommes de l'une et l'autre opinion, tout en se rendant parfaitement justice sur les sentimens et les intentions, soutenaient des opinions différentes. « Je vois, » disait le général Lafayette, « que dans les états où les prisons sont
» moins encombrées, dans le Newhampshire,
» par exemple, ou dans l'état de Vermont, les
» administrateurs, (dans le Newhampshire, c'est
» le sénat) les législateurs et le public trouvent
» la méthode encore bonne, et obtiennent les ré-
» formes de condamnés, que vous vous plaignez
» de ne plus obtenir dans la Pensylvanie et dans
» les états les plus populeux. Pourquoi votre bel
» établissement ne serait-il pas divisé en plu-
» sieurs parties, dont chacune ne renfermerait
» pas plus de prisonniers qu'il n'y en a dans une
» prison de Newhampshire ou de Vermont, ce
» qui même serait un moyen de séparation pour
» les délits, ou d'émulation pour les prisonniers
» qui se conduiraient bien ; et puisque, dans votre
» admirable et philanthropique, générosité, vous
» avez fait les frais d'une cellule pour chaque pri-
» sonnier, enfermez-les à part la nuit au lieu de

» les entasser dans ces vastes dortoirs, où il est
» très-vrai que les détenus se corrompent mu-
» tuellement bien plus que dans le jour et au tra-
» vail, où ils sont surveillés par leurs gardiens. »
— Cette discussion d'opinions également bien
intentionnées, et dans laquelle, il faut en convenir, les directeurs et administrateurs ont l'a-
vantage de l'expérience, ne s'est pas bornée à la
Pensylvanie ni même à l'Amérique. Plusieurs
philanthropes européens, qui voyaient dans les
prisons de la Pensylvanie le type de la perfection, ont pris l'alarme et ont regardé cet aveu
d'insuffisance, ce besoin de changement, comme
devant entraver les efforts des amis de l'humanité en Europe. Un des premiers hommes de
l'Angleterre, le célèbre M. Roscoe, avait déjà
écrit contre quelques opinions erronées, suivant
lui, qui avaient été émises dans un rapport sur
les prisons, à la législature de New-York. On répondit que cette manière de voir, ou plutôt de
s'exprimer, appartenait au rapporteur, non à la
législature et au public. Bientôt après M. Roscoe
entra dans la discussion relative à la prison de
Philadelphie. Il a publié sur cet objet des pamphlets qui font également honneur à son esprit
et à son cœur. Tel est l'état actuel de la question
sur laquelle l'à-propos de cette visite m'a engagé
à m'étendre. Une portion nombreuse, éclairée,
expérimentée, des citoyens de Pensylvanie, par-

ticulièrement à Philadelphie, paraît disposée à essayer la prison solitaire, non comme exception, mais comme base du système pénitentiaire; beaucoup d'autres hommes de mérite, que j'ai vus et entendus des deux côtés de l'Atlantique, sont d'un avis opposé; mais déjà il est heureux pour un pays qu'on s'occupe avec tant d'intérêt et de suite, des questions de ce genre, et il n'y a point de doute que l'expérience sera faite par des personnes bien intentionnées et disposées à modifier leur système si elles y voient des inconvéniens.

Après avoir obtenu des réformes si sages et si généralement divisées, la philanthropie toujours active des Pensylvaniens s'est occupée sans relâche de tout ce qui peut contribuer à réparer ou à diminuer les maux de l'humanité. L'administration et les administrés rivalisant de zèle, on a vu sur tous les points de l'état, les hôpitaux et les établissemens de charité se multiplier à l'infini. Dès l'année 1774, une société consacrée à l'abolition de la traite et au soulagement des noirs libres, illégalement retenus dans l'esclavage, fut créée, et eut Franklin pour premier président.

La société pour procurer des secours aux noyés et aux asphyxiés fut établie en 1780. Cette société a considérablement propagé l'usage des appareils nécessaires aux noyés, et a fondé des prix pour ceux qui ont contribué, par quelque moyen que ce soit, à sauver la vie à leurs semblables.

Quatre sociétés bienfaisantes de femmes, ayant pour but le soulagement des veuves et des orphelins, ont été fondées pendant les années 1793, 1802, 1809 et 1811. La société pensylvanienne de bienfaisance de Washington, fondée en 1812, mérite aussi d'être citée. Elle se compose de plus de trois mille membres, dont chacun verse deux dollars dans le trésor lors de son admission, et paie ensuite, annuellement, la même somme. Les fonds sont consacrés au soulagement des membres de la société ou de leurs familles.

On compte près de trente associations de bienfaisance mutuelle pour les classes d'ouvriers, et désignées par les noms de *société des maîtres maçons; société des charpentiers, des tailleurs de pierre; société typographique; des maîtres artisans; des médecins*, etc., etc. Il y a de semblables associations pour les étrangers et leurs descendans; parmi elles on compte la *société de bienfaisance pour les Français dans la détresse*; elle fut fondée en 1805 : celle pour les Allemands le fut en 1801.

Une chose bien digne de remarque, c'est que, sur quatre grands établissemens de bienfaisance qui existent dans la ville de Philadelphie, il n'y en a pas un qui ne soit fondé ou entretenu par des donations ou des souscriptions particulières, et administré par des citoyens qui y consacrent leur temps et leurs soins sans rétribution. Ces quatre établissemens sont : *l'hôpital de Pensylvanie ; l'hôpital de l'église de Jésus-Christ ; le dispensaire de Philadelphie,* et *la maison de secours des aliénés.*

La plupart des voyageurs qui ont visité Philadelphie s'accordent sur ce point, que la rigidité des mœurs et la gravité du caractère des quakers, qui sont en grand nombre dans cette ville, influent d'une manière fâcheuse sur la société en général, en lui imposant un air de froideur et de monotonie qui la rend insupportable pour les étrangers. Je ne puis ni contredire ces voyageurs, ni me ranger à leur avis ; car, comment pourrais-je raisonnablement porter un jugement sur une population que je n'ai vue que pendant un accès d'enthousiasme et de reconnaissance qui dominait tous les cœurs et entraînait les hommes les plus graves, les quakers eux-mêmes, sur les pas de celui qui en était l'objet. Il est difficile de croire, cependant, que la société manque de charmes et de ressources dans une ville où les arts et les sciences sont cultivés avec autant d'ardeur et de succès. Les hommes instruits qui appartiennent à la société philosophique, à la société médicale, à la société linnéenne, à l'académie des sciences naturelles, aux diverses sociétés d'agriculture, etc., etc.; les vastes bibliothèques publiques, les riches musées, les nombreux journaux de toute espèce, etc., doivent offrir dans cette ville un aliment suffisant à l'esprit le plus actif, et peuvent bien, à mon avis, compenser largement le manque absolu de toutes les frivolités auxquelles nous attachons malheureusement un si haut prix en Europe.

On peut affirmer que Philadelphie est la ville la plus régulièrement belle, non-seulement des États-Unis, mais du monde entier. Ses belles rues qui se coupent toutes à angles droits, ses larges trottoirs toujours propres, l'élégance de ses maisons bâties en briques et décorées de beau marbre blanc, la richesse et le bon goût de ses monumens publics, offrent au premier abord un aspect séduisant, mais qui peut à la longue fatiguer l'œil par son excessive régularité. Son plan, qui fut tracé par Penn lui-même, s'étend depuis la rive droite de la Delawarre jusqu'à la rive gauche du Schuylkil. Cette distance est d'environ deux milles sur un mille de large. Les deux tiers seulement de cette longueur sont couverts de constructions; mais chaque jour voit s'élever de nouvelles maisons, et je crois que peu d'années suffiront pour remplir l'espace qui est encore libre entre le Schuylkil et la ville.

Parmi les monumens d'utilité publique qui ornent cette belle cité, on ne peut se dispenser d'indiquer *l'ancienne banque des États-Unis*, qui est le premier édifice que l'on ait construit à Philadelphie avec des colonnes et un portique. Il a été commencé en 1795 et terminé en 1798. Sa façade principale, toute en marbre blanc, ressemble beaucoup à celle de la bourse de Dublin, qui lui a, dit-on, servi de modèle. Cet édifice est aujourd'hui la maison de banque du riche banquier Stephen Girard.

La nouvelle banque des États-Unis, ouvrage de l'architecte américain Strichland, est généralement considérée comme le plus beau morceau d'architecture de l'Union. Il offre, en petit, l'image assez exacte du temple de Minerve à Athènes. Toute sa construction est en beau marbre tiré des carrières du comté de Montgommery, dans l'état de Pensylvanie.

Peut-être, avant de terminer ce chapitre, devrais-je reprendre la description des fêtes brillantes et variées que les habitans de Philadelphie offrirent à leur hôte national, pendant les huit jours qu'il passa au milieu d'eux ; mais leur simple énumération m'entraînerait de beaucoup au-delà du cercle dans lequel je veux renfermer le récit de ce voyage ou plutôt de ce triomphe ; et, malgré tout le plaisir que j'aurais eu à parler du dîner maçonnique, du bal de la ville, de la visite du général Lafayette à l'arsenal de la marine, de la soirée du général Cadwalader, etc., etc., je me vois forcé de quitter Philadelphie pour Baltimore, où l'hôte de la nation sera accueilli avec les mêmes transports de reconnaissance et d'amour.

CHAPITRE XI.

VOYAGE DE PHILADELPHIE A BALTIMORE. — ARISTOCRATIE AMÉRICAINE. — FORT MAC-HENRY. — ENTRÉE A BALTIMORE. — DESCRIPTION DE BALTIMORE. — DÉFENSE DE LA VILLE EN 1814.

Le 5 octobre, le général Lafayette reçut les touchans adieux des habitans de Philadelphie, et nous nous embarquâmes sur la Delawarre, à huit heures du soir, pour descendre à Chester; nous fûmes accompagnés par le gouverneur, le comité d'arrangement, un bataillon de volontaires, et un grand nombre d'officiers d'état-major. Nous arrivâmes à Chester à onze heures du soir, et nous y entrâmes à la clarté des illuminations. La salle dans laquelle le général fut reçu et harangué, lui rappela une époque bien mémorable de sa vie. Ce fut dans cette même salle, qu'après avoir été blessé à la bataille de la Brandywine, il vint faire mettre le premier appareil sur sa blessure. Avant de descendre de cheval, il avait eu encore la force et la présence d'esprit de rallier une partie des troupes qui fuyaient, et de les placer en tête du pont pour arrêter l'ennemi, s'il eût conçu la pensée de poursuivre son premier succès. Ces diverses circonstances furent rappelées d'une manière fort touchante par l'orateur chargé de recevoir le général au nom des habitans de cette ville. Après avoir pris un excellent souper, préparé par les soins des dames de Chester elles-mêmes, nous allâmes passer le reste de la nuit dans la demeure du colonel Anderson, ancien compagnon d'armes du général Lafayette.

Le lendemain nous poursuivîmes notre route, et nous arrivâmes de bonne heure à la frontière de l'état de Delawarre dont nous devionst raverser la pointe qui s'avance entre les états de Pensylvanie, de Jersey et de Maryland. Là nous prîmes congé de nos compagnons de Philadelphie, qui ne nous quittèrent qu'après nous avoir remis entre les mains de la commission de Delawarre, à la tête de laquelle le général Lafayette reconnut avec bien du plaisir le vieux colonel Mac-Clean, qui avait commandé avec une grande intrépidité, sous ses ordres, une compagnie de partisans pendant la campagne de Virginie, et qui aujourd'hui, malgré ses quatre-vingts ans, venait se présenter à lui à cheval, et portant en tête le chapeau et le plumet révolutionnaires.

Nous arrivâmes pour dîner à Wilmington. Cette jolie ville, régulièrement bâtie entre la Brandywine et la Christiana, est la plus considérable de l'état de Delawarre. Quoique sa population ne s'élève pas tout-à-fait à six mille âmes, elle est cependant le centre d'un commerce considérable que facilitent les moyens de navigation qu'elle a à sa disposition. Le voisinage de Philadelphie et de Baltimore donne à ses manufactures une grande activité. Malgré les instances des habitans, le général fut obligé de continuer sa route pour arriver le même jour à Frenchtown, où nous devions trouver un bateau à vapeur pour nous rendre à Baltimore. Nous fûmes un peu retardés dans notre marche par un séjour de quelques heures à Newcastle, où nous assistâmes aux noces du fils de M. Victor Dupont avec Melle. Vandyke. La cérémonie nuptiale, qui se fit selon les rites de l'église réformée, nous intéressa vivement par son caractère de touchante simplicité. Elle eut lieu dans un salon, en présence des deux familles réunies et de quelques amis invités. Le ministre de l'Évangile, avant d'unir les deux jeunes gens, leur adressa une courte allocution dans laquelle il leur expliqua clairement et sans mysticité les devoirs qu'allait leur imposer leur nouvelle situation dans l'ordre social, et leur parla des vertus qui seules pouvaient contribuer à leur bonheur, en mari et en père de famille à qui la pratique en était depuis long-temps familière. Enfin, après les avoir unis, il termina par une prière touchante exprimée en langue anglaise, et à laquelle tout le monde put s'unir de cœur, parce que tout le monde put la comprendre. Malgré l'absence de costumes et de décorations, cette cérémonie me parut tout aussi digne et tout aussi imposante que celle des mariages catholiques.

La nuit était fort avancée lorsque nous arrivâmes à Frenchtown où le bateau à vapeur *les États-Unis*, chargé de nous conduire à Baltimore, attendait déjà depuis long-temps. Un peu avant Frenchtown, sur la frontière du Maryland, le général Lafayette avait trouvé une nombreuse députation, et les aides-de-camp du gouverneur de cet état, qui lui annoncèrent qu'ils étaient chargés de l'accompagner au fort Mac-Henry, où le gouverneur lui-même avait établi son quartier général pour le recevoir. Au milieu de cette députation, le général reconnut, avec bien du plaisir, plusieurs de ses anciens amis, et notamment deux Français, le colonel Bentalou, ancien officier de la légion de Pulawski, et M. Dubois-Martin, vieillard de quatre-vingt-trois ans, qui avait été chargé de préparer autrefois le bâtiment sur lequel Lafayette s'était échappé de Bordeaux pour venir aux États-Unis. Au moment où nous nous embarquions, on nous apprit que M. John Adams, ministre secrétaire d'état, venait d'arriver à Frenchtown, retournant à Washington, et qu'il avait accepté avec empressement l'invitation qui lui avait été faite de se joindre au cortége du général Lafayette, pour qui ce fut un surcroît de plaisir, car M. Adams était aussi pour lui une ancienne et bonne connaissance.

Beaucoup de voyageurs qui ont visité les États-Unis, et qui prétendent bien connaître les mœurs de ce pays, ont avancé que les Américains, malgré leurs institutions républicaines, étaient essentiellement aristocrates dans leurs habitudes. Le fait suivant répondra, je crois, victorieusement à cette accusation, et ce fait ne sera pas isolé, ne sera pas une exception, car j'en aurai beaucoup d'autres semblables à rapporter.

A bord du bateau à vapeur qui nous portait sur la Chesapeak, on avait préparé une chambre pour le général Lafayette, et comme le comité d'arrangement avait eu la bonté de penser que ceux qui avaient partagé ses fatigues devaient partager aussi son repos, on avait placé dans cette même chambre deux autres lits, l'un pour son fils et l'autre pour son secrétaire. Nous ignorions comment nos compagnons de voyage, qui étaient fort nombreux, s'étaient arrangés pour passer la nuit, lorsque M. George Lafayette, en allant prendre l'air sur le pont, reconnut que la salle dans laquelle nous venions de dîner était tout à coup transformée en vaste dortoir, dont le plancher était couvert de lits que la foule se partageait sans façons. Parmi ceux qui se disposaient à s'étendre sur le modeste matelas, il remarqua avec étonnement le secrétaire d'état John Adams.

Il courut à lui, et le pria avec instance de changer de lit avec lui; celui-ci refusa en déclarant qu'il se trouvait très-bien, et qu'il serait désespéré de séparer le fils d'avec le père. Je survins dans ce débat, et je joignis mes instances à celles de M. George Lafayette; je fis remarquer à M. Adams qu'il n'avait point les mêmes objections à faire contre ma proposition, et j'ajoutai que j'espérais bien qu'il ne voudrait pas me condamner au chagrin de coucher dans un bon lit, tandis que je saurais qu'un homme de son caractère était étendu sur la dure. Il me répondit par quelques paroles obligeantes, mais qui cependant étaient un refus formel. Enfin, pressé par nos prières réunies, et par le nom du général Lafayette que nous invoquions, il nous déclara que lors même qu'il serait disposé à accepter notre offre, il serait encore obligé de s'y refuser, parce qu'avant tout il devait respecter les dispositions du comité d'arrangement, et que le comité avait décidé que nul ne serait admis dans la chambre du général, excepté ses deux compagnons de voyage.... M. George Lafayette courut aussitôt vers un membre du comité et lui demanda, au nom de son père, que M. Adams fût admis dans la chambre, à la place de l'un de nous. Cette dernière clause ne parut point admissible au comité qui, après une courte délibération, décida qu'un quatrième lit serait dressé dans la chambre du général Lafayette, et que M. Adams l'occuperait, non parce qu'il était secrétaire d'état, mais parce que le général Lafayette désirait l'avoir près de lui à titre d'ancien ami. M. Adams ne se décida à sortir de la foule pour venir se joindre à nous, que sur l'invitation formelle du comité.

Si l'aristocratie est dans les mœurs américaines, il faut avouer au moins que les grands-officiers du gouvernement ne jouissent guère de ses prérogatives.

Pendant toute la nuit nous avions navigué avec un temps affreux; mais le matin, lorsque nous entrâmes dans la belle rivière de Patapsco, sur les bords de laquelle s'élève la riche cité de Baltimore, le soleil dispersa les nuages, et ses premiers rayons dorant le vaste horizon qui se déroulait devant nous, permirent à nos yeux de reconnaître déjà et les clochers de la ville, et la forêt de mâts des navires qui remplissent habituellement le port, et les bastions du fort Mac-Henry qui en défend l'entrée. A neuf heures, quatre bateaux à vapeur, *le Maryland*, *le Virginia*, *le Philadelphia* et *l'Aigle*, couverts de pavillons et de banderolles, et chargés d'une multitude de citoyens qui venaient recevoir leur hôte en le saluant du triple *welcome* dont leurs voix reconnaissantes faisaient retentir les airs, sortirent du port et vinrent se former en ligne derrière le navire *les États-Unis*, qui conti-

nuait majestueusement sa marche vers le rivage;
lorsque nous n'en fûmes plus qu'à une courte
distance, plusieurs chaloupes se présentèrent
pour opérer notre débarquement. La première
qui aborda le rivage portait le général Lafayette,
le secrétaire d'état Adams, le général Smith,
M. Dubois-Martin, et M. Morris, président du comité; elle était commandée par le capitaine
Gardner, et manœuvrée par douze des plus habiles maîtres d'équipages de Baltimore. Nous
nous partageâmes les autres chaloupes, et nous
vînmes débarquer au pied du fort Mac-Henry.
On avait arboré sur le principal bastion du fort
le pavillon national qui y flotta pendant la dernière guerre; sa flamme, percée de mille trous,
atteste encore les vains efforts de l'artillerie
anglaise. A la porte du fort le général Lafayette
fut entouré par une troupe d'hommes vêtus en
simples citoyens, pour la plupart mutilés; cette
troupe était le débris de celle qui, en 1814,
prouva si énergiquement aux Anglais combien
des hommes qui combattent pour la liberté, leur
patrie et leur famille, sont supérieurs à des soldats mercenaires stipendiés par les rois pour
servir leurs passions. Le fort Mac-Henry, défendu par quelques héros citoyens, vit alors
échouer devant ses faibles murailles l'orgueil et
les efforts d'une flotte anglaise qui fut obligée
de se retirer honteusement après un bombarde-

ment de plus de quarante-huit heures. Au moment où le général Lafayette entra dans le fort, le canon l'annonça aux citoyens de Baltimore qui dans ce moment sortaient en foule pour venir à sa rencontre, et couvraient cette longue presqu'île qui de la ville s'avance jusqu'au fort Mac-Henry, entre les deux baies que forme la rivière Patapsco. Sur le terre-plein du fort étaient réunis un grand nombre d'anciens officiers révolutionnaires, de magistrats, etc., et un détachement d'infanterie, qui, en ouvrant ses rangs, laissa voir derrière lui la *tente de Washington*. Si à cette vue le général Lafayette sentit s'éveiller en lui bien des sentimens divers, son fils ne fut pas moins ému en revoyant celui qui avait eu l'heureuse et noble idée de l'apporter pour ajouter à la solennité de ce jour. M. Custis, l'auteur de cette attention délicate, est petit-fils adoptif de Washington; c'est avec lui que M. George Lafayette passa deux années de sa jeunesse sous le toit hospitalier de Montvernon, pendant la captivité de son père dans les donjons d'Olmutz. Le souvenir de leur ancienne fraternité et de la perte cruelle de celui qui leur avait servi de père, leur fit éprouver un mélange de plaisir et de douleur qu'ils ne purent exprimer que par le silence de leurs larmes et de leurs embrassemens....

Le général Lafayette, après avoir cherché à

calmer sa première émotion, s'avança vers la tente de Washington, où il fut reçu par le gouverneur Stevens qui lui adressa le discours suivant :

« Général, en vous accueillant et vous félici-
» tant au nom des habitans de l'état de Mary-
» land, je remplis une tâche bien douce à mon
» cœur, mais je crains bien de n'exprimer que
» faiblement les sentimens de ce peuple que je
» suis fier et heureux de représenter dans cette
» occasion.

» C'est sous cette tente, objet de nos res-
» pects, que vous avez si souvent pressé la
» main amie de notre illustre Washington ; sou-
» vent aussi elle vous vit aider de vos conseils ses
» sages résolutions, ou partager avec lui les fati-
» gues et la frugalité du soldat. Mais il est inutile
» de rappeler ici les circonstances de votre liai-
» son avec ce grand homme, elles sont toujours
» présentes à notre mémoire, et remplissent
» tous les cœurs de la plus vive reconnaissance
» pour le généreux compagnon de nos pères, le
» courageux et désintéressé soldat de la liberté.

» Puisse ce sentiment de gratitude pour l'au-
» teur des biens dont nous jouissons ne jamais
» s'affaiblir dans le cœur de mes concitoyens !

» Dix ans se sont à peine écoulés depuis que,
» sur ce même sol, nos courageux concitoyens
» ont prouvé qu'ils savaient défendre cette pré-
» cieuse liberté conquise par vous ; dix siècles

» s'écouleront encore sans effacer le souvenir du
» glorieux exemple que vous leur avez donné.

» Vous allez entrer dans cette cité de Baltimore
» que vous avez déjà connue à une autre épo-
» que; ses accroissemens et ses embellissemens
» vous offriront le symbole de notre prospérité
» nationale sous des institutions populaires et un
» gouvernement vraiment représentatif. Les mo-
» numens qui décorent cette ville vous rendront
» témoignage des sentimens qui animent ses
» habitans.

» La colonne que nous avons élevée à la mé-
» moire de Washington est une preuve de la
» constance de nos affections et de notre recon-
» naissance pour les héros de la révolution; sur
» une colonne d'une date encore récente, vous
» trouverez les témoignages de notre gratitude
» envers ceux qui se sont dévoués pour la cause
» de la liberté.

» Bienvenu, trois fois bienvenu, général, sur
» la terre de Maryland! Rien de ce que nous
» ferons n'exprimera d'une manière assez éner-
» gique, ni les sentimens que nous conservons
» pour votre personne et vos principes, ni le
» plaisir que nous avons à recevoir en vous un
» père qui, après une longue absence, se rend
» aux vœux de sa famille. »

Après ce discours, auquel le général Lafayette
répondit avec toute l'effusion d'un cœur recon-

naissant et profondément touché, nous entrâmes tous sous la tente, sous laquelle était le vieux colonel Howard, qui illustra sa jeunesse par la guerre de *l'indépendance*, qui couronna sa vieillesse par les lauriers qu'il cueillit en 1814 à la défense de Baltimore, et qui remplit l'intervalle de ces deux grandes époques de sa vie par un dévouement de tous les instans à la cause de la liberté. Ce vénérable patriote, à la tête des membres de la société de Cincinnatus, voulut aussi haranguer le général, et lui exprimer les sentimens de tous ses vieux compagnons d'armes qui ne purent contenir plus long-temps l'élan de leur joie, et qui se précipitèrent à l'envi dans les bras de leur ancien chef qui, à mesure qu'ils se présentaient à lui, les reconnaissait presque tous, et leur rappelait avec vivacité les temps et les lieux où ils avaient partagé les mêmes dangers et les mêmes fatigues.

Enfin, nous sortîmes du fort Mac-Henry, et le cortége se forma pour entrer à Baltimore; le général Lafayette ouvrait la marche dans une calèche traînée par quatre chevaux : la vaste étendue de terrain que nous avions à parcourir était, à notre gauche, garnie d'une ligne de milices à pied et à cheval, qui se formaient en colonnes derrière nous, à mesure que nous avions passé devant elles. A notre droite était tout le peuple, sorti en foule de Baltimore. Nous arrivâmes ainsi à l'entrée de la ville, où était élevé un arc de triomphe porté sur quatre belles colonnes d'ordre ionique. Sous cet arc vingt-quatre jeunes filles vêtues de blanc, couronnées de myrte, et armées de lances sur chacune desquelles était écrit le nom d'un des états de l'Union, reçurent l'hôte de la nation, l'entourèrent de guirlandes, et le couronnèrent de lauriers. Dans ce même instant, le bruit du canon se mêla aux vives acclamations de la multitude. Le cortége continua sa route, et après avoir passé sous treize arcs de triomphe, en parcourant toutes les rues, il s'arrêta devant la maison de ville où, dans la salle principale, le général fut harangué par le maire, qui lui dit :

« ..... Ici, il n'y a de trône que celui de l'auguste monarque de l'univers, le seul devant qui les citoyens de cette république inclinent leurs têtes. Mais jamais nous ne déposons aux pieds du Tout-Puissant nos humbles remercîmens pour les bienfaits qu'il a versés sur cette heureuse contrée, sans lui demander sa bénédiction pour vous, dont il a fait l'instrument à l'aide duquel il a renversé la tyrannie qui pesait sur notre patrie. Notre ville, général, quoiqu'elle n'occupe qu'un bien petit espace, peut être considérée comme l'emblême de ce vaste pays que nous occupons ; elle n'était guère qu'un village lorsque vous la vîtes, il y a quarante ans ; aujourd'hui vous y êtes accueilli

» par soixante-cinq mille âmes qui vivent dans
» son enceinte. Tels sont, général, les fruits
» que porte l'arbre de la liberté !

» S'il vous est doux, au soir de votre vie, de
» vous rappeler que c'est votre sang qui a fécondé
» cet arbre, il ne nous l'est pas moins dans cet
» heureux instant de pouvoir vous assurer que
» nous ne l'oublierons jamais..... »

Dans sa réponse, le général Lafayette prouva qu'il n'avait point oublié le zèle des habitans de Baltimore pour la cause de la liberté :

« C'est sous les auspices du patriotisme des
» Baltimoriens, c'est avec l'appui de la générosité
» des marchands, et le dévouement des dames de
» cette ville, qu'à une époque difficile, lorsqu'il
» ne nous restait plus un jour à perdre, j'ai
» pu commencer, en 1781, cette campagne dont
» l'heureuse issue a jeté tant d'éclat sur les ser-
» vices rendus à notre cause.

» Monsieur le maire, aujourd'hui j'admire avec
» délices vos améliorations, votre prospérité, votre
» garde nationale, vos monumens...., et il ne me
» reste plus rien à désirer, puisque ce matin,
» sous la tente de notre chef paternel et vénéré,
» j'ai pressé la main de quelques-uns de ces
» braves dragons volontaires de Baltimore, qui
» ont fait avec moi la campagne de Virginie.... »

Après cette réponse, et lorsqu'on lui eut présenté tous les membres de la municipalité, nous

nous rendîmes dans la principale rue de Baltimore, au centre de laquelle une estrade couverte et ornée de riches tapis, avait été élevée pour recevoir le général Lafayette et ceux qui l'accompagnaient. Ce fut de là que nous vîmes défiler les milices du Maryland, dont la tournure martiale révèle le caractère belliqueux des hommes de cette belle contrée. Toute cette troupe défila au bruit d'une musique guerrière qui jouait *la marche de Lafayette*. Parmi les corps nombreux qui passèrent sous nos yeux, on en fit remarquer un au général qui marchait serré sous un étendard en lambeaux. Ce corps était celui des carabiniers de Forsyth, et cet étendard était celui sous lequel mourut Pulawski devant Savannah.

[1] Pulawski, après avoir long-temps et inutilement combattu pour la liberté de la Pologne, sa patrie, ne l'abandonna que lorsque la cause de l'indépendance fut tout-à-fait désespérée, et pour chercher des lieux où il pût encore verser son sang pour les principes qu'il avait défendus jusqu'alors. La Virginie et le Maryland étaient complétement dévastés par la guerre, lorsqu'en 1778 il organisa une légion à Baltimore. Les arts n'étaient plus cultivés, et toute l'activité des citoyens se portait vers la guerre; il était difficile de procurer à la nouvelle légion un drapeau

---

[1] *American Biography.*

brillant : on fut donc obligé d'avoir recours aux couleurs les plus simples. Une pièce de soie cramoisie, à grand'peine obtenue, fut brodée par les religieuses moraves de Bethlehem, en Pensylvanie. Sur un côté étaient les lettres U. S. (*united states*), et les mots : *Unita virtus fortior;* de l'autre était un ciel éclairé de treize étoiles, avec cette légende : *Non alius reget.* Tel fut ce drapeau de Pulawski, qui guida toujours dans le chemin de la gloire les guerriers auxquels il servait de ralliement. En 1778, le lieutenant colonel de cette légion tomba sous les baïonnettes anglaises, à Eggharbour, dans le New-Jersey; en 1779, le colonel, qui avait déjà commandé un régiment de hussards dans les armées du grand Frédéric, fut haché à coups de sabre devant Charlestown. Le 9 octobre de la même année, le général Pulawski, qui avait donné son nom à la légion, fut mortellement blessé d'un coup de mitraille, à l'attaque de Savannah. En 1780, le major fut sabré à Mark's-Corner. Le colonel Bentalou était alors le plus ancien officier survivant; il prit le commandement de la légion, et, à la fin de la guerre, il hérita de son drapeau, qu'il conserva avec soin. Depuis la révolution il ne l'avait point déployé, mais il pensa que l'arrivée de Lafayette était une occasion assez glorieuse pour le rendre à la lumière. Après la cérémonie il le déposa au Muséum, auquel il en fit cadeau, et où il fut reçu par les mains des dames de Baltimore.

Après la revue, on nous conduisit à notre quartier général que l'on avait établi dans l'élégant hôtel tenu par M. Barney, frère de l'intrépide commodore Barney, mort glorieusement à la tête de ses soldats de marine, au combat de Bladensbourg, en 1814. Le soir, les autorités municipales, les sénateurs et les membres de l'assemblée législative du Maryland, le gouverneur et son état-major vinrent dîner avec le général. A la fin du repas, les convives échangèrent de nombreux toasts qui, pour la plupart, renfermaient l'expression de leur attachement à la personne et aux principes de Lafayette, ou quelquefois, selon l'usage américain, celle de l'opinion de leur parti politique. M. Adams, encore ému par les scènes touchantes dont il avait été témoin le matin au fort Mac-Henry, porta le suivant, qui fut reçu au milieu des applaudissemens unanimes :

« Aux larmes de la gloire, de la reconnais-
» sance, et de la joie, sous la tente de Wa-
» shington. »

Chaque instant de notre séjour à Baltimore fut marqué par les fêtes les plus brillantes, les attentions les plus délicates. Il est difficile de se faire une juste idée de l'élégance et de la délicatesse des manières des habitans de cette ville, dans laquelle on trouve l'aimable réunion de la franchise américaine, et de l'aisance française. Le bal donné par la ville fut tout ce qu'il peut y avoir de plus parfait dans ce genre. Il avait été préparé dans la salle de spectacle, disposée avec un goût inimitable. Toutes les loges étaient remplies par les dames, et personne n'occupait le parquet. Nous y fûmes introduits par la scène, accompagnés seulement de quelques membres du comité ; au moment où le général parut, une musique invisible l'annonça en jouant *la marche de Lafayette*, et le gaz s'échappant avec abondance de ses nombreux conduits, et répandant tout à coup dans la salle les flots d'une lumière éclatante, découvrit à nos yeux étonnés le tableau le plus ravissant que j'aie jamais vu. L'éclat d'un parterre couvert des fleurs les plus belles, aurait pâli à côté de celui dont brillait cette foule de jolies femmes, agitant leurs mouchoirs, jetant des fleurs, et exprimant, par de douces larmes, le bonheur qu'elles éprouvaient en voyant l'hôte chéri de la nation. En un instant elles abandonnèrent leurs places, se précipitèrent au milieu de la salle, et entourèrent le général, qui demeura quelques minutes hors d'état de leur exprimer sa reconnaissance, tant il était ému. Enfin, les danses commencèrent et nous donnèrent l'occasion d'admirer, plus en détail, les grâces et la beauté des dames du Maryland.

Nous ne demeurâmes que cinq jours à Baltimore; mais le temps du général Lafayette y fut si habilement divisé, qu'il put répondre à presque toutes les invitations qui lui furent faites. Il assista successivement à la fête des francs-maçons, à celle des membres de la société de Cincinnatus, etc., etc. Chaque jour il reçut de nombreuses députations d'un grand nombre de villes, qui lui demandaient avec instance qu'il voulût bien les visiter. Il parcourut les divers établissemens publics de Baltimore, et assista le dimanche au service divin célébré par l'évêque. — La messe en musique fut admirablement chantée par les dames et demoiselles de Baltimore, sous la direction de M. Gilles, excellent professeur, qui, depuis quelques années, a répandu dans cette ville le goût de la bonne musique, et y a formé un grand nombre d'élèves distingués. Le même jour, le corps d'officiers des milices fut présenté par le général Harper, qui, à cette occasion, prononça un discours dont le passage suivant me parut tout-à-fait remarquable.

« Cet hommage libre de nos cœurs, dit-il,
» étranger à la flatterie et à l'ambition, vous est
» d'autant plus précieux, que vous savez bien
» qu'il est le témoignage d'une nation, en faveur
» de ces principes de gouvernement pour les-
» quels vous avez versé votre sang dans cet hémi-
» sphère, et tant souffert dans l'autre. Ce témoi-

» gnage ne sera peut-être point inutile à la cause
» sacrée que vous avez embrassée. Dans un mo-
» ment où l'Europe est divisée en deux partis,
» dont l'un s'efforce de perpétuer le pouvoir ab-
» solu, et l'autre combat courageusement pour
» l'égalité des droits et l'établissement du gou-
» vernement constitutionnel, ce sera, nous l'es-
» pérons, un grand encouragement pour les
» amis de la bonne cause d'apprendre qu'ici il
» n'y a point de division, et que la nation amé-
» ricaine est unanime dans ses sentimens d'atta-
» chement à la liberté. »

Le général Lafayette répondit à l'orateur, en l'assurant qu'il partageait ses opinions, ses vœux et ses espérances.

Les témoignages d'affection, publics ou privés, dont les citoyens de Baltimore comblèrent leur hôte, sont trop nombreux pour que j'entreprenne de les rapporter tous; cependant je ne puis m'empêcher de citer encore le fait suivant.

La veille de notre départ nous avions passé la soirée chez le général Smith; nous revenions à pied, accompagnés seulement de deux ou trois personnes. Malgré l'éclat des illuminations qui éclairaient notre marche sur les trottoirs de la grande rue, nous espérions pouvoir passer inconnus à travers la foule qui était nombreuse; mais la taille du général Lafayette, et sa marche, nous trahirent: il fut reconnu par quelques promeneurs, et son nom volant de bouche, en bouche pressa en un instant la foule sur son passage. Cependant nous approchions de notre demeure, et déjà nous nous félicitions de n'avoir point été trop retardés, lorsque George Lafayette, se sentant vivement retenu par son habit, se retourna, et vit une jeune fille, belle comme le jour, les mains jointes, et s'écriant avec l'accent le plus touchant : « Ah! je vous supplie, faites que je puisse seule- » ment toucher ses vêtemens, et vous m'aurez » rendue heureuse..... » Le général Lafayette l'entendit, marcha vers elle, et lui tendit une main qu'elle saisit et baisa avec transport, après quoi elle se sauva en cachant dans son mouchoir ses larmes et sa rougeur..... Un pareil trait, surtout lorsqu'il n'est point isolé, en dit plus que l'historien le plus habile.

Les jours suivans nous visitâmes, dans presque tous ses détails, la ville de Baltimore. Elle me parut une des plus jolies villes de l'Union. Quoique ses rues soient toutes très-larges et régulièrement tracées, elle n'a cependant pas la monotonie de Philadelphie. Le sol sur lequel elle est assise a un mouvement d'ondulation qui donne à chaque quartier un caractère varié. De plusieurs points élevés de la ville l'œil peut embrasser non-seulement l'ensemble des constructions, mais encore une partie du port, les eaux brillantes de la Chesapeake, et les sombres forêts qui s'étendent au loin, et qui paraissent placées là comme des ombres propres à faire ressortir plus fortement le magique tableau d'une ville de soixante-cinq mille âmes, créée dans l'espace de moins d'un demi-siècle. Les habitans de Baltimore paraissent en général avoir un goût prononcé pour les beaux-arts. J'ai déjà dit que c'était à un Français qu'ils devaient leur supériorité marquée, dans la musique, sur toutes les autres villes de l'Union; c'est aussi à un Français qu'ils doivent le développement du beau en architecture. La plupart de leurs monumens publics ont été construits sur les plans de M. Godfroy, qui a long-temps vécu parmi eux. L'église unitarienne est un chef-d'œuvre d'élégance et de simplicité. Le monument élevé à la mémoire des citoyens morts en défendant Baltimore pendant la dernière guerre, est d'un style sévère et d'une belle exécution. La colonne érigée en l'honneur de Washington ressemble assez, par son élévation et sa forme, à notre colonne de la place Vendôme à Paris. Elle est en beau marbre blanc. Sa situation sur une petite colline fait qu'elle peut être vue de presque tous les points de la ville, et même d'une assez grande distance sur la baie.

Le port est sûr et commode; cependant il arrive quelquefois que pendant les hivers rigoureux il est obstrué par les glaces. Quoique éloigné de près de deux cents milles de la mer, il est très-fréquenté. Le grand nombre de rivières navigables qui se jettent dans la Chesapeake, font de Baltimore le centre d'un commerce intérieur très-actif. Néanmoins on remarque depuis quelques années une diminution assez sensible dans l'activité commerciale de Baltimore. Les causes en sont diversement expliquées ; mais on croit qu'elles disparaîtront bientôt, ou du moins qu'elles cesseront d'être aussi influentes, dès qu'on aura exécuté le beau projet de l'établissement d'une route en fer, qui ouvrira et facilitera de nouvelles communications avec l'Ohio.

Baltimore me paraît être une des villes dont le séjour doit offrir le plus d'agrémens. Ses habitans, quoique livrés avec ardeur à tous les genres d'industrie, ne sont cependant point étrangers aux études qui forment le goût et agrandissent le domaine de l'esprit. On y trouve plusieurs sociétés savantes : l'une d'elles, sous le nom de *Société newtonienne du Maryland*, formée en 1818, encourage avec ardeur les études d'histoire naturelle. L'*Association économique* a été fondée en 1819 dans le but d'encourager les manufactures et l'économie domestique. La société d'agriculture n'est pas moins remarquable que les autres, par les services qu'elle rend et par le mérite des hommes qui la composent. Avant notre départ, nous avons eu tous trois l'honneur d'être nommés membres honoraires de cette société. Les cabinets d'anatomie de MM. Chiappi et Gibson, le musée d'histoire naturelle et la galerie de peinture de M. Peale, et le cabinet de minéralogie de M. Gilmor, sont de belles collections d'amateurs. La bibliothéque de la ville se compose d'environ quatorze mille volumes, et est entièrement à la disposition du public. Ce qui achève d'ajouter un grand charme aux avantages que la ville de Baltimore renferme en elle-même, est le voisinage de Washington, siége du gouvernement central, qui n'en est qu'à quinze lieues, et qui, pendant les sessions du congrès, offre un grand attrait aux personnes qui veulent suivre avec fruit les débats politiques. Cependant, à Baltimore comme dans toute la Nouvelle-Angleterre, le dimanche y est un peu triste, les pratiques religieuses austères, mais la liberté des cultes absolue. Douze sectes au moins se partagent la ville; la plus nombreuse est celle des catholiques, et quoiqu'elle ait pour elle la force numérique, elle est cependant aussi douce, aussi tolérante, aussi charitable que les autres, parce qu'elle sait bien qu'elle ne trouverait auprès de l'autorité aucun appui, si elle voulait intriguer et dominer comme dans quelques parties de l'Europe.

Cette ville si belle et si intéressante n'était cependant, il y a quarante-cinq ans, qu'un assemblage de quelques maisons assez mal bâties; en

1790, sa population s'éleva tout à coup à treize mille cinq cent trois habitans. De nouveaux recensemens en trouvèrent vingt-six mille cinq cent quatorze en 1800; trente-cinq mille cinq cent quatre-vingt-trois en 1810; soixante-cinq mille sept cent trente-huit en 1820; et aujourd'hui (1824) on en compte déjà plus de soixante-cinq mille, dont cinquante mille au moins appartiennent à la population blanche, et onze mille à la population libre, de couleur, les quatre mille autres ont encore le malheur d'être esclaves. Le nombre de ces derniers diminue heureusement chaque jour. Les progrès de la philanthropie et de l'intérêt bien entendu, quoique lents, sont cependant constans, et les amis de l'humanité ont droit d'espérer qu'avant quelques années les habitans de Baltimore finiront par se débarrasser de ce fléau de l'esclavage que l'on pourrait appeler honteux, si l'on ne savait que d'obstacles ils ont eu à surmonter jusqu'à présent pour répudier cet horrible héritage que l'Angleterre a légué aux États-Unis comme pour les punir d'avoir brisé son joug colonial.

Le luxe et les arts en s'introduisant au sein de la population baltimorienne, n'ont point amené avec eux la mollesse et la corruption que quelques hommes prétendent être leurs compagnes inséparables. La défense de Baltimore, pendant la derrière guerre, suffit pour prouver que ses habitans sont encore, comme aux jours de leur glorieuse révolution, amans passionnés de la liberté et défenseurs courageux de leur indépendance. Leur campagne de 1814 leur fait trop d'honneur, et plaide trop victorieusement en faveur du système des milices dans la guerre défensive, pour que je ne la retrace pas ici. J'en emprunte les détails à l'habile historien de la dernière guerre, M. Brackenridge.

« Lorsqu'on sut que Baltimore était menacée
» par les Anglais, tous les habitans de cette ville,
» sans distinction de sexe, d'âge ou de rang, se
» mirent à l'ouvrage; et, sous la direction du
» général Smith, creusèrent un large fossé et
» élevèrent un retranchement pour couvrir la
» partie du nord-est, seul point où la ville puisse
» être attaquée du côté de terre.

» L'arrivée d'un grand nombre de miliciens
» de Virginie et de Pensylvanie, et plus encore
» celle du commodore Rodgers à la tête de ses
» braves marins, redoublèrent l'ardeur des habi-
» tans de Baltimore. Rodgers occupa les batteries
» construites sur la colline qui domine la ville;
» le général Winder eut le commandement des
» troupes de ligne et d'une brigade de Virgi-
» niens; la milice et les volontaires de Baltimore
»˙ furent placés sous les ordres du général Stri-
» ker; enfin on confia le commandement supé-
» rieur de toutes les forces au général Smith, of-

» ficier du plus grand mérite, dont les services
» dataient de la guerre de la révolution.

» Les approches de la ville, du côté de l'eau,
» étaient défendus par le fort Mac-Henry, dont
» le major Armistead avait le commandement.
» La garnison de ce fort se composait d'une
» soixantaine d'artilleurs et de deux compagnies
» de gardes-côtes sous les ordres des capitaines
» Bunbury et Addison : on y ajouta trois com-
» pagnies de volontaires, dont l'une, commandée
» par Nicholson, chef de la justice à Baltimore,
» s'était offerte pour faire ce service pénible et
» dangereux. On envoya encore dans le fort un
» détachement de marins sous le lieutenant Red-
» man : enfin le général Winder détacha de sa
» division six cents soldats de ligne qui, sous les
» ordres du lieutenant-colonel Stewart, cam-
» pèrent en dehors des fortifications, de sorte
» qu'il y eut en tout un millier d'hommes char-
» gés spécialement de la défense de ce point im-
» portant.

» Deux batteries furent construites sur le Pa-
» tapsco, à la droite du fort Mac-Henry, pour
» empêcher l'ennemi de débarquer en arrière de
» la ville ; elles furent armées par des détache-
» mens de matelots : l'une d'elles, que l'on nom-
» mait fort Covington, fut confiée au lieutenant
» Newcomb, et l'autre, appelée batterie de la cité,
» au lieutenant Webster.

» Il était de la plus haute importance pour la
» sûreté de Baltimore qu'au cas où l'ennemi at-
» taquerait en même temps par terre et par eau,
» il fût simultanément repoussé des deux côtés;
» car si la marine anglaise parvenait à réduire au
» silence le fort Mac-Henry, rien ne s'opposerait
» plus à ce qu'elle vînt détruire la ville de fond
» en comble; et si c'était, au contraire, l'attaque
» de terre qui réussissait, dès lors le fort ne se-
» rait d'aucun secours, et même ne serait plus te-
» nable. C'était donc aussi bien à la défense du
» fort qu'à celle des retranchemens qui couvraient
» la ville, que devaient pourvoir les habitans, et
» ils devaient y être d'autant plus disposés qu'en
» outre des ordres dévastateurs de l'amiral Co-
» chrane, et des horreurs commises à Washing-
» ton et à Alexandrie, ils savaient bien que Balti-
» more était le point sur lequel les Anglais dési-
» raient le plus assouvir leur vengeance, à raison
» des nombreux et patriotiques efforts que cette
» ville n'avait cessé de faire, pendant toute la
» guerre, pour le soutien de la cause nationale.
» Il serait impossible de se former une idée juste
» de l'état d'anxiété dans lequel étaient plongées
» cinquante mille personnes de tout âge, de tout
» sexe, attendant la crise terrible d'où devait dé-
» pendre le salut ou la ruine de leur ville; anxiété
» d'autant plus grande, que dans le cas même
» d'une heureuse résistance, chaque famille avait

» encore à trembler sur le sort, sur la vie d'un
» parent, d'un ami ; car depuis l'adolescent
» jusqu'au vieillard, tous ceux qui pouvaient ma-
» nier un fusil se trouvaient dans les rangs de
» l'armée. Le comité de sûreté, composé d'hom-
» mes âgés, et des citoyens qui avaient le plus
» d'influence (parmi eux se trouvait le respec-
» table colonel Howard, l'un des héros de la
» révolution), mit la plus grande activité dans
» les préparatifs de défense, et ne négligea rien
» de ce qui pouvait prévenir ou diminuer les
» dangers de toutes sortes qui menaçaient la
» ville.

» Après que l'armée anglaise se fut rembar-
» quée, l'amiral Cochrane descendit le Patuxent,
» et ensuite ayant remonté la Chesapeake, il
» parut dans la matinée du 11 septembre à l'em-
» bouchure du Patapsco, qui n'est qu'à environ
» quatorze milles de Baltimore, ayant avec lui
» cinquante voiles, tant vaisseaux de guerre que
» de transport. Le jour suivant, six mille hommes
» de troupes, l'élite de l'armée qui avait servi en
» Espagne sous Wellington, débarquèrent com-
» mandés par le général Ross, et prirent de
» suite la route de la ville.

» Le général Striker avait réclamé pour la bri-
» gade qu'il commandait, et qui se composait en
» entier de la milice de Baltimore, l'honneur
» d'engager l'ennemi la première, et cette juste

» demande ayant été accueillie, il s'était mis en
» route dès le 11 septembre pour se rendre à
» Northpoint, ayant avec lui trois mille hommes
» effectifs; dans ce nombre étaient compris cent
» cinquante cavaliers commandés par le lieute-
» nant-colonel Biais, plus soixante-quinze canon-
» niers qui avaient avec eux six pièces de quatre,
» et étaient sous les ordres du colonel Montgom-
» mery, procureur-général de l'état de Mary-
» land. Quelques troupes légères de la brigade
» de Stansbury, et les volontaires de Pensylvanie
» allèrent prendre poste à l'embouchure du Bear-
» creek, afin de coopérer avec le général Striker,
» et de s'opposer à tout débarquement que l'en-
» nemi tenterait sur ce point.

» Striker arriva à six heures du soir à une
» chapelle située près de la source du Bear-
» creek, à environ sept milles de la ville. Toute
» la troupe s'arrêta là pour la nuit, à l'exception
» de la cavalerie qui poussa jusqu'à la ferme
» Gorsuch, trois milles plus loin, et des tirail-
» leurs qui prirent poste deux milles en avant
» du camp.

» Le lendemain, 12 septembre, à sept heures
» du matin, on sut par les vedettes que l'ennemi
» avait débarqué en dedans de la rivière Patapsco;
» aussitôt le général Striker s'avança jusqu'au
» chemin de Longlog; là, il s'arrêta et disposa
» ses troupes de la manière suivante : Le 5e. ré-

» giment fut placé à la gauche de la grande
» route, ayant sa droite appuyée à l'une des bran-
» ches du Bearcreek ; de l'autre côté de la grande
» route, le 27°. se rangea en bataille, de manière
» à former une ligne droite avec le 5°. ; l'artil-
» lerie prit place entre ces deux régimens ; le 30°.
» et le 51°. régimens se formèrent cent cinquante
» toises en arrière de la première ligne ; enfin,
» le 3°. régiment resta un demi-mille plus loin
» pour servir de corps de réserve, et se porter
» partout où besoin serait. Le général, après
» cette disposition judicieuse de ses troupes, ré-
» solut d'attendre l'ennemi où il se trouvait, et
» il eut soin de prévenir d'avance les deux régi-
» mens qui formaient la première ligne, que,
» dans le cas où ils seraient forcés de battre en
» retraite, ils devaient passer dans l'espace qui se
» trouvait entre le 51°. et le 39°. régimens, et aller
» se former à la droite et à la gauche du corps de
» réserve.

» Le général ne tarda pas à apprendre que les
» Anglais avançaient rapidement en suivant la
» grande route, et au moment où il s'attendait
» que leur approche allait lui être annoncée par
» la mousqueterie des tirailleurs qu'il avait placés
» en avant à cet effet, ce corps revint précipi-
» tamment sur la brigade, trompé par une fausse
» alerte, et croyant que l'ennemi était débarqué
» sur Back-River, avec l'intention de le couper.

» Une partie du plan général se trouvant ainsi
» manquée, il plaça les tirailleurs sur la droite de
» sa première ligne.

» Les vedettes ayant peu après apporté la
» nouvelle qu'un parti avancé de l'ennemi était
» déjà à la ferme Gorsuch, et ne paraissait nul-
» lement sur ses gardes, plusieurs officiers offri-
» rent d'aller le déloger; et en effet, les com-
» pagnies des capitaines Levering et Howard, et
» une soixantaine de tirailleurs, commandés par
» le major Heath, se mirent aussitôt en marche,
» soutenus par la cavalerie et par une petite pièce
» de canon, pour aller châtier l'insolence de ces
» maraudeurs ennemis. Cette petite troupe avait
» à peine fait un demi-mille, qu'elle rencontra
» l'armée anglaise; un engagement assez vif com-
» mença aussitôt; le major Heath eut son cheval
» abattu sous lui, et plusieurs Américains furent
» tués ou blessés, mais non sans vengeance, car
» le commandant en chef des forces anglaises,
» le général Ross, reçut lui-même un coup
» mortel. Il paraît que cet officier s'était im-
» prudemment avancé pour reconnaître la po-
» sition des Américains, et qu'il fut tué par
» l'un des hommes de la compagnie Howard.
» Après la mort de Ross, le colonel Brook,
» qui lui succéda dans le commandement, con-
» tinua sa marche en avant, de sorte que le
» détachement américain fut obligé de se re-

» plier. Quand il eut rejoint le général Striker,
» celui-ci pensant, avec raison, que les hommes
» qui le composaient étaient trop fatigués pour
» prendre part à l'action qui allait avoir lieu,
» leur donna l'ordre de se retirer sur le corps de
» réserve, ordre auquel le capitaine Howard, fils
» du brave vétéran dont nous avons parlé plus
» haut, demanda de ne point obéir, voulant
» partager tous les dangers de ses compatriotes.

» A deux heures et demie l'ennemi commença
» à lancer des fusées incendiaires qui heureuse-
» ment produisirent peu d'effet. Le capitaine
» Montgommery fit immédiatement jouer toute
» son artillerie, et les Anglais lui ripostèrent
» avec une pièce de six et un obusier qu'ils diri-
» gèrent principalement contre le centre et la
» gauche des Américains. Le feu devint très-vif
» de part et d'autre, mais Striker fit cesser le sien,
» ne voulant pas qu'on tirât que quand l'ennemi
» serait à portée de la mitraille; et s'apercevant
» que tous les efforts des Anglais se dirigeaient
» contre son aile gauche, il fit reculer le 27e.
» régiment jusqu'à ce qu'il fût en ligne avec
» le 39e., et fit avancer deux pièces de canon de
» ce côté. Pour rendre encore plus fort ce point
» important, il ordonna au colonel Amey, du
» 51e. régiment, de venir se former en angle
» droit sur la gauche de la ligne, en appuyant
» son extrême droite au 39e. régiment. Ce mou-

» vement fut mal exécuté, et occasiona quel-
» que confusion dans cette partie : mais néan-
» moins l'ordre ne tarda pas à se rétablir, grâces
» aux soins du major Stevenson, aide-de-camp
» du général, et des majors de brigade Calhoun
» et Fraily.

» A peine ces arrangemens étaient-ils terminés
» que l'ennemi déploya sa colonne de droite, et se
» porta vivement contre les 27e. et 39e. régimens,
» et le 59e. qui devait les soutenir, après avoir
» tiré quelques coups de fusils, saisi d'une terreur
» panique, se mit à fuir dans un tel désordre
» qu'il fut impossible de le rallier, et qu'il en-
» traîna dans sa fuite le second bataillon du 39e.
» Néanmoins, le choc des Anglais fut reçu par les
» troupes restantes avec la plus grande intrépidité,
» et elles ne perdirent pas un pouce de terrain.
» Le feu pour lors devint général d'un bout à
» l'autre de la ligne. L'artillerie américaine, ser-
» vie avec la plus grande activité, foudroya la co-
» lonne de gauche de l'ennemi ; cette colonne
» ayant déjà éprouvé une énorme perte, essaya
» de se mettre à l'abri derrière des constructions
» en bois qui se trouvaient là ; mais ces con-
» structions, auxquelles le capitaine Sadtler,
» qui les avait récemment occupées, avait mis
» le feu, ne tardèrent pas à devenir la proie
» des flammes. A trois heures dix minutes,
» les Anglais chargèrent avec impétuosité sur

» les 5e. et 27e. régimens; cette charge ne produisit aucun effet; les Américains tinrent bon, quoiqu'ils eussent affaire à des forces quadruples des leurs; car il est bon de remarquer que, par la fuite du 59e. et d'une partie du 39e., le général Striker n'avait plus qu'environ quatorze cents hommes à opposer à toute l'armée anglaise. Le combat se prolongea jusqu'à quatre heures moins un quart, sans que les Américains eussent éprouvé le moindre désavantage; mais le général Striker s'apercevant que l'ennemi, au moyen de sa supériorité numérique, se disposait à tourner sa position, crut devoir se replier en bon ordre sur son corps de réserve qui n'avait point encore donné. Après sa jonction avec ce corps, il forma de nouveau sa ligne de bataille, et attendit quelque temps ce que le commandant ennemi allait faire; mais celui-ci ne paraissant pas vouloir renouveler le combat, Striker se remit en marche, et revint prendre poste à la gauche et à un demi-mille environ des retranchemens qui couvraient Baltimore; il fut rejoint peu après dans ce lieu par le général Winder, qui d'abord avait été stationné dans la partie occidentale de la ville, mais avait ensuite reçu l'ordre de venir se ranger à la gauche de Striker avec la brigade de Virginie et une compagnie de dragons.

» Toute la brigade de Baltimore, à l'excep-

» tion du 51e. régiment et du deuxième batail-
» lon du 39e., emportés par un mouvement
» d'effroi si pardonnable à des troupes neuves
» qui n'avaient jamais vu le feu, fut digne
» des plus grands éloges; d'anciens soldats n'au-
» raient pu faire mieux que ces citoyens ras-
» semblés à la hâte; leur perte monta à cent
» soixante-trois hommes, tant tués que blessés,
» le huitième environ des troupes qui donnè-
» rent. L'adjudant James Lowry Donaldson, du
» 27e., jurisconsulte très-distingué, fut tué
» au plus chaud de la mêlée; les majors Heath
» et Moor, ainsi que plusieurs autres officiers,
» furent blessés. Les Anglais avouèrent une perte
» presque double de celle des Américains; et
» dans leur rapport officiel, ils estimèrent à six
» mille hommes le nombre de ceux qui leur
» avaient été opposés, tant la résistance qu'ils
» éprouvèrent fut opiniâtre et digne de citoyens
» combattant pour leurs intérêts les plus chers.

» Le général Striker se plut à rendre hommage
» à tous les officiers qui l'avaient si bravement
» secondé; il désigna par leurs noms ceux qui
» s'étaient particulièrement distingués, et il paya
» surtout un tribut d'éloges au capitaine Mont-
» gommery, qui, avec la faible artillerie qu'il
» commandait, avait su tenir constamment en
» échec toute l'armée anglaise.

» La nouvelle de la résistance que les Anglais

» avaient éprouvée, et de la mort du général
» Ross, inspira la plus vive ardeur aux troupes
» chargées de la défense des retranchemens :
» elles se rendirent gaîment aux différens postes
» qui leur avaient été assignés, et passèrent toute
» la nuit sous les armes, prêtes à recevoir brave-
» ment ceux qui viendraient les attaquer.

» Le lendemain matin, l'armée anglaise parut
» à deux milles de distance, et put prendre une
» vue entière des lignes américaines; elle fit dans
» la matinée diverses manœuvres qui semblaient
» indiquer qu'elle voulait commencer l'attaque
» sur la droite, en approchant par les routes de
» Hartford et de York; mais les généraux Win-
» der et Striker, en suivant tous les mouvemens
» de l'ennemi, le forcèrent à abandonner son
» premier dessein, et à concentrer toutes ses
» forces à un mille environ du milieu des retran-
» chemens. Tout paraissait indiquer que l'atta-
» que aurait lieu le soir même, et en consé-
» quence le général Smith donna l'ordre aux
» brigades Winder et Striker de prendre posi-
» tion sur la droite des Anglais, pour les atta-
» quer en queue s'ils tentaient d'escalader les
» lignes, ou pour les troubler dans leur retraite
» si le lendemain matin ils croyaient devoir
» adopter ce dernier parti.

» Pendant que ces opérations avaient lieu, la
» flotte anglaise n'était pas restée inactive; aus-

» sitôt après qu'elle eut effectué le débarque-
» ment des troupes, elle se disposa à aller bom-
» barder le fort Mac-Henry; et le 13 septembre,
» à la pointe du jour, seize navires se présentè-
» rent à deux milles de ce fort. Le major Ar-
» mistead distribua tous ses gens dans les diffé-
» rentes batteries, et l'infanterie de ligne qui
» avait été détachée de la brigade Winder, resta
» dans le fossé extérieur, afin de repousser tout
» débarquement qui serait tenté par l'ennemi.
» Cinq galiotes à bombes commencèrent à tirer
» à deux milles environ de distance du fort, et
» voyant que leurs bombes portaient, elles
» mouillèrent, et firent un feu continuel, et
» d'autant plus terrible, qu'attendu leur éloi-
» gnement aucun canon du fort ne pouvait leur
» riposter. La situation de la garnison améri-
» caine, forcée de recevoir le feu ennemi, et
» dans une complète inaction, était affreuse. Un
» grand nombre de bombes éclatèrent sur le fort;
» une pièce de vingt-quatre du bastion sud-ouest
» fut démontée, et les éclats de son affût tuèrent
» le lieutenant qui commandait sur ce point, et
» blessèrent plusieurs canonniers. Cependant,
» dans cette position cruelle, pas un homme ne
» broncha, et tous restèrent aux postes qui leur
» avaient été assignés. Les navires s'étant un peu
» rapprochés, toutes les batteries du fort firent
» aussitôt un feu si vif, qu'ils se hâtèrent d'aller

» reprendre leur première position, d'où ils con-
» tinuèrent le bombardement pendant toute la
» journée du 13, et la nuit du 13 au 14.

» Baltimore, ainsi attaquée par terre et mer,
» était plongée dans un morne silence : les femmes
» et les infirmes, qui seuls étaient restés dans l'in-
» térieur de la ville, dévorés d'inquiétudes pour
» eux et plus encore pour les amis et les parens
» qui étaient aux mains avec l'ennemi, ne prirent,
» comme on peut le penser, aucun repos pendant
» cette nuit terrible, et vainement chercherait-on à
» peindre leur effroi, quand, vers minuit, ils
» entendirent le bruit d'une canonnade épouvan-
» table qui semblait venir d'un lieu plus voisin
» que le fort : chacun crut que l'ennemi avait dé-
» cidément la victoire, et que tout espoir de
» résistance était perdu; cependant on ne tarda
» pas à être tranquillisé, en apprenant que l'en-
» nemi, qui avait cherché à effectuer un débarque-
» ment entre le fort et la ville, avait été repoussé
» avec perte par les lieutenans Webster et New-
» comb, qui commandaient la batterie de la cité
» et le fort Cowington. Le matin suivant, les An-
» glais cessèrent leur feu, après avoir lancé plus de
» quinze cents bombes qui, pour la plupart, écla-
» tèrent en l'air, et couvrirent le fort Mac-Henry
» de leurs fragmens; néanmoins il n'y eut que
» quatre hommes tués, et vingt-quatre blessés;
» mais les bâtimens intérieurs du fort furent tous

» plus ou moins endommagés. Parmi les blessés
» se trouva le lieutenant Russel, avocat distingué
» de Baltimore : il avait reçu sa blessure au com-
» mencement de l'action ; mais malgré les dou-
» leurs qu'elle lui causait, il ne voulut point quit-
» ter son poste, et y resta jusqu'à la cessation du
» feu, donnant ainsi le plus noble exemple à ses
» frères d'armes.

» L'amiral Cochrane, dans la nuit du 13 au 14,
» avait eu une conférence avec le commandant des
» forces de terre, et tous deux ayant jugé impos-
» sible de s'emparer de Baltimore, ils se décidèrent
» à abandonner leur entreprise. Cependant on con-
» tinua toujours le bombardement afin de tromper
» les Américains, et pendant ce temps les troupes
» anglaises commencèrent leur retraite qui fut
» favorisée par une nuit excessivement obscure
» et par une pluie battante ; de sorte qu'on ne
» put, des lignes américaines, avoir aucune con-
» naissance de ce mouvement rétrograde. Dix
» mille hommes environ étaient rangés le long
» des retranchemens, et il est vraisemblable que,
» si l'attaque avait eu lieu, ils auraient fait repen-
» tir l'ennemi de son audace ; mais leur courage
» ne fut point mis à l'épreuve ; au lever du soleil,
» les Anglais avaient tous disparu ; le général
» Winder se mit immédiatement à leur poursuite,
» et il ramassa un bon nombre de traîneurs ; mais
» les autres troupes américaines qui avaient passé

» trois jours et trois nuits sous les armes, par
» une pluie continuelle, étaient trop harassées
» de fatigue pour qu'il leur fût possible de suivre
» l'armée anglaise, qui, en conséquence, ef-
» fectua sans obstacle son rembarquement. Le
» lendemain, toute la flotte de l'amiral Cochrane
» descendit la Chesapeake, et quitta les bords
» qu'elle s'était proposé de dévaster.

CHAPITRE XII.

ADIEUX DES HABITANS DE BALTIMORE A LAFAYETTE. — ROUTE DE BALTIMORE A WASHINGTON. — ENTRÉE DANS CETTE VILLE. — VISITE AU PRÉSIDENT. — DESCRIPTION DE WASHINGTON. — JÉSUITES.

Notre départ de Baltimore eut tout l'éclat de notre entrée dans cette ville, mais il ne fut point animé comme elle par les bruyantes acclamations de la joie publique. Toutes les troupes s'étaient réunies entre la ville et le fort Mac-Henry, pour y exécuter, en présence du général Lafayette, de grandes manœuvres, après lesquelles on nous offrit le dîner d'adieu sous une tente immense, de laquelle nous découvrions presque tous les points illustrés par la valeur américaine pendant la guerre de 1814. Pendant ce repas, auquel assistaient les généraux Smith, Harper, Striker, les colonels Howard, Carrol, Bentalou, et quelques autres vétérans de la liberté, on porta un grand nombre de toasts patriotiques, un entre autres au général Smith, dans lequel on lui paya le tribut d'éloge et de reconnaissance que lui a mérité sa belle conduite comme commandant en chef des troupes du Maryland, pendant la dernière guerre. La modestie avec laquelle le vieux guerrier reçut cette expression d'estime de ses concitoyens, nous prouva combien la liberté et les bonnes institutions inspirent aux hommes qui en jouissent, des sentimens généreux. Il se leva avec vivacité, et dans une courte allocution pleine de la chaleur de son âme, il reprocha à ses amis de concentrer leur reconnaissance sur lui seul, tandis que tant de braves y avaient plus de droits que lui-même. « Mes dispositions et mes ordres eussent été » sans effet, » s'écria-t-il, « si je n'avais eu des » hommes libres pour soldats, et si je n'avais » pas été aussi habilement secondé par mon » digne ami, le général Striker.... O mes conci- » toyens, cessez, cessez de ne louer que moi !.... » Vous ne voudriez pas qu'un républicain se » sauvât avec l'honneur d'une victoire qui nous » est commune à tous !.... »

Sur la fin du repas, un jeune officier demanda la permission de chanter quelques vers de sa composition. Ils étaient remplis de ces sentimens généreux qu'enfantent naturellement, au milieu des Américains, les noms magiques de liberté, de Washington et de Lafayette. Il les chanta avec une expression entraînante; mais lorsqu'il en vint à la fin, et qu'il prononça le nom de celui qu'il chantait, son émotion trahit sa voix, il ne put achever, et se précipitant sur la main de Lafayette, il la couvrit de ses larmes, et prit la fuite pour se soustraire aux éloges que méritaient son cœur et son esprit.

Le soleil, en se rapprochant de l'horizon, nous avertit que nous n'avions plus de temps à perdre, si nous voulions profiter de sa lumière pour commencer notre voyage; aussitôt nous quittâmes la table pour nous rendre à nos voitures, qui attendaient à quelque distance dans la plaine; mais la foule qui les entourait était si nombreuse que bientôt, malgré les soins des personnes qui nous conduisaient, nous fûmes tous trois séparés; le général et son fils furent, pour ainsi dire, emportés en triomphe sur les bras des citoyens, et je fus long-temps avant de pouvoir les rejoindre.

J'ai déjà dit que la journée était fort avancée, lorsque nous nous séparâmes des citoyens de Baltimore. La nuit nous surprit sur la route, et rendit la marche fort pénible pour notre escorte, qui depuis le matin avait été constamment sur pied. Cette considération, jointe au désir que l'on avait que le général Lafayette ne fît son entrée à Washington que de jour, détermina le comité d'arrangement à lui proposer de s'arrêter pour coucher en route. Le général accepta, et bientôt après nous arrivâmes devant une auberge dans laquelle on l'engagea à descendre. Mais comme nous allions mettre pied à terre, nous entendîmes un grand tumulte de voix confuses qui prononçaient avec colère le nom de *Waterloo*. Dans le même instant un officier de l'escorte se présenta à la portière, et apprit au général que l'auberge devant laquelle nous étions, portait le nom de *Waterloo*, et lui demanda s'il lui convenait de s'y loger. Le général répondit qu'il irait volontiers plus loin s'il ne craignait de causer trop de fatigue aux cavaliers ; mais ceux-ci affirmèrent qu'ils aimaient mieux crever leurs chevaux que de souffrir qu'il restât plus longtemps dans une maison dont le nom pouvait rappeler de fâcheux souvenirs à un Français, et aussitôt nous nous remîmes en route. Nos miliciens, furieux contre l'aubergiste, voulaient avant de partir renverser son enseigne, et ils l'eussent fait si leur chef ne les en eût empêchés en leur rappelant le droit sacré de propriété. Nous allâmes coucher à deux ou trois milles plus loin dans une excellente auberge, où on nous apprit comment un ancien *tory*, habitant de cette contrée, et encore tout pétri de son engouement pour les Anglais, avait loué cette maison à un pauvre aubergiste, à condition qu'il lui donnerait le nom de *Waterloo* : « Mais, » ajouta celui qui nous donnait ces détails, « tout le monde se » moque de lui, personne ne veut entrer dans cette » auberge ; il est obligé d'indemniser l'aubergiste ; » mais il est riche, et il y met de l'entêtement. »

Le lendemain 12 octobre, dès le matin, le capitaine Spring était à la tête de sa belle compagnie de cavaliers volontaires, rangée en bataille et prête à escorter le général Lafayette jusqu'à Washington. Le capitaine Spring était, il n'y a pas long-temps, gouverneur de l'état de Maryland, qu'il a administré pendant plusieurs années, de manière à se concilier l'estime et l'affection de tous ses concitoyens. En quittant son gouvernement pour rentrer dans la vie privée, il crut qu'il lui restait encore des devoirs à remplir envers sa patrie. Il organisa presque entièrement à ses frais une compagnie de cavalerie volontaire, lui donna pour instructeur un brave officier polonais, le colonel Leymanowsky, qui pendant vingt ans a combattu dans les rangs de l'armée française, et oubliant son ancienne élévation, il ne crut point déroger à sa dignité d'ex-gouverneur en revêtant le modeste uniforme de capitaine. On ne peut se défendre d'un sentiment de profond respect en voyant ce soldat patriote, entouré de ses cavaliers, qui presque tous sont cultivateurs du comté qu'il habite, s'occuper sans cesse de leur instruction militaire, des perfectionnemens de leur organisation, et surtout du développement de leurs sentimens patriotiques que ses discours et son exemple fortifient chaque jour davantage. Le capitaine Spring est aussi un père de famille tendre, un cultivateur actif et éclairé. A chaque pas, dans cet heureux pays, on trouve de semblables caractères.

Bientôt nous rencontrâmes la municipalité de Washington, les milices et le peuple qui venaient au-devant du général Lafayette; nous quittâmes alors nos voitures pour passer dans des calèches découvertes, et peu d'instants après nous entrâmes dans la capitale des États-Unis.

Déjà nous étions dans l'enceinte de la ville depuis une demi-heure, et cependant nos regards n'avaient pas encore rencontré une seule habitation. Tracé sur une échelle gigantesque, le plan de Washington ne peut être rempli avant un siècle. Il n'y a d'habité que l'intervalle qui sépare le Capitole du palais du président, et cet espace forme déjà une ville moyenne. Notre marche, depuis l'entrée de la ville jusqu'au Capitole, fut marquée par le bruit du canon, et souvent ralentie par la foule qui se pressait autour du cortége. Après avoir passé sous un arc de triomphe, nous entrâmes au Capitole, où le général Lafayette était attendu par toutes les autorités administratives de la ville. On le conduisit sur une galerie extérieure où le maire, en présence de tout le peuple assemblé sur la place, le harangua au nom de la ville. En sortant du Capitole, le cortége se remit en marche et nous conduisit lentement à travers la ville jusqu'au palais du président; la route était garnie par les jeunes gens des écoles, et par les nombreux corps de milices. Dans ce trajet nous passâmes sous les croisées de quelques ambassadeurs de la sainte alliance, pour lesquels, sans doute, un triomphe si beau, si pur et si simple, fut un phénomène qu'ils ne comprirent pas.

Nous arrivâmes devant le palais du président : c'est une maison très-simple, mais de fort bon goût. Elle est bâtie en pierre blanche très-dure ; elle n'a qu'un étage, et se termine en plateforme à l'italienne. Le rez-de-chaussée est un peu élevé au-dessus du sol, et on y arrive par un élégant péristyle ; la cour qui est devant la maison est formée par une belle grille en fer avec trois portes dont l'entrée n'est défendue ni par des gardes, ni par des huissiers, ni par d'insolens valets. La foule qui accompagnait le cortége s'arrêta devant la grille, et nous entrâmes dans le palais accompagnés seulement par le corps municipal. Un seul domestique nous ouvrit la porte principale, et nous fûmes de suite introduits dans le salon de réception. Il est assez vaste, de forme elliptique, décoré et tapissé avec une richesse et une sévérité de goût très-remarquable. Le président, placé à l'extrémité du grand diamètre du salon, sur un fauteuil qui ne se distinguait des autres siéges ni par sa forme, ni par son élévation, avait auprès de lui les quatre secrétaires d'état ; à sa droite et à sa gauche étaient rangés en demi-cercle les officiers généraux de l'armée

et de la marine, quelques sénateurs, et tous les chefs d'administration du gouvernement. Tous étaient, comme le président, vétus d'un simple habit bleu sans galons, sans broderies, sans décorations, sans tous ces ornemens puérils pour lesquels tant de niais font le pied de grue dans les antichambres des palais de l'Europe. Au moment où le général Lafayette entra, toute l'assemblée se leva, le président alla avec empressement à sa rencontre, l'embrassa avec toute la tendresse d'un frère, vint ensuite à nous, nous prit les mains avec une douce affection, et nous présenta tous trois individuellement à chacune des personnes qui étaient dans le salon, en commençant par les ministres. Après cette présentation officielle, le cercle se rompit, des groupes se formèrent, et des conversations particulières s'engagèrent sur divers points. Pendant ce temps, le président nous ayant réunis tous trois près de lui, s'adressa au général et lui dit : « Vous avez
» appris par ma dernière lettre combien je désirais vous posséder dans ma maison, vous et
» vos deux compagnons de voyage, pendant votre
» séjour dans cette ville; mais je suis obligé de
» renoncer à ce plaisir. Le peuple de Washington vous réclame ; il dit que vous êtes l'hôte de
» la nation, et que personne autre que lui-même
» n'a le droit de vous loger. J'ai dû céder aux
» vœux du peuple, et la municipalité vous a fait

» préparer un hôtel, a mis à votre disposition
» une voiture, enfin a pourvu à tous vos besoins.
» Il faut que vous acceptiez, mais j'espère que
» cela ne vous empêchera pas de considérer ma
» maison comme la vôtre. Vos couverts seront
» toujours mis à ma table, et je désire que toutes
» les fois que vous n'aurez point d'engagemens
» avec les citoyens, vous ne dîniez point ailleurs
» que chez moi. Pour ce soir, je sais que la mu-
» nicipalité vous attend à un banquet public,
» demain vous assisterez avec elle à un grand
» dîner que je donne aux principaux officiers du
» gouvernement, mais une fois ces cérémonies
» terminées, je ferai tout ce que je pourrai pour
» que vous soyez le plus souvent possible en fa-
» mille avec moi.... » Cette invitation était si
pressante et si cordiale, que le général Lafayette
n'hésita point à l'accepter, et joignit nos remercimens aux siens.

Le lendemain, en effet, nous vînmes dîner
chez le président; nous y trouvâmes déjà réunis,
les ministres, les autorités municipales, judiciai-
res et militaires. Avant de nous mettre à table,
M. Monroe nous présenta à sa femme, à ses deux
filles et à ses gendres. Nous trouvâmes dans toute
cette famille la même cordialité, la même simplicité que dans le chef suprême de la nation.
Madame Monroe, quoiqu'ayant passé cinquante
ans, peut encore être citée comme une femme

remarquablement belle. Son amabilité et son esprit ne permettent guère qu'on s'aperçoive de la légère influence que le temps a exercée sur son visage.

En nous mettant à table, je remarquai qu'une seule place était désignée; c'était celle du général Lafayette, que le président fit asseoir à sa droite. Les autres convives se placèrent au hasard, mais tous avec une modestie remarquable; chacun semblait s'efforcer de faire oublier l'élévation de son rang. Le hasard me plaça entre le secrétaire de la marine, M. Southard, et le major général du génie, M. Macomb. Ce dernier parle la langue française avec une grande facilité. Il eut la bonté pendant le dîner de répondre à toutes mes questions, et je lui en fis beaucoup, car tout ce dont j'étais témoin, me paraissait fort étrange, ou du moins fort différent de ce qui est en Europe. « Vous voyez ici, me dit-il, presque tous
» les principaux chefs de notre gouvernement,
» c'est-à-dire les *premiers serviteurs du peuple.*
» Ils sont peu nombreux, par conséquent plus
» faciles à surveiller. Le peuple n'en est que mieux
» servi, et il lui en coûte fort peu de chose, car
» de tous ces serviteurs il n'y en a pas un seul qui
» puisse songer à s'enrichir; leurs appointemens
» sont en général trop faibles pour exciter la
» cupidité; on pourrait même assurer que la plu-
» part d'entre eux, forcés de négliger leurs affaires

» personnelles pour les affaires publiques, quit-
» teront l'administration, moins riches qu'ils ne
» l'étaient en y entrant; mais un ample dédom-
» magement les attend à leur retour dans leurs
» foyers, c'est l'estime et la reconnaissance de
» leurs concitoyens s'ils ont fidèlement rempli
» leur mandat.... »

J'aurais bien voulu avoir quelques détails sur la plupart de ces hommes qu'ici le peuple appelle ses serviteurs, mais la conversation devint générale, et nous fûmes bientôt obligés de renoncer à notre entretien particulier. « A votre retour de
» York-Town, vous passerez probablement quel-
» que temps ici, me dit le général Macomb, alors
» vous pourrez étudier à votre aise, le caractère
» public et les habitudes domestiques de nos
» hommes d'état. Cette étude peut être d'un
» grand intérêt pour un Européen, et si je puis
» vous la rendre plus facile par quelques expli-
» cations dont vous auriez besoin, je vous les don-
» nerai avec plaisir. » J'acceptai avec empressement les offres du général Macomb, et je me promis bien de profiter de son bon conseil.

Les trois jours suivans, que nous passâmes à Washington, furent employés par le général à visiter la ville de George-Town, qui n'est séparée de la capitale des États-Unis que par un faible ruisseau, et qui lui fit aussi une brillante réception; à recevoir, chaque jour, un grand nombre de citoyens, et à passer quelques instans avec la famille de son paternel ami, le général Washington. Pour moi, je profitai de ces trois jours pour visiter la ville et ses monumens, et pour recueillir quelques notes sur le district de Colombie.

Quelque temps après que la liberté, le commerce et l'industrie eurent effacé les traces sanglantes de la guerre révolutionnaire, et rendu le calme à la grande famille américaine des États-Unis, le congrès pensa avec raison que chaque état en particulier ayant besoin de son entière indépendance, aucun d'eux ne pouvait s'accommoder plus long-temps de la présence du gouvernement central, qui lui-même avait besoin de se placer de manière à éviter toute influence de localité. En conséquence, il fit l'acquisition d'une petite portion de terres situées sur les limites du Maryland et de la Virginie, et vint y établir le siège de ses opérations en l'année 1800. Cette portion de terres, qui a dix milles carrés, et que traverse le fleuve Potomac, prit le nom de district de Colombie, et fut placée sous l'administration immédiate du congrès. Les deux villes les plus considérables du district de Colombie, sont George-Town et Alexandrie, toutes deux beaucoup plus anciennes que la formation du district. La première est fort joliment située sur le penchant d'une colline, entre le Potomac et le Rock-

Creek; sa population est d'environ sept mille âmes; elle renferme une fonderie de canons dont j'aurai plus tard occasion de parler; mais son commerce, quoique assez actif, est bien moins considérable que celui de la ville d'Alexandrie, située sept milles plus bas sur la rive droite du Potomac. La population de cette dernière ville est de huit mille âmes, et ses exportations, qui consistent principalement en farines, s'élèvent annuellement à près de neuf cent mille dollars. Quant à la cité de Washington, elle est, comme je l'ai déjà dit, tracée sur une trop grande échelle pour que ses treize mille habitans lui donnent l'aspect d'une ville. Sans ses monumens publics on la prendrait pour une colonie naissante, luttant contre les défrichemens. Dans quelques-uns de ses quartiers, il faut quelquefois plus de vingt minutes pour aller d'une habitation à une autre, et chemin faisant il n'est pas rare de rencontrer une charrue traçant péniblement un sillon, qui, probablement, portera encore, pendant un demi-siècle, des moissons au lieu de monumens. Les rues projetées sont toutes larges, droites, et parallèles les unes aux autres. Mais une des plus grandes fautes qui aient été commises en les traçant, c'est de n'avoir pas conservé de chaque côté une ligne d'arbres qui auraient mieux marqué les directions, et qui auraient offert un abri contre l'ardeur du soleil. Le plus beau monument de Washington-City est sans nul doute le Capitole. Il renferme deux salles spacieuses et fort bien disposées pour les séances de la chambre des représentans et du sénat; une autre pour les assemblées de la cour suprême des États-Unis, et une bibliothèque nationale. Le Capitole fut incendié, en 1814, par les Anglais, qui se conduisirent comme des Vandales, lorsqu'ils prirent Washington; mais aujourd'hui il est sorti de ses cendres, plus vaste et plus riche. On y travaillait encore lorsque je le visitai. L'arsenal de la marine, qui est situé non loin du Capitole, est un des plus beaux et des plus riches établissemens de ce genre. Tous les travaux en bois et en fer s'y exécutent par des machines mises en mouvement par la vapeur. J'y vis plusieurs grandes frégates en construction. Les salles d'armes me parurent abondamment pourvues. On m'y fit remarquer des fusils destinés à la défense des retranchemens; ils se composent de plusieurs canons liés en faisceaux au-dessus d'une seule platine, et peuvent tirer cinquante coups de suite sans être rechargés. Le commodore Tinger, qui commande dans l'arsenal, et qui en fait les honneurs avec une bonté qu'on ne saurait trop louer, m'avait promis de me faire faire l'essai d'un de ces fusils, mais le temps m'ayant manqué, je ne puis juger de leur utilité, que quelques officiers américains vantent beaucoup. Au milieu de la cour principale s'élève une colonne rostrale, qui fut élevée en l'honneur des marins américains, morts devant Alger en 18...

Construite en marbre blanc, et entourée de figures allégoriques, elle fut exécutée avec une grande habileté. Mais, en 1814, les Anglais, bassement jaloux de toute gloire étrangère, cherchèrent à la détruire; elle porte encore les nombreuses marques des coups de sabre dont ils l'ont frappée dans leur brutale fureur. Les Américains n'en ont effacé aucune, et ont à peine élevé la voix contre cet acte de vandalisme; mais ils ont gravé sur la base du monument, en gros caractère, cette phrase sévère : *Mutilé par les Anglais en* 1814. « (Mutilated by Britons.)»

Après le Capitole, le monument le plus remarquable est la maison du président. Les quatre grands corps de bâtimens qui l'entourent, et qui servent à l'administration des quatre ministères, sont commodes, vastes, et solidement bâtis, mais n'ont rien de remarquable par leur architecture. La maison-de-ville n'est point achevée, elle est même si peu avancée, qu'on ne peut encore juger de l'effet qu'elle produira comme monument. Quant au théâtre, c'est une petite bicoque dans laquelle trois ou quatre cents spectateurs ne peuvent se hasarder sans affronter le danger d'être étouffés.

Le collége de Colombie, fondé depuis peu de

temps, ne renferme encore qu'un très-petit nombre d'élèves. Le choix du directeur et des professeurs lui présage un brillant avenir; mais il a une concurrence redoutable dans le voisinage du collége de George-Town. Cet établissement, que nous visitâmes le lendemain de notre arrivée à Washington, et dans lequel le général Lafayette fut reçu avec de grands témoignages de reconnaissance et de patriotisme, est dirigé par des jésuites. Lorsque je vis les révérends en costume de l'ordre, je ne pus me défendre d'abord d'un sentiment pénible. Tous les méfaits que l'on reproche à la société des jésuites, en Europe, se présentèrent en masse à mon imagination effrayée, et je déplorai l'aveuglement des Américains qui confient l'éducation de leurs enfans à une secte aussi ennemie de toute liberté. En rentrant à Washington, je ne pus m'empêcher de communiquer mes réflexions et mes craintes à M. Cambreling, jeune représentant de l'état de New-York, avec lequel je passai la soirée. Il m'écouta d'abord en souriant; mais lorsqu'il m'entendit exprimer le vœu que tous les jésuites fussent, dans tous les pays, rigoureusement repoussés de l'instruction publique, il secoua la tête d'un air de désapprobation. « Cette » mesure, » me dit-il, « ne sera jamais prise chez » nous; je l'espère, du moins; elle serait, selon » moi, contraire à l'esprit de liberté qui nous » anime; elle serait injuste à l'égard des jésuites,

» dont nous n'avons nullement à nous plaindre;
» et je ne connais d'ailleurs aucun pouvoir dans
» notre société qui soit en droit de prescrire cette
» mesure. » — « Il est possible que vous n'ayez
» point sujet de vous plaindre des jésuites, par-
» ce que chez vous ils sont encore peu nombreux,
» et qu'ils ne sont point encore arrivés au pou-
» voir, mais patience..... Voyez ce qui se passe
» en Europe, et tremblez ! » — « Ce qui se
» passe en Europe ne peut jamais avoir lieu chez
» nous, tant que nous serons assez sages pour ne
» point changer nos institutions ; tant que nous
» n'aurons *ni roi, ni religion de l'état, ni mono-*
» *pole*, nous n'aurons à redouter ni les intrigues,
» ni l'influence d'aucune *association*. Ici, près
» de qui les jésuites intrigueraient-ils ? auprès du
» gouvernement? mais chez nous le gouverne-
» ment, c'est le peuple. Or, je conçois bien que
» les jésuites, en Europe, s'emparent, à force
» d'intrigues, de l'oreille d'un roi, et remplissent
» son âme de terreurs religieuses, à l'aide des-
» quelles ils lui arrachent richesses, honneurs,
» pouvoir, etc. ; mais, de bonne foi, croyez-vous
» que malgré la ruse et l'adresse que vous leur
» supposez, vos jésuites parviennent jamais à
» persuader une nation entière, libre et éclairée,
» de se dépouiller pour eux, de se livrer à eux
» poings et pieds liés? jamais ! D'ailleurs, quelle
» serait la voix qu'ils élèveraient pour se faire en-

» tendre et pour persuader? » — « L'instruction
» publique. » — « Mais pour que l'instruction
» publique leur fût un moyen efficace d'action, il
» faudrait qu'elle fût leur monopole; or, grâces
» à la sagesse de nos institutions, nous n'avons
» de monopoles d'aucun genre; nous ne gémis-
» sons pas comme vous sous le joug de plomb
» d'une université privilégiée. Chez nous, chaque
» père de famille est seul juge de la manière dont
» il lui convient de faire élever et instruire ses
» enfans, et de là, concurrence entre tous ceux
» qui veulent se livrer à l'exercice de l'instruction
» publique; concurrence qui ne se soutient que
» par un sincère attachement à nos institutions,
» un profond respect pour les lois qui sont notre
» ouvrage, et la pratique de toutes les vertus qui
» font le bon citoyen. Les jésuites eux-mêmes
» sont obligés de remplir ces conditions pour ob-
» tenir la confiance du public, et ils l'obtiennent :
» tant qu'ils la mériteront, je ne vois pas de quel
» droit on viendrait les priver de l'exercice d'un
» droit qui nous est commun à tous; et si un
» jour ils s'en rendaient indignes, l'opinion pu-
» blique en ferait justice...... » — « Hé! mon
» Dieu, m'écriai-je, chez nous aussi l'opinion pu-
» blique pourrait en faire justice, mais l'opinion
» publique ne peut les chasser, ni de l'université,
» ni des conseils du prince, ni des riches établis-
» semens qu'ils ont fondés, ni des emplois qu'ils

» ont envahis. » — « Hé bien! reprit froidement mon jeune représentant, « *n'ayez pas de* » *tout cela*, et vos jésuites alors ne seront pas » plus dangereux que les nôtres. »

CHAPITRE XIII.

DÉPART POUR YORK-TOWN. — TOMBEAU DE WASHINGTON — CÉLÉBRATION DE L'ANNIVERSAIRE DE LA PRISE DE YORK-TOWN. — DÉTAILS DU SIÉGE DE CETTE VILLE EN 1781.

Les milices de la Virginie avaient depuis longtemps fait témoigner au général Lafayette le désir qu'elles avaient de célébrer avec lui le jour anniversaire de la prise de York-Town, sur le terrain même qui avait vu s'accomplir ce grand événement qui, en terminant la guerre révolutionnaire, assure à jamais l'indépendance des Etats-Unis. Pour se rendre à cette honorable invitation, le général quitta Washington, le 16 octobre; passa le Potomac sur un pont de plus d'un mille de long, et fut reçu sur la rive virginienne par un corps de troupes sous les ordres du général Jones. Sa marche jusqu'à Alexandrie, et son entrée dans cette ville, furent marquées par le bruit continuel de l'artillerie placée sur sa route, et par les acclamations du peuple qui l'accompagnait. Nous dînâmes et couchâmes à Alexandrie. Ce fut au moment où nous allions nous mettre à table avec tous les magistrats et

un grand nombre de citoyens, que le secrétaire d'état, M. Adams, nous apprit la mort du roi de France, Louis XVIII.

Le 17, nous nous embarquâmes sur le bateau à vapeur, *le Pétersbourg*, ayant à notre bord le ministre de la guerre, M. Calhoun, les généraux Macomb, Jones, et un grand nombre d'autres officiers, ainsi que beaucoup de citoyens. Après deux heures de navigation, le canon du fort Washington nous annonça que nous approchions du dernier asile du fils aîné de la liberté américaine; à ce triste signal, auquel la musique qui nous accompagnait répondit par de plaintifs accens, nous montâmes sur le pont, et la terre de Montvernon s'offrit à nos regards; à cette vue, un mouvement involontaire et spontané nous fit fléchir le genou. Des chaloupes facilitèrent notre débarquement, et bientôt nous foulâmes le sol qu'avait si souvent foulé Washington; une voiture reçut le général Lafayette, et les autres voyageurs gravirent en silence le rapide sentier qui conduit à l'habitation solitaire de Montvernon. En rentrant sous ce toit hospitalier qui lui avait servi de refuge lorsque *les crimes de la terreur* l'arrachèrent violemment à sa patrie et à sa famille, George Lafayette sentit son cœur se briser en n'y retrouvant plus celui dont les soins paternels avaient adouci son infortune, celui dont l'exemple et les sages leçons avaient inspiré à sa jeune âme ces sentimens généreux qui, aujourd'hui, le rendent l'exemple des bons citoyens, le modèle des pères et des maris, le fils le plus dévoué, l'ami le plus sûr ; et son père y rechercha avec attendrissement tout ce qui lui rappelait le compagnon de ses glorieux travaux.

Trois neveux de Washington vinrent prendre le général, son fils et moi, pour nous conduire au tombeau de leur oncle ; nos nombreux compagnons de voyage rentrèrent dans la maison, et quelques minutes après, le canon du fort grondant de nouveau, annonça à toute la contrée que Lafayette rendait hommage aux cendres de Washington. Simple et modeste comme le fut pendant sa vie celui qui y repose après sa mort, le tombeau du héros citoyen est à peine aperçu à travers les noirs cyprès qui l'environnent. Un tertre un peu élevé et recouvert de gazon, une porte en bois sans inscriptions, quelques guirlandes déjà séchées et d'autres encore vertes, indiquent au voyageur qui visite ces lieux, la place où repose en paix celui dont le bras puissant brisa les fers de sa patrie. A notre approche la porte s'ouvrit, le général Lafayette descendit d'abord seul dans le caveau, et quelques minutes après reparut sur le seuil, le visage inondé de pleurs ; il nous prit par la main, son fils et moi, nous fit entrer avec lui, et d'un signe nous indiqua le cercueil de son paternel ami; il repose à côté de celle qui fut sa compagne pendant sa vie, et que la mort unit maintenant à lui pour jamais. Nous nous prosternâmes ensemble devant ce cercueil dont nous approchâmes respectueusement nos lèvres; en nous relevant, nous nous jetâmes dans les bras du général Lafayette, et nous mêlâmes nos larmes à ses regrets. . . . . .

En sortant du caveau, nous trouvâmes les trois neveux de Washington priant avec ardeur pour leur oncle, et mêlant à leurs prières le nom de Lafayette. L'un d'eux, M. Custis, offrit au général un anneau d'or renfermant des cheveux du grand homme, et nous reprîmes le chemin de la maison où nous attendaient nos compagnons de voyage. Une heure fut consacrée à visiter la maison et les jardins, qui sont maintenant la propriété d'un neveu de Washington portant son nom, et remplissant une des premières places de la magistrature américaine. Il n'a rien voulu changer à la propriété que lui a laissée cet oncle, à la mémoire duquel il rend le culte le plus plus respectueux et le plus tendre. M. George Lafayette m'assura que tout, dans la maison, était encore bien tel qu'il l'avait laissé il y a vingt-huit ans. Il retrouva, à la place où l'avait attachée Washington lui-même, la principale clef de la Bastille, que lui envoya Lafayette lors de la destruction de ce monument du despotisme. Le billet d'envoi est encore soigneusement conservé avec la clef.

La position de Montvernon sur la rive droite du Potomac est très-pittoresque et domine au loin le cours de ce fleuve majestueux. La maison, petite et très-simple, est entourée de beaux bois. Le tombeau est à deux cents pas de la maison.

Après quelques instans de repos nous reprîmes le sentier qui descend au rivage; notre marche était silencieuse; chacun de nous portait à la main une branche de cyprès coupée sur la tombe de Washington. Nous ressemblions à une famille désolée qui vient de rendre à la terre un père chéri récemment frappé par la mort. Déjà nous étions sur notre bord, déjà les flots rapides nous avaient emportés au loin, et cependant personne encore n'avait rompu le silence de la méditation..... Enfin Montvernon disparut derrière les bords sinueux et élevés du fleuve, chacun se rapprocha, se groupa sur l'arrière du navire, et écouta attentivement jusqu'au soir, Lafayette parlant de Washington.

Peu de temps après notre départ de Montvernon, nous rencontrâmes le bateau à vapeur, *le Potomac*, portant à son bord une compagnie de volontaires de Fredericksburg, commandée par le capitaine Crutchfield, et un grand nombre de passagers qui venaient au devant du général. Les deux bâtimens, après avoir échangé le salut, marchèrent ensemble pendant toute la nuit, et arrivèrent le lendemain à midi à l'embouchure de la rivière d'York, où ils trouvèrent cinq autres navires, avec lesquels ils remontèrent la rivière jusqu'à la ville de York-Town. Nous nous arrêtâmes un instant en face du point marqué pour notre débarquement, et, à un signal donné par l'artillerie placée sur le rivage, nous abordâmes à l'aide de chaloupes commandées par le brave capitaine Elliot, celui-là même qui contribua si puissamment à l'anéantissement de la marine anglaise sur le lac Érié, le 10 septembre 1813. Le général fut reçu à terre par le comité de York-Town, par le gouverneur de la Virginie et son conseil, le chef de la justice des États-Unis, M. John Marshall, et un grand nombre d'officiers de l'armée. Les bords supérieurs de la rivière étaient remplis d'une foule de dames venues de fort loin, et ses eaux offraient un coup d'œil tout-à-fait pittoresque par le nombre, la variété et la disposition des bâtimens dont elles étaient couvertes. Après avoir répondu aux harangues de M. Leigh, président du comité, et du gouverneur de l'état de Virginie, le général Lafayette fut conduit, au milieu des acclamations du peuple, au quartier général qu'on lui avait préparé. Il le trouva établi précisément dans la même maison que Cornwallis avait habitée pendant le siège de la ville, quarante-trois ans auparavant.

York-Town, qui ne s'est jamais relevée des désastres de la guerre révolutionnaire, parce que sa situation malsaine ne pouvait attirer de nouveaux habitans, nous parut, par son état actuel, très-propre à caractériser la fête à laquelle nous devions assister le lendemain. Des maisons en ruines, noircies par le feu, ou criblées de boulets; la terre couverte de débris d'armes, d'éclats de bombes et d'affûts renversés; des tentes groupées ou dispersées, selon la nature du terrain; de petits pelotons de soldats placés sur divers points; tout, en un mot, nous offrait l'image d'un camp assis à la hâte autour d'un village pris et occupé après un combat opiniâtre. La manière dont nous fûmes logés ajoutait encore à l'illusion du tableau : un seul lit avait été préparé, on l'offrit au général Lafayette, et tous ceux qui l'accompagnaient, officiers, généraux, gouverneur, ministre même, prirent place pêle-mêle sur des matelas ou sur la paille, dans les appartemens démeublés et à demi ouverts. Pendant toute la nuit, soixante officiers, formés en compagnie volontaire, veillèrent à la garde du quartier général, autour duquel ils bivouaquèrent.

Le 19, dès que le jour parut, le canon grondant dans la plaine nous arracha au sommeil,

et fit prendre les armes à toutes les troupes qui nous environnaient. Le général Lafayette, accompagné du comité d'arrangement, se rendit sous la tente de Washington, qui avait voyagé avec nous, et qui était dressée à quelque distance du quartier général ; là, il reçut les divers corps d'officiers des régimens qui nous environnaient. Pendant cette présentation nous fûmes témoins des scènes les plus attendrissantes. Deux vieux soldats révolutionnaires tombèrent évanouis en pressant la main de leur ancien général. Mais ce qui attira surtout l'attention des spectateurs, ce fut l'apparition du colonel Lewis, qui se présenta dans son costume de montagnard virginien, et qui demanda la permission de haranguer Lafayette au nom des citoyens de son comté. « Gé-
» néral, » lui dit-il, « les enfans des montagnes
» s'unissent de cœur à leurs frères de la plaine
» pour célébrer votre retour dans ce pays ; ils
» se réjouissent de ce qu'il vous a été donné d'ap-
» précier, après une absence de quarante ans,
» les heureux résultats du gouvernement du peu-
» ple par lui-même (*self government*), fondé
» sur les droits naturels de l'homme, droits que
» vous avez si noblement contribué à faire re-
» connaître. Lorsque, dans votre jeunesse, vous
» êtes venu volontairement à travers les monta-
» gnes écumeuses du profond Océan, combattre
» et verser votre sang pour l'indépendance de

» l'Amérique, vous étiez loin, sans doute, de
» prévoir d'aussi heureux résultats. Alors nous
» n'étions aux yeux de l'univers qu'une faible
» peuplade sous le rapport des ressources mili-
» taires, mais déjà dans nos cœurs brûlait l'a-
» mour sacré de la liberté! Nous avons osé com-
» battre, et grâces à Lafayette et à sa généreuse
» nation, nous avons vaincu!.... Maintenant,
» voyez!.... nous sommes dix millions d'habi-
» tans, nous avons abattu ces immenses forêts
» qui renfermaient dans leur sein l'homme sau-
» vage et la bête féroce, et à leur place nous
» cultivons des champs fertiles, nous élevons des
» villages qui bientôt se changent en riches cités.
» Notre pavillon de commerce flotte sur toutes
» les mers, et notre marine, maintenant triom-
» phante, sillonne le vaste Océan! Tel est l'in-
» fluence d'un gouvernement libre fondé sur des
» lois sages, humaines, et exécutées de bonne
» foi! Cependant, une triste pensée vient trou-
» bler le bonheur que nous goûtons en vous re-
» voyant. Nous craignons votre retour en Eu-
» rope; les despotes de cet hémisphère jalousent
» votre gloire toujours croissante, soutenue par
» des vertus qu'ils sont incapables de pratiquer,
» et leur politique ombrageuse peut encore vous
» enfermer dans les murailles de leurs donjons.
» Demeurez donc avec nous, Lafayette, demeu-
» rez avec nous! Dans chacune de nos maisons

» vous trouverez un foyer domestique ; dans cha-
» cun de nos cœurs vous trouverez un ami. Notre
» tendresse filiale charmera vos dernières an-
» nées ; et lorsqu'il plaira au Dieu puissant de la
» nature de vous rappeler dans son sein, vous
» vous présenterez à lui, couronné des bénédic-
» tions d'une nation libre et puissante, et nous
» placerons avec respect vos cendres à côté de
» celles de votre immortel père adoptif, et nous
» arroserons votre tombeau des larmes de la re-
» connaissance.

» Ce que j'ai dit, c'est au nom des enfans des
» montagnes. »

Aussitôt que le colonel Lewis eut achevé ce discours, vivement applaudi par les auditeurs, le général lui prit tendrement les mains dans les siennes, le remercia avec une douce affection, et le pria d'exprimer toute sa gratitude aux enfans des montagnes de la Virginie, dont il récapitula rapidement les bons et nombreux services qu'ils lui avaient rendus pendant la révolution.

A onze heures toutes les troupes se rapprochèrent du quartier général, près duquel elles se formèrent en colonnes, et quelques momens après elles se mirent en marche pour conduire le général Lafayette sous un arc de triomphe qu'on avait élevé sur l'emplacement même de la redoute anglaise dont il s'était emparé autre-

fois à la tête des troupes américaines qu'il commandait pendant le siége de York-Town. Sa marche eut lieu à travers une double haie de dames dont la joie vive et l'élégance de la parure contrastaient singulièrement avec l'appareil de guerre qui nous environnait. Il fut reçu sous l'arc de triomphe par le général Taylor, qui, après que les différens corps eurent occupé les places qui leur avaient été assignées, et que le silence se fut établi au milieu de la foule qui l'entourait, prit la parole, et, dans un discours éloquent, développa rapidement les motifs de l'enthousiasme et de la reconnaissance que les Américains éprouvaient pour Lafayette : « Ici,
» autour de nous, » dit-il, « tout nous parle du
» passé et réveille nos souvenirs. Ces plaines, sur
» lesquelles la pacifique charrue n'a point encore
» effacé les traces des travaux militaires ; ces rem-
» parts à demi renversés ; ce village en ruines au
» milieu duquel on reconnaît encore les gouffres
» creusés par les bombes, nous rappellent com-
» bien fut longue, cruelle et douteuse, cette lutte,
» de l'issue de laquelle dépendait l'émancipation
» de notre patrie.

» Là, sur cette petite éminence, la dernière
» scène de ce drame sanglant se termina par la
» prise d'une armée entière, et notre liberté fut
» assurée pour jamais. En présence de pareils
» souvenirs, comment contenir l'expression de

» notre reconnaissance pour le héros dont le cou-
» rage nous a assuré les bienfaits de la liberté.

» Le sol que nous foulons était alors une re-
» doute occupée par l'ennemi, et notre imagi-
» nation rapide nous rappelle aussitôt le jeune
» chef dont la valeur nous en rendit maîtres!
» Pouvons-nous donc être ici sans nous rappeler
» aussi que, supérieur aux préjugés qui alors
» maîtrisaient tous les esprits, même les plus
» généreux, il sut distinguer, dans la première
» résistance d'une obscure et lointaine colonie,
» le mouvement de cette puissance morale qui
» était destinée à donner une nouvelle direction
» et un nouveau caractère aux institutions poli-
» tiques, et à améliorer le sort de l'espèce hu-
» maine? Pouvons-nous oublier que, sourd aux
» séductions du pouvoir, de l'ambition et des
» plaisirs, il vint alors nous offrir, avec une noble
» prodigalité, son épée, sa fortune, et l'influence
» de son noble exemple?

» Et, lorsque dans le vieux guerrier qui se pré-
» sente à nous aujourd'hui, nous reconnaissons
» ce jeune chef, avec quelle vivacité notre mé-
» moire ne nous retrace-t-elle pas tous les évé-
» nemens de sa vie! Avec quel bonheur ne
» voyons-nous pas comment sa vie entière a réa-
» lisé les promesses de sa jeunesse! Dans les assem-
» blées politiques comme dans les camps, dans
» les palais des rois, comme dans leurs donjons,

» nous le retrouvons toujours animé du même
» esprit, du même courage ! Tantôt réprimant
» la licence de l'esprit populaire, tantôt s'oppo-
» sant aux extravagances du pouvoir, mais mar-
» chant toujours d'un pas ferme vers le but des
» efforts de toute sa vie, l'amélioration morale et
» politique du monde entier.

» Général ! dans les plus beaux jours de l'an-
» tiquité, ce n'était ni par l'appât de l'or, ni par
» l'ambition du pouvoir, que les hommes étaient
» excités aux entreprises généreuses; une simple
» branche de chêne ou de laurier était la récom-
» pense du vrai mérite ou des services éclatans;
» pour la mériter, l'homme d'état se livrait avec
» ardeur à la méditation, le guerrier prodiguait
» son sang, et l'éloquence faisait entendre ses plus
» sublimes accens. Cette récompense était ambi-
» tionnée par tous, mais la vertu seule l'obtenait.
» Cependant il était à craindre quelquefois qu'elle
» ne fût décernée trop légèrement par l'enthou-
» siasme des concitoyens pour des succès récens.

» Ici nous n'aurons point à redouter cet in-
» convénient; le temps, qui quelquefois ternit
» l'éclat d'une vertu ordinaire, a rendu la vôtre
» plus brillante; après qu'un demi-siècle s'est
» écoulé, votre triomphe est proclamé par les
» fils de ceux qui ont été témoins de vos ex-
» ploits.

» Daignez donc, général, accepter cette sim-

» ple, mais expressive offrande de leur recon-
» naissance et de leur admiration ; permettez que
» l'un de leurs chefs place sur votre front la
» seule couronne que vous ne dédaigniez pas de
» porter, l'emblème des vertus civiques et de la
» valeur guerrière. Vous ne vous offenserez pas,
» général, si nous avons mêlé à cette couronne
» quelques branches de cyprès; elles sont l'ex-
» pression de notre reconnaissance et de nos re-
» grets pour ces hommes courageux qui ont eu la
» gloire de partager vos dangers, mais qui ne
» devaient point avoir le bonheur d'assister à
» votre triomphe ; votre cœur se fût soulevé d'in-
» dignation contre nous, si, dans une occasion
» si solennelle, au milieu des acclamations de la
» joie qu'excite votre présence, nous les avions
» oubliés. »

Ici l'orateur s'avança vers le général Lafayette, lui posa la couronne sur la tête, et s'écria avec force, de manière à être entendu de toute l'assemblée :

« En présence des citoyens, défenseurs de la
» Virginie, et sur cette redoute, théâtre de sa
» valeur, j'offre à Lafayette cette couronne tressée
» pour un double triomphe ; dans les combats il
» fut un héros, et dans la vie civile, le bienfai-
» teur du monde! »

Le général Lafayette était profondément ému, et son émotion fut encore augmentée par l'enthousiasme avec lequel ces dernières paroles de l'orateur furent accueillies par la multitude. Cependant, toujours dominé par cette modestie qui le caractérise si fortement, il s'empressa d'arracher la couronne de dessus sa tête, et se tournant vers le colonel Fish, l'un des officiers qui l'avaient vaillamment secondé dans l'attaque de la redoute : « Tenez, » lui dit-il, « cette couronne » vous appartient aussi; gardez-la comme un dé- » pôt dont nous devons compte à tous nos ca- » marades; » puis, s'adressant au général Taylor, il lui adressa ses remercîmens.

« Je suis heureux, » lui dit-il, « de recevoir
» d'aussi honorables témoignages de l'amitié de
» mes anciens compagnons d'armes, dans ces lieux
» où les armes américaines et françaises ont été
» si glorieusement unies dans une sainte alliance
» en faveur de l'indépendance de l'Amérique, et
» des principes sacrés de la souveraineté du peu-
» ple. Je suis heureux aussi d'être accueilli de la
» sorte, sur la place même où mes chers cama-
» rades d'infanterie légère ont acquis un de leurs
» plus honorables droits à l'amour et à l'estime
» de leurs concitoyens. »

Il termina en payant un tribut de reconnaissance aux officiers qui avaient dirigé l'attaque de la redoute, et parmi eux il nomma Hamilton, Gimat, Laurens, Fish, et dit que c'était en leur nom, au nom de l'infanterie légère, et seulement en commun avec eux, qu'il acceptait la couronne qu'on venait de lui offrir.

Après cette cérémonie, toutes les troupes défilèrent devant lui, et nous rentrâmes en ville, où nous passâmes le reste de la journée au milieu des réjouissances de tout genre ; une circonstance assez piquante vint ajouter encore à l'intérêt de cette fête patriotique et militaire : j'ai déjà dit que le général Lafayette avait, en arrivant à York-Town, établi son quartier général dans la même maison où Cornwallis avait eu le sien quarante-trois ans auparavant ; quelques domestiques, en examinant les caves pour y placer convenablement les rafraîchissemens et les vivres, découvrirent dans un coin obscur une grande caisse; son poids et son air de vétusté piquèrent leur curiosité; ils l'ouvrirent, et, à leur grand étonnement, la trouvèrent remplie de bougies noircies par le temps. L'inscription qu'ils lurent sur le couvercle de la caisse leur apprit qu'elle avait fait partie des approvisionnemens de Cornwallis pendant le siége ; aussitôt ils publièrent cette découverte dans la maison, d'où elle se répandit rapidement dans le camp ; peu d'instans après toutes les bougies étaient enlevées, allumées, et placées en cercle au milieu du camp, où les dames vinrent danser, toute la soirée, avec les miliciens. Un bal dans York-Town, en 1824, à la lueur des bougies de Cornwallis, parut une chose si plaisante à tous nos vieux soldats révolutionnaires, que, malgré leur grand âge et la fatigue du jour, la plupart d'entre eux ne voulurent se retirer qu'après que les bougies furent entièrement consumées.

Quoique plus de la moitié de la nuit fût déjà écoulée lorsqu'il nous fut permis de prendre du repos, cependant le désir de parcourir et de visiter avec attention le terrain sur lequel l'indépendance américaine fut assurée par une éclatante victoire, ne me permit pas de rester long-temps dans les bras du sommeil; lorsque je m'éveillai, le jour paraissait à peine, et quand j'arrivai sur les ruines de l'ancienne enceinte de la ville, les premiers rayons du soleil encore à l'horizon me montrèrent le camp provisoire des milices déjà abandonné; je vis une partie des troupes qui se partageaient quelques navires qui s'apprêtaient à quitter le rivage, tandis que le bruit décroissant du tambour derrière la forêt qui commence à peu de distance de la ville, m'indiquait la route qu'avaient prise les détachemens qui regagnaient par terre leurs foyers. Quoique tout alors autour de moi m'offrît le tableau exact et piquant d'une scène de guerre, mon attention ne fut pas cependant long-temps détournée de mon but principal, et je me mis bientôt en devoir de reconnaître l'enceinte de la ville, les ouvrages extérieurs, et les positions des deux armées dont *la sainte alliance* avait fait triompher sur le continent américain l'indépendance d'une jeune nation et les droits de l'homme. Malgré la création de quelques jardins, et les inutiles efforts de la charrue pour fertiliser sur quelques points ce sol, qui n'offre presque partout qu'un sable stérile, je parvins assez facilement à retrouver le tracé de l'enceinte de la ville, qui décrivait un arc dont la corde était formée par la rivière d'York, qui, en cet endroit, est fort large et navigable même pour des frégates; mais j'eus beaucoup de peine à reconnaître les ouvrages extérieurs. Cependant, à l'aide d'une carte du siége, je poursuivais mes recherches, lorsque je remarquai un homme assis au pied d'une petite pyramide, et qui paraissait plongé dans une profonde méditation; sur cette pyramide étaient en gros caractère les noms de *Rochambeau*, *Viomesnil*, *Lauzun*, *Saint-Simon*, *Dumas* [1], enfin de tous les principaux officiers du corps français qui avait combattu et vaincu à York-Town. Pendant que je lisais et relisais avec une douce satisfaction ces noms glorieux qui rappelleront à la postérité la plus reculée la part honorable que prit la France dans la lutte de la

---

[1] Ce dernier est le même qui aujourd'hui tient une place honorable dans les rangs de l'opposition constitutionnelle. La carrière de Mathieu Dumas n'a pas cessé un seul instant d'être en harmonie avec son glorieux début.

liberté américaine contre la tyrannie anglaise, le vieillard se leva, je le saluai, et bientôt nous entrâmes en conversation sur les objets qui nous entouraient et qui paraissaient nous intéresser également tous deux. Il m'apprit qu'il avait fait, sous les ordres de Lafayette, la campagne de Virginie et le siége de York-Town; que, retiré depuis quarante ans dans une petite ferme éloignée seulement de quelques milles, il n'avait point encore passé un anniversaire de la prise d'York sans venir dans ces lieux payer son tribut de regrets à ses anciens camarades, et de reconnaissance à la nation française. « Puisque, » me dit-il, « vous
» paraissez prendre un si vif intérêt aux détails
» de cet événement, auquel j'ai eu le bonheur de
» prendre une part active, montons ensemble
» sur cette pointe de bastion restée debout au
» milieu de tant de ruines; de là nous pourrons
» embrasser d'un coup d'œil le plan des opéra-
» tions, et je pourrai mieux me faire compren-
» dre. » Après que le vieux soldat eut jeté autour de nous ses regards comme pour rassembler ses souvenirs, il me fit asseoir à côté de lui; nous tournions le dos à la ville, et devant nous se déroulait la plaine qu'occupa l'armée assiégeante. « Vous savez, » me dit-il, « comment Corn-
» wallis, après une campagne de six mois, fut
» amené par le jeune Lafayette, de poste en
» poste, à travers la Virginie, à s'enfermer dans

» York-Town, d'où il ne put sortir qu'en dépo-
» sant les armes. Je ne commencerai donc mon
» récit qu'à dater de l'époque où Lafayette, en
» s'établissant à Williamsburg, mit Cornwallis
» hors d'état de lui échapper.

» Dans les premiers jours de septembre, Corn-
» wallis avait cherché à reconnaître notre posi-
» tion; mais jugeant qu'il lui serait impossible
» de la forcer, et sachant que par mer toute re-
» traite lui était fermée par la flotte française
» commandée par M. de Grasse, il se résigna à
» courir les chances d'un siége, et se mit à se
» fortifier de son mieux; chacun de nous pensait
» que, profitant de l'enthousiasme qu'excitaient
» dans nos rangs nos derniers succès, Lafayette
» ne donnerait point à son adversaire le temps
» de se reconnaître, et nous mènerait sur-le-
» champ à une dernière victoire; mais le jeune
» général fit preuve, dans cette occasion, d'une
» modération peut-être plus admirable encore
» que son courage et ses talens; ni les prières de
» ses officiers qui le pressaient de ne point laisser
» échapper l'occasion de cueillir de nouveaux
» lauriers en portant le dernier coup à l'armée
» anglaise, ni les offres de M. l'amiral de Grasse
» qui, par M. de Saint-Simon, lui faisait pro-
» poser l'appui des garnisons et même d'une par-
» tie des matelots de ses trente-huit vaisseaux
» pour seconder ses efforts, ne purent le déter-

» miner à rien entreprendre avant l'arrivée de
» l'armée alliée commandée par Washington et
» Rochambeau. » « Lorsqu'il est question d'aussi
» grands intérêts, » leur dit-il, « je ne préférerai
» jamais une satisfaction d'amour-propre à la
» certitude d'un succès partagé; » et il attendit
» jusqu'à la fin avec une patience qui aurait
» étonné même dans un vieux capitaine. »

» Le 13, Washington et Rochambeau arrivèrent
» à notre camp, et se rendirent le 17 à bord de
» la *Ville de Paris*, pour s'y concerter avec M. de
» Grasse sur les moyens de faire concourir la
» flotte française au succès de l'entreprise. Toutes
» les forces combinées se trouvèrent réunies le 26,
» et le 28 nous marchâmes sur York-Town pour
» en faire l'investissement, ce qui eut lieu sans
» perdre un seul homme. Le corps français, com-
» mandé par Rochambeau, occupa l'espace entre
» le haut de la rivière et un marais qui est pres-
» que en face de nous, mais que vous ne pou-
» vez voir parce qu'il est masqué par quelques
» bois et des ravins à l'abri desquels on put, sans
» risques, resserrer l'ennemi jusqu'à portée de
» pistolet de ses ouvrages. Les grenadiers et les
» chasseurs de l'avant-garde de cette armée étaient
» commandés par Viomesnil. Le lendemain, l'ar-
» mée américaine passa ce même marais, y éta-
» blit sa gauche, et alla appuyer sa droite au bas
» de la rivière d'York. L'investissement de la place

» se trouva ainsi complet, et serré d'aussi près
» que possible. La légion de Lauzun, un corps
» de cavalerie, et une demi-brigade de milices
» américaines allèrent prendre position de l'autre
» côté de la rivière, à Glocester, où ils ne purent
» s'établir qu'après en avoir délogé Tarleton, qui
» s'y trouvait avec quatre cents chevaux et deux
» cents hommes d'infanterie.

» Pendant la nuit du 29 au 30, l'ennemi, crai-
» gnant d'être insulté par un coup de main dans
» la position très-étendue qu'il avait fortifiée, prit
» le parti d'abandonner son camp de *Pigeon-Hill*
» que vous voyez là devant vous, et de ne conser-
» ver que deux redoutes en dehors du corps de la
» place ; la journée du 30 fut employée à nous
» loger dans les ouvrages abandonnés par l'en-
» nemi, ce qui nous mit à portée de le resserrer
» dans un cercle moins étendu, et nous donnait
» les plus grands avantages. Dès cet instant nous
» ouvrîmes la tranchée, et une noble émulation
» s'établit entre nos braves alliés et nous. Quoi-
» que bien jeunes comme soldats, et sans expé-
» rience des opérations d'un siége, nous eûmes
» cependant la satisfaction de mériter les éloges
» des Français qui convinrent que, par notre zèle
» et notre intelligence, nous méritions d'être as-
» sociés à de vieilles troupes.

» MM. Duportail et de Querenet conduisaient
» les travaux à la tête des ingénieurs ; M. d'Aboville

» commandait l'artillerie française, et le général
» Knox l'artillerie américaine. Malgré le feu de
» l'ennemi, la tranchée marchait rapidement;
» dès le 9, trois batteries étaient déjà en état de
» jouer sur la place. Le général Washington mit
» lui-même le feu à la première pièce, et, à ce
» signal, nous commençâmes une canonnade fu-
» rieuse à laquelle l'ennemi répondit avec la plus
» grande vigueur. Le 10, des boulets rouges, par-
» tis d'une batterie française et dirigés sur une
» petite escadre anglaise stationnée sur la rivière,
» mirent le feu à un vaisseau de quarante-quatre
» canons et à deux autres navires plus petits. Cet
» incendie, qui commença le soir et se prolongea
» fort avant dans la nuit, offrit aux regards des
» assiégeans un spectacle terrible et magique. Les
» flammes dévorantes qui s'élançaient en hautes
» colonnes le long des mâts répandaient une lu-
» gubre clarté sur toutes nos batteries, et sem-
» blaient ne nous prêter leurs lumières que pour
» nous faciliter les moyens de nous entre-détruire.
» Ce combat de nuit ne cessa que lorsque l'incen-
» die, manquant d'alimens, nous rendit aux té-
» nèbres.

» Le 14, les Anglais ne possédaient plus d'ou-
» vrages extérieurs que deux grandes redoutes;
» l'une, sur l'emplacement de laquelle Lafayette
» reçut hier la couronne civique, était, comme
» vous le voyez, située ici à notre gauche près

» du bas de la rivière; l'autre était beaucoup plus
» à droite, précisément où s'élève cette pyramide
» au pied de laquelle nous nous sommes rencon-
» trés. Washington résolut alors de s'en emparer,
» et toute la journée du 14 et une partie de celle
» du 15 furent employées à les canonner pour dé-
» truire les abattis qui en défendaient les appro-
» ches, et pour faciliter l'attaque de vive force.
» Pendant tout le temps que dura cette canon-
» nade, Washington et Rochambeau, à pied, en-
» tourés de leurs officiers d'état-major, se tinrent le
» plus près possible des retranchemens ennemis
» pour mieux juger de l'effet de nos batteries, et se
» firent admirer de toute l'armée par leur froide
» intrépidité. Rochambeau, pour calmer l'ardeur
» impatiente de Viomesnil, qui prétendait qu'on
» brûlait inutilement de la poudre, et que le mo-
» ment de livrer l'assaut était déjà favorable, des-
» cendit seul dans le ravin qui le séparait de
» l'ennemi, monta tranquillement sur le revers
» opposé, entra dans les abattis jusqu'à portée
» de pistolet des batteries anglaises, et revint en-
» suite assurer froidement à Viomesnil que les
» abattis n'étaient point encore assez brisés, et
» qu'il fallait attendre au moins que le parapet
» fût un peu plus écrété, *afin que ses grenadiers*
» *fussent moins long-temps exposés.* Enfin, le
» feu de l'ennemi commença à se ralentir, et
» Washington jugea le moment favorable pour

» livrer l'assaut. Lafayette, à la tête de l'infan-
» terie légère américaine, fut chargé de l'attaque
» de la redoute de gauche des assiégés, et Vio-
» mesnil, à la tête des grenadiers français, de
» celle de droite. Lafayette pensa avec raison que,
» pour enlever avec de jeunes troupes des retran-
» chemens défendus par des soldats expérimen-
» tés, il ne fallait compter que sur l'audace et la
» rapidité de l'attaque ; en conséquence, il fit
» décharger toutes les armes de sa division, la
» forma en colonne, et la conduisit lui-même, l'é-
» pée à la main et au pas de course, à travers les
» abattis, et, malgré le feu de l'ennemi, pénétra
» dans la redoute dont il se rendit maître en
» quelques minutes. Ce brillant succès ne lui
» coûta que quelques hommes. Il envoya aussitôt
» son aide de camp Barber à Viomesnil pour le
» prévenir qu'il était dans sa redoute, et lui de-
» mander où il en était. L'aide de camp trouva
» le général français à la tête de sa colonne de
» grenadiers attendant patiemment, l'arme au
» bras et sous le feu terrible de l'ennemi, que ses
» sapeurs lui eussent préparé méthodiquement
» un chemin à travers les abattis. « Dites à La-
» fayette, » répondit Viomesnil, « que je ne suis
» point encore dans la mienne, mais que j'y serai
» dans cinq minutes ; » en effet, cinq minutes après
» sa troupe entra tambour battant et en aussi bon
» ordre qu'à une parade, dans les retranchemens

» anglais. Cette action fit briller dans tout leur
» éclat la discipline, le courage et le sang-froid
» des grenadiers français, mais leur coûta un
» nombre considérable de tués et de blessés. Dès
» que nous fûmes maîtres des deux redoutes, nous
» y établîmes de bons logemens qui furent liés à
» la deuxième parallèle, et on y construisit de
» nouvelles batteries qui achevèrent de cerner
» l'armée de Cornwallis, et de battre à ricochet
» tout l'intérieur de la place à une portée qui ne
» pouvait lui être que funeste.

» Pendant la nuit du 15 au 16, l'ennemi fit
» une sortie de six cents hommes de troupes d'é-
» lite, commandés par Abercrombie; il trouva de
» la résistance à toutes nos redoutes, mais il par-
» vint à tromper les postes français de la seconde
» parallèle en se présentant comme Américain,
» et, à l'aide de cette ruse, arriva à une batterie
» dont il encloua quatre pièces; aussitôt le che-
» valier de Chastellux arriva avec sa réserve et
» força les Anglais à une retraite précipitée.
» Grâces aux soins du général d'Aboville, com-
» mandant de l'artillerie française, les quatre
» pièces mal enclouées furent en état de recom-
» mencer le feu six heures après.

» Il paraît que cette sortie avait pour objet
» principal de dérober la retraite de Cornwallis
» et de son armée. En effet, nous apprîmes, peu
» de temps après, que le général anglais avait

» résolu de laisser ses malades et ses bagages dans
» la place, de traverser la rivière pendant la nuit,
» de tomber à l'improviste sur les troupes qui
» occupaient Glocester, et, après les avoir écra-
» sées, de se frayer un chemin par terre jusqu'à
» New-York; le projet était hardi et digne d'un
» homme comme Cornwallis. Déjà ses barques
» étaient prêtes, déjà même une partie de ses
» troupes étaient débarquées sur la rive opposée,
» lorsqu'une violente tempête s'élevant tout à
» coup, le mit dans l'impossibilité absolue de
» continuer son opération. Il s'estima fort heu-
» reux d'avoir pu faire rentrer ses troupes dans
» la place avant que le jour fût venu trahir son
» secret; il reconnut dès lors qu'il n'y avait plus
» pour lui d'espoir de salut, et le 17 il demanda
» à parlementer. Les négociations durèrent jus-
» qu'au 19; elles furent conduites par le colonel
» américain Laurens, dont le père était captif
» en Angleterre, et par le vicomte de Noailles.
» La capitulation portait que Cornwallis et son
» armée seraient prisonniers de guerre, que les
» troupes défileraient le fusil sur l'épaule, les
» drapeaux couverts, les tambours battant une
» marche anglaise ou allemande, et qu'elles
» viendraient déposer les armes sur les glacis,
» en présence des armées alliées. Cette capitula-
» tion fut ratifiée par les généraux en chef, et à
» midi des détachemens des troupes alliées oc-

» cupèrent les principaux postes. Lorsque les
» Anglais sortirent de la ville pour défiler devant
» nous, nous étions rangés sur deux lignes, les
» Américains à droite de la route, et les Français
» à gauche; à l'extrémité de ces deux lignes
» étaient tous nos officiers généraux; au milieu
» d'eux on reconnaissait facilement notre bien-
» aimé Washington, à sa taille élevée, et à son
» beau cheval de bataille qu'il maniait avec une
» grâce inimitable. Au moment où la tête de la
» colonne anglaise parut, tous les regards cher-
» chèrent Cornwallis; mais retenu par une in-
» disposition, il s'était fait représenter par le
» général Ohara. Celui-ci, soit erreur, soit cal-
» cul, vint présenter son épée au général Ro-
» chambeau, qui d'un signe lui indiqua le gé-
» néral Washington, en lui disant: « que l'armée
» française n'étant qu'auxiliaire, c'était du général
» américain qu'il devait recevoir les ordres, »
» Ohara parut piqué et s'avança vers Washington
» qui l'accueillit avec une noble générosité. Il
» était évident pour nous que les Anglais, dans
» leur malheur, étaient surtout désespérés d'être
» obligés de déposer les armes devant des Amé-
» ricains; car, officiers et soldats, affectaient de
» tourner la tête vers la ligne française. Lafayette
» s'en aperçut, et s'en vengea d'une manière fort
» plaisante; il ordonna à la musique de son in-
» fanterie légère de jouer l'air du *Yankeedodle*,

» air que les Anglais avaient appliqué à une
» chanson qu'ils avaient composée pour nous ri-
» diculiser au commencement de la guerre, et
» qu'ils ne manquaient jamais de chanter devant
» les prisonniers qu'ils nous faisaient; ils furent
» si sensibles à cette plaisanterie, que beaucoup
» d'entre eux brisèrent leurs armes avec colère,
» en les déposant sur les glacis. Cornwallis lui-
» même partageait avec ses soldats cette fai-
» blesse d'amour-propre qui les faisait rougir
» d'être vaincus par ceux qu'ils s'entêtaient tou-
» jours à considérer plutôt comme des rebelles
» que comme des citoyens armés pour la défense
» de leurs droits. Le lendemain de la capitula-
» tion, se trouvant au milieu des généraux alliés
» qui étaient venus le visiter, il affecta, en par-
» lant de Lafayette, de séparer toujours sa gloire
» de celle des Américains : « Je me suis décidé
» d'autant plus volontiers à me rendre, » dit-il
» en s'adressant à notre jeune général, « que je
» savais qu'à côté des Américains étaient des
» Français, dont le caractère m'assurait un trai-
» tement humain et honorable pour mon ar-
» mée. » — « Eh quoi ! » lui répondit vivement
» Lafayette, « votre seigneurie a-t-elle donc si
» vite oublié que *nous, Américains*, nous savons
» aussi être humains envers les armées captives ? »
» Cette réponse, qui faisait allusion à la prise
» de l'armée de Burgoyne, par les Américains,

» quelque temps auparavant, empêcha Cornwal-
» lis de revenir sur ce sujet. « Vous voyez, » me
» dit le vieux soldat que je n'avais point osé in-
» terrompre une seule fois pendant son récit,
» tant je l'écoutais avec intérêt, « vous voyez que
» Lafayette était pour nous, en toute occasion,
» un bon et ardent ami ; il ne se contentait pas
» de servir notre cause de ses conseils, et de son
» épée dans les combats, mais il défendait encore
» notre caractère et notre réputation, lorsqu'ils
» étaient injustement attaqués, en s'identifiant
» avec nous et se rendant, pour ainsi dire, soli-
» daire de toutes nos actions. Du reste, les An-
» glais qui affectaient tant de mépris pour nous,
» auraient dû parler moins souvent d'*humanité*,
» eux qui chaque jour outrageaient cette vertu
» par les plus horribles actions. Nous n'oublie-
» rons jamais que pendant cette campagne de
» Virginie, si glorieuse pour nos armes, et si
» heureuse pour notre indépendance, l'incendie,
» le pillage et le meurtre les accompagnèrent à
» travers nos villes et nos villages ; souvent ils
» massacrèrent froidement les prisonniers après
» le combat, et enfin, pendant le siége de York-
» Town, désespérant de nous vaincre par la force
» des armes, ils tentèrent de nous empoisonner
» en jetant au milieu de nous plus de cent mal-
» heureux nègres atteints de la petite vérole, et
» que notre pitié recueillit aux pieds de leurs

» remparts. Mais pourquoi m'appesantir si long-
» temps sur les crimes d'une tyrannie que nous
» avons détruite, et qu'un demi-siècle de bon-
» heur et de liberté devrait avoir effacée de notre
» mémoire? N'ai-je point d'ailleurs une tâche
» plus douce à remplir, en vous parlant des
» droits que l'armée française et son vertueux
» chef ont acquis à la reconnaissance américaine,
» par leur courage et leur générosité? » — Il
me raconta alors avec attendrissement une foule
de traits qui prouvent en effet que jamais armée
ne fut mieux disciplinée, et ne comprit mieux
les devoirs d'alliée que cette petite armée française; et je dois ajouter que ce témoignage d'un
vieux soldat américain me parlant en présence,
pour ainsi dire, des faits qu'il citait, n'est point
le seul que j'aie recueilli durant notre long
voyage; partout, jusque dans les moindres ha-
meaux qui furent autrefois occupés par l'armée
française, j'entendis louer sa discipline sévère,
son profond respect pour les propriétés, sa patience dans les fatigues, son courage dans les
combats, sa modération dans la victoire; et, je
l'avoue, cet éloge de la noble conduite de mes
concitoyens fit chaque fois battre mon cœur
d'une douce émotion. Pourquoi donc la restauration française de 1815, qui, pour rattacher ses
couleurs à de glorieux souvenirs, ou pour faire
oublier les prodiges guerriers de la cocarde trico-

lore, invoque sans cesse le panache de Henri IV, qui ne brilla que dans les guerres civiles, ou les drapeaux de Louis XIV, qui ne furent témoins que de victoires souvent trop chèrement payées, et de retraites dévastatrices, ne revendique-t-elle pas comme un héritage légitime une partie de la gloire de la guerre de l'indépendance américaine? N'est-ce donc pas sous le *drapeau blanc* que les grenadiers de Rochambeau marchaient à la prise de York-Town? N'est-ce donc pas sous les couleurs *de la légitimité*, que notre marine s'immortalisait en assurant l'affranchissement d'une jeune nation par la dispersion des flottes anglaises? Ou bien ne répudierait-on cette gloire que parce qu'elle ne fut acquise qu'au profit de la liberté? Je ne sais. Mais ce qu'il y a de certain, c'est que, pendant que nous célébrions l'anniversaire de la prise de York-Town, l'escadre française, commandée par l'amiral ...., qui se trouvait dans la baie de Hampton Road, et qui pouvait entendre les acclamations de la reconnaissance américaine pour les bienfaits de la France, resta froidement étrangère à une fête qu'elle eût dû considérer comme une fête de famille pour les deux nations. Du reste, nous avons su que cette indifférence, ou cette répugnance qu'on ne peut s'expliquer, ne fut partagée ni par les équipages, ni par la majorité des officiers. Parmi ces derniers, quelques-uns parvinrent à quitter secrètement leur bord, et, cachés sous l'habit bourgeois, assistèrent inconnus à cette scène patriotique, dans laquelle les Américains se seraient empressés de les placer au premier rang, s'il leur eût été permis de s'y présenter sous leur habit et sous leurs couleurs.

Lorsque je rentrai au quartier général, je trouvai nos compagnons de voyage fort occupés de cette question, et plusieurs d'entre eux affirmaient que l'amiral français ne s'était conduit ainsi qu'en raison des instructions qui lui avaient été données par une autorité supérieure.

CHAPITRE XIV.

ROUTE DE YORK-TOWN A RICHMOND PAR WILLIAMSBURG ET NORFOLK. — HISTOIRE DE LA VIRGINIE. — QUELQUES CONSIDÉRATIONS SUR L'ESCLAVAGE DES NOIRS.

Les acclamations de la reconnaissance, et le tumulte des armes, qui avaient momentanément troublé le calme habituel de York-Town, avaient déjà cessé de se faire entendre lorsque le 20, dans la matinée, nous nous remîmes en marche pour nous rendre à Williamsburg, ancienne capitale de l'état de Virginie, aujourd'hui ville médiocre, qui ne conserve presque plus rien de son ancienne importance. Son collége, qui fut fondé sous le règne de William et Marie, et qui porte leur nom, était encore célèbre par ses bonnes études il y a environ un demi-siècle, mais il semble avoir partagé la triste destinée de la ville à laquelle il appartient. Williamsburg est situé dans une plaine entre la rivière d'*York* et celle de *James*. Deux creeks qui se jettent dans ces grandes rivières se rapprochent, un peu, en avant de la ville, et y forment comme une chaussée étroite, sur laquelle le général Lafayette avait établi cet excellent poste que Cornwallis tâta sans succès lorsqu'il voulut essayer de sortir du piége dans lequel l'avait fait tomber son jeune adversaire. Quoique la population de Williamsburg ne soit plus guère que de quatorze à quinze cents âmes, le général y fut accueilli avec une grande tendresse, et eut le plaisir d'y embrasser un assez grand nombre d'anciens amis avec lesquels il passa la journée. Le surlendemain, nous allâmes nous embarquer à James-Town pour nous rendre à Norfolk. Notre navigation sur la rivière *James* fut fort intéressante pour le général Lafayette et pour quelques-uns de nos vieux compagnons de voyage, qui, dans chaque point du rivage, revoyaient une page de l'histoire de leur glorieuse campagne de Virginie.

Il était près de cinq heures lorsque nous arrivâmes dans l'immense rade de Hampton ; le soleil déjà à l'horizon dardait obliquement ses rayons sur le fort de *Oldpoint-Comfort*, qui de loin nous paraissait reposer sur la surface unie de la mer. Au-delà, sur les eaux de la Chesapeake, nous apercevions plusieurs vaisseaux dont les bords majestueux s'élevaient comme de hautes murailles ; c'étaient les vaisseaux de l'escadre française ; quelques coups de canon que nous entendîmes vers le sud, et les colonnes de fumée que nous vîmes s'élever de ce côté nous indiquèrent la position de Norfolk qui, situé sur un terrain plat et marécageux à l'entrée de la rivière d'Elisabeth, ne paraît au-dessus de la surface des eaux que lorsqu'on en est fort près. Notre navire toucha bientôt les quais de la ville, et à son débarquement le général Lafayette fut salué par le bruit de l'artillerie des deux forts qui défendent l'entrée de la rivière, et des navires qui étaient dans le port. Je n'entreprendrai point de décrire les fêtes préparées par les habitans de Norfolk pour recevoir l'hôte de la nation ; elles furent, comme partout, fortement empreintes du caractère patriotique et reconnaissant du peuple. La jeune fille qui, sous l'emblème du génie de Norfolk, reçut le général Lafayette sous un arc de triomphe, et lui exprima les sentimens des citoyens, mérite cependant un souvenir particulier ; sa beauté, son éloquence, et la modeste assurance avec laquelle elle s'acquitta de sa mission, firent sur tous les spectateurs une impression profonde que le temps n'aura sans doute pas effacée.

De toutes les villes que nous avons visitées jusqu'à présent, Norfolk est celle qui offre l'aspect le moins agréable ; les maisons sont généralement mal bâties, les rues étroites et mal alignées. En raison des marais qui l'environnent, l'air y est insalubre et les maladies y sont communes pendant l'automne. Sa population ne s'élève pas tout-à-fait à quatre mille âmes. Cependant son commerce est très-actif avec les états du nord, avec l'Europe, et surtout avec les Antilles ; son port, qui par sa profondeur peut recevoir les plus gros vaisseaux, et par son étendue en contenir au moins trois cents, est le seul bon port de la Virginie et de la Caroline du nord ; de manière que c'est par lui que se font toutes les importations et exportations de ces deux états. Les exportations consistent principalement en blé, farine, maïs, bois de toute espèce, viande et poisson salé, fer, plomb, tabac, goudron et térébenthine. On trouve à Norfolk un assez grand nombre de familles françaises émigrées de Saint-Domingue ; ces familles ont d'abord fait choix de cet asile parce qu'il était le plus à leur proximité, et elles ont ensuite été engagées à s'y fixer par l'esclavage des noirs qui leur permettait de conserver et d'employer les malheureux nègres qu'elles avaient pu emmener dans leur fuite. C'est un triste et révoltant spectacle que celui qu'offrent encore aujourd'hui quelques-uns de ces colons réfugiés, qui ne trouvent d'autres moyens de lutter contre leur misère qu'en dévouant leurs malheureux esclaves à de pénibles travaux dont ils perçoivent les produits. Beaucoup des nègres qui travaillent sur le port, sont des esclaves ainsi loués à des marchands qui les nourrissent, et leur payent par jour soixante-quinze *cents* (3 fr. 75 c.), qu'ils comptent fidèlement chaque soir à leur maître indolent.

Le lendemain matin, nous visitâmes Portsmouth, très-petite ville située tout-à-fait en face, sur la rive gauche de *James-River*, et qui renferme un bel établissement national de marine, dans lequel nous vîmes un superbe vaisseau de soixante-quatorze, appelé *la Caroline du Nord*, qui n'était à flot que depuis quelques jours. En rentrant à Norfolk, nous fûmes reçus en grande pompe par les francs-maçons, qui eurent la bonté de nous reconnaître tous trois membres honoraires de leur loge. Le soir, il y eut un bal fort brillant auquel les citoyens de Norfolk espéraient voir venir les officiers de l'escadre française, mais il paraît que les mêmes motifs qui les avaient empêchés de paraître à la fête de York-Town, les privèrent aussi du plaisir de venir danser avec les dames de Norfolk, car nous n'en vîmes pas un seul, du moins en uniforme. A la sortie du bal, c'est-à-dire vers les onze heures, nous reprîmes place sur notre bateau à vapeur qui de suite se mit à remonter la rivière Élisabeth pour nous conduire à Richmond, capitale de la Virginie, dont nous étions encore éloignés de cent milles. On y attendait l'hôte de la nation avec d'autant plus d'impatience que cette ville renferme, en raison de sa population, un plus grand nombre de témoins de ses efforts en faveur de l'indépendance américaine. C'est à Richmond en effet, et autour de ses murs, qu'ont eu lieu les mouvemens multipliés entre Lafayette et le traître Arnold, soutenu du général Phillips.

Toutes les affaires étaient suspendues pour recevoir Lafayette, et malgré une pluie extrêmement incommode qui tombait avec abondance, et qui nous retint même quelques heures de plus à bord, la foule empressée s'était portée à sa rencontre jusqu'à Osborn où il devait débarquer. L'entrée solennelle ne put avoir lieu que le lendemain matin. Quarante soldats qui avaient fait la guerre de la révolution lui furent cependant présentés immédiatement après son arrivée, et parmi eux plusieurs avaient servi sous ses ordres en Virginie. Ce fut avec attendrissement qu'ils revirent leur ancien général, et lui-même, plein d'émotion, les étonna en les reconnaissant et en appelant par leurs noms ceux qui avaient plus particulièrement partagé ses travaux et ses dangers.

Le lendemain, le mauvais temps ayant cessé, les fêtes reprirent leur cours avec un nouvel éclat. Ce fut au Capitole, bâti d'après *la maison carrée* de Nîmes, et situé sur la partie la plus élevée de la ville, que le général fut reçu et harangué par le chef de justice, M. Marshall, en présence des autorités civiles et militaires, et d'un grand concours de citoyens, parmi lesquels nous eûmes le plaisir de trouver quelques Français, et particulièrement M. Chevalié, qui depuis près de trente ans habite la Virginie, où il n'a cessé de jouir de l'amitié et de l'estime de ses concitoyens d'adoption. Malgré la multiplicité des fêtes au milieu desquelles nous fûmes comme entraînés pendant notre séjour à Richmond, nous pûmes cependant passer quelques instans dans la société particulière des hommes les plus distingués de la ville ; c'est dans leurs conversations toujours instructives que j'ai recueilli les détails que je désirais avoir sur l'histoire, la constitution, et les mœurs de la Virginie, et que je vais retracer ici.

Cette partie du continent américain, appelée Virginie, qui fut une des plus anciennes colonies anglaises dans l'hémisphère occidental, et qui maintenant forme un des plus vastes états de la grande famille républicaine des États-Unis, fut d'abord découverte, disent les Anglais, par John Cabot ; et par Verrazano, disent les Français, qui en prit possession au nom de François Ier. ; mais quel que soit l'heureux navigateur qui le premier ait abordé sur cette terre fertile, il n'en est pas moins vrai que ses premiers établissemens ne datent que de 1587, époque à laquelle Walter Raleigh en prit possession au nom d'une compagnie de marchands anglais. Cette faible colonie ne se composait guère que de cinq cents individus en 1605, encore ne tarda-t-elle pas à être réduite à une soixantaine, par les privations de tous genres et par les attaques réitérées des

Indiens. Il est probable que ces faibles débris eussent été bientôt entièrement anéantis, si une nouvelle expédition, composée de trois vaisseaux commandés par le capitaine Newport, n'était venue leur apporter des secours en hommes, en armes et en vivres. Ce fut alors que James-Town fut fondé, et que ses faibles remparts offrirent aux colons un abri contre les flèches des sauvages. Mais de nouvelles épreuves leur étaient réservées. A la guerre, et à la famine se joignit bientôt la discorde, et la colonie eût sans doute été anéantie si l'influence du seul homme capable de la sauver n'eût enfin prévalu. Le capitaine Smith devint bientôt, par son courage et son habileté, l'âme de l'établissement ; il fit avec succès la guerre à quelques tribus qui refusèrent de traiter, et contracta avec quelques autres des alliances d'amitié qui bientôt amenèrent l'abondance dans la colonie. Déjà elle était florissante, et commençait à oublier ses premiers malheurs, lorsque le capitaine Smith fut fait prisonnier par des Indiens ennemis qui l'eussent infailliblement mis à mort, si la jeune Pocahuntas, fille de Powhatan, chef de la tribu, n'eût par ses prières et ses larmes, obtenu sa grâce au moment où le bûcher s'allumait pour son supplice. Rendu à la liberté, au bout de quelque temps, il s'empressa de revenir à James-Town, où il trouva la colonie réduite de nouveau à l'état le plus misérable.

Trente-huit individus seulement avaient survécu, et se disposaient à confier à une frêle chaloupe leur existence qu'ils avaient compromise par leur imprévoyance et leur présomption. Le capitaine Smith eut encore assez d'ascendant sur eux pour les retenir ; son activité leur créa de nouvelles ressources, et un nouveau renfort leur fut amené par Newport. La colonie commença de nouveau à prospérer, mais un nouvel incident la replongea bientôt dans le besoin, et fut sur le point de l'anéantir pour jamais. On crut reconnaître de l'or dans un ruisseau sortant d'un banc de sable au-dessus de la ville, et le désir insensé d'en amasser, fit abandonner les seuls travaux par lesquels on pût espérer une existence heureuse. La famine commença de nouveau à décimer les colons, qui furent encore obligés de recourir à celui dont la prudence les avait tant de fois sauvés. Smith, usant à propos de la terreur dont il avait frappé quelques tribus, et de l'amitié qu'il avait inspirée à quelques autres, obtint des indigènes des secours qui ramenèrent l'abondance dans James-Town. Il entreprit alors de reconnaître le pays à de grandes distances pour en apprécier les ressources. A cet effet, il s'embarqua sur un fragile canot, et explora, au milieu des dangers de tous genres, la plupart des grands cours d'eau qui viennent se jeter dans la Chesapeake, et rapporta sur eux, et sur tout le territoire qui compose actuellement la Virginie, des détails si exacts qu'ils servent encore aujourd'hui de base aux travaux des meilleurs géographes. Enfin, le génie de Smith conserva la colonie, et continua à étendre ses limites jusqu'en 1610, époque à laquelle un accident funeste l'empêcha de suivre ses travaux. En revenant d'une expédition, sa boîte à poudre s'enflamma, et l'explosion lui fit des blessures cruelles. Ses amis le pressèrent de retourner en Angleterre; il céda à leurs instances, et six mois après, les cinq cents colons qu'il avait laissés bien armés, bien approvisionnés, et commençant à jouir de leurs troupeaux et de leurs moissons, étaient déjà réduits au nombre de soixante individus plus semblables à des spectres qu'à des hommes. C'en était fait de la colonie sans l'arrivée de trois vaisseaux, et d'un grand nombre de nouveaux émigrans amenés par le lord Delawarre. Ce renfort inespéré releva le courage des colons, et la sage administration de sir Thomas Dale, donna bientôt à l'établissement un développement inattendu. Ce fut alors que M. Rolfe, l'un des colons, se maria avec la princesse Pocahuntas, celle-là même qui avait sauvé les jours de Smith. Cette alliance eut pour la colonie d'immenses avantages, car Powhatan s'engagea, ainsi que toutes les tribus qui lui étaient soumises, à soutenir les Anglais dans toutes leurs guerres, et à leur fournir des vivres.

Combien n'est-il pas à regretter que l'exemple de M. Rolfe, n'ait pas été suivi par ses compagnons ! Il leur eût été bien facile d'assurer leur prospérité par de telles alliances, et ils auraient épargné à l'humanité bien du sang, et bien des larmes !

Après ce mariage, les colons se livrèrent en paix à la culture du tabac, qui leur rapportait beaucoup d'argent, et vécurent à peu près aux frais des Indiens, leurs alliés, qui se montraient fidèles observateurs du traité, quoiqu'il leur fût bien onéreux. Sir Thomas Dale profita de cette tranquillité pour perfectionner le système administratif ; mais malheureusement il eut pour successeur, en 1617, le capitaine Argal, dont l'humeur hautaine et tyrannique, fut sur le point de provoquer les plus grands désordres, et la colonie éprouva encore quelques vicissitudes. Révoqué par la compagnie, il fut remplacé par George Hardly, qui, pour aviser aux moyens de réparer les fautes de son prédécesseur, convoqua une assemblée générale des habitans de la Virginie. De cette époque date l'introduction du système représentatif dans cette colonie, qui ne tarda pas à en ressentir les heureux effets. La compagnie de Londres donna son assentiment à cette nouvelle forme de gouvernement, et en détermina les bases par une charte qu'elle concéda, le 24 juillet 1621. Cette charte portait : « Qu'en

» Virginie il y aurait à l'avenir un corps législatif
» qui serait appelé *assemblée générale*, consistant
» en un gouverneur, douze conseillers, et des re-
» présentans du peuple ; que les conseillers et les
» représentans feraient les lois, et que le gou-
» vernement aurait le pouvoir de les approuver
» ou de les rejeter ; que les lois n'auraient d'effet
» qu'après avoir été ratifiées par la compagnie ;
» et qu'aussitôt que le gouvernement de la colonie
» serait formé et bien établi, les ordres de la com-
» pagnie ne pourraient plus rien sur la colonie
» sans le consentement de l'assemblée générale. »
La compagnie s'était cependant réservé le droit
de nommer et de destituer à son gré le gouverneur et les conseillers. Malgré cette réserve, la
constitution de la Virginie se trouvait désormais
fixée, et ses habitans, de serviteurs d'une association qu'ils étaient, se trouvèrent tout à coup
changés en hommes libres et en citoyens. A
cette même époque, la compagnie envoya en
Virginie cent soixante jeunes filles, pauvres,
mais d'une conduite irréprochable ; elles furent
reçues avec empressement, et mariées aux jeunes
colons qui payèrent les frais de leur traversée
à raison de cent vingt livres de tabac pour
chacune.

Les droits de la compagnie de Londres, déjà
affaiblis par les concessions faites aux colons, furent bientôt méconnus par le roi Jacques Ier.,

et trois ans après la Virginie passa sous la domination immédiate du gouvernement anglais.

Cependant la population de la Virginie, resserrée d'abord dans les environs de James-Town, se répandait maintenant peu à peu sur une vaste contrée, en suivant les grandes rivières qui se jettent dans la Chesapeake. Mais en sentant s'accroître leurs forces, les colons devenaient de jour en jour moins prudens avec les naturels du pays, à l'égard desquels ils prodiguaient sans ménagemens toutes sortes de vexations. Powhatan était mort, et les tribus qu'il gouvernait avaient élu à sa place un guerrier d'une grande réputation, venu des bords du golfe du Mexique. Opeekancanough, ainsi se nommait le nouveau roi, avait une haine profonde pour les Européens, parce qu'il prévoyait combien ils devaient être funestes à sa nation; il n'eut point de peine à faire partager sa haine et ses craintes à ses compatriotes, et les fit entrer dans une vaste conspiration contre l'ennemi commun. Le secret en fut religieusement gardé pendant quatre ans, et ne fut révélé qu'au moment de l'exécution, par un Indien que les Anglais avaient fait baptiser. Malgré cette trahison, le complot reçut en partie son exécution, et quatre cents colons tombèrent sous le tomahawk des sauvages. Les représailles furent cruelles, et ne furent suspendues que par un traité qui cachait le dessein le plus atroce.

Les Indiens, pleins de confiance dans les protestations de leurs ennemis, se livraient sans défiance aux travaux de la moisson, lorsque les Anglais tombèrent sur eux à l'improviste, et en firent une horrible boucherie; les faibles restes des tribus qui échappèrent à ce massacre, ne tardèrent pas à périr de misère dans les forêts, et disparurent pour jamais. Les colons, désormais seuls maîtres de cette vaste contrée, purent s'étendre à leur aise, mais cet avantage même manqua leur être funeste, et ils eussent infailliblement succombé aux horreurs de la faim, si on ne leur eût fait passer un nouveau renfort de colons et des provisions pour remplacer celles détruites par les Indiens. Cette fois le secours ne leur vint pas de la compagnie, car celle-ci venait d'être dissoute par le roi Jacques. Cette violence de la couronne contre une compagnie qui avait dépensé plus de trois millions pour l'établissement de la colonie, et qui, malgré ses fautes, méritait qu'on lui sût gré de son étonnante persévérance, affligea d'abord les colons, mais tourna cependant réellement à leur bénéfice. Ils surent se défendre des empiétemens du gouvernement royal, et obtinrent la confirmation de tous les droits qu'ils avaient acquis avant l'extinction de la compagnie.

Jusqu'en 1651 la colonie fut paisible et prospère. Les troubles survenus en Angleterre par la mort violente de Charles I*er*. ne l'agitèrent que fort peu, et eurent pour résultat un traité dans lequel Cromwell reconnut, par un article spécial, que la Virginie était exempte de taxes, droits et impositions de toute espèce; que l'on ne pouvait, sans le consentement de l'assemblée générale, la grever d'aucune charge, y construire des forts ou châteaux, ni enfin y tenir des troupes sur pied. Mais, dès 1652, les colons commencèrent à se ressentir des vues étroites adoptées par la république d'Angleterre, à l'égard du commerce des colonies, pendant les dix années du règne de Cromwell; leur mécontentement s'accrut au point que, lorsque le gouverneur Mathew, nommé par l'usurpateur, vint à mourir, les habitans de la colonie, profitant de cette espèce d'interrègne, renversèrent les autorités républicaines, et proclamèrent Charles II, qui était encore réfugié en Hollande, et qui se trouva ainsi *roi de Virginie*, avant d'avoir la certitude de remonter sur le trône d'Angleterre. La mort de Cromwell, qui eut lieu cette même année 1660, sauva la colonie du danger auquel l'aurait infailliblement exposée son imprudent attachement à la cause des Stuarts.

Les Virginiens ne tardèrent pas à se repentir de leur dévouement pour le nouveau roi, dont l'ingratitude leur fut plus nuisible que la tyrannie de Cromwell. Charles II, loin d'abolir les restrictions qui déjà gênaient le commerce de la Virginie, les aggrava, au contraire, et les perpétua par *l'acte de navigation*. Le rétablissement de l'église gallicane, avec toute son intolérance, la révocation violente de tous les actes qui pouvaient perpétuer le souvenir de la révolution, les spoliations de propriétés pour récompenser les instrumens de la restauration; la baisse continuelle de la valeur du tabac ; tout en un mot concourut à aigrir les colons, et les disposer à un soulèvement populaire ; l'occasion qui devait le provoquer ne tarda pas à se présenter, et la guerre civile éclata dans la colonie. Une escadre, envoyée par Charles II, au secours du gouverneur Berkley, arriva au moment où Bacon, chef des insurgés qui déjà étaient maîtres de James-Town, venait de mourir : personne ne se sentant les talens nécessaires pour achever ce que ce chef hardi et habile avait entrepris, les insurgés acceptèrent l'amnistie que leur offrit Berkley ; mais cette tentative d'insurrection ne fit qu'aigrir Charles II, dont le despotisme ne connut bientôt plus de bornes. Il en vint à ce point de leur interdire, par une loi, de se plaindre ou de mal parler de l'administration du gouverneur, sous peine des châtimens les plus sévères, et plusieurs séditions furent réprimées par la force. Cependant, malgré les violences et les injustices de la métropole, le commerce reprenait quelque activité, et la population, trouvant chaque jour de nouvelles ressources dans son industrie, augmentait rapidement. En 1688 on y comptait déjà plus de quarante mille âmes. Mais en sentant augmenter leurs forces, les colons sentaient aussi s'accroître leur haine pour l'autorité royale; et, lorsque les premiers cris d'indépendance furent poussés par les colonies du nord, la Virginie y répondit en levant l'étendard de l'insurrection. Dès le mois de juin 1776, les représentans du peuple, assemblés au nombre de cent douze, au Capitole de Williamsburg, rédigeaient et signaient la déclaration qui rompait à jamais les liens tyranniques qui jusque-là avaient attaché la colonie à la mère-patrie. Cette déclaration, en établissant d'une manière claire et précise les droits de chaque membre du corps social, consacrait le principe de *la souveraineté du peuple*, et repoussait comme une monstruosité le principe de l'*hérédité* dans l'exercice du pouvoir. Elle fut bientôt suivie de la publication de la constitution qui sortit triomphante de la guerre révolutionnaire. En 1785, l'assemblée passa l'acte de la révision des lois et de l'établissement de la liberté religieuse; enfin, en 1788, la Virginie compléta sa révolution, et affermit son indépendance, en adoptant la constitution fédérale des Etats-Unis.

L'état de Virginie qui, à cause de l'ancienneté de sa fondation, de son étendue, de la fertilité de son sol, et de la douceur de son climat, devrait être aujourd'hui l'état le plus riche et le plus peuplé de la confédération américaine, n'a cependant encore que un million six cent mille habitans, dispersés sur une surface de quarante millions neuf cent soixante mille acres. C'est-à-dire qu'à proportion de son étendue, il n'a que la moitié de la population de l'état de New-York, qui est son contemporain ; et guère plus que la population de l'Ohio, dont l'existence comme état, et la constitution, ne datent que d'une vingtaine d'années. Cette différence qui, à chaque pas, se révèle au voyageur attentif par l'éloignement des villes, la faiblesse des villages, la concentration de la propriété, et la pauvreté de la culture, ne disparaîtra que lorsque la Virginie, comprenant mieux ses véritables intérêts, et les mettant en harmonie avec les principes de liberté et d'égalité si clairement établis dans sa déclaration des droits, et si vigoureusement défendus par ses armes, aura enfin aboli l'esclavage des noirs.

Quand on a examiné avec quelque attention les institutions vraiment grandes et libérales des États-Unis, qu'on a bien compris leur action, et qu'on a admiré leur heureuse influence, l'âme se sent tout à coup glacée, et l'imagination effrayée en apprenant que, sur quelques points de cette vaste république, l'horrible principe de l'esclavage règne encore avec toutes ses tristes et monstrueuses conséquences; on se demande alors avec étonnement d'où vient cette contradiction entre de si sublimes théories, et une pratique si honteuse pour l'humanité ! Cette question qui, depuis long-temps, est pour les philanthropes et les politiques des deux hémisphères un sujet de discussions toujours très-vives, mais moins souvent de bonne foi, ne tardera pas à être résolue, espérons-le, par l'intérêt bien entendu de ceux qu'elle touche de plus près. En attendant, je hasarderai ici quelques observations, non avec la prétention de terminer la discussion, mais dans l'espoir de rétablir dans leur véritable état quelques faits qui ont été dénaturés, ou par l'ignorance, ou par la passion, ou par la mauvaise foi de quelques écrivains.

Nous n'en sommes plus, heureusement, sur aucun point du monde civilisé, à discuter la justice ou l'injustice du principe de l'esclavage des noirs : aujourd'hui, tout homme dont le cerveau est sain, convient que ce principe est une monstruosité, et c'est bien à tort que l'on supposerait qu'il y a aux États-Unis, plus qu'ailleurs, des individus assez insensés pour chercher à le défendre, soit par leurs écrits, soit par leurs discours. Pour moi, qui ai parcouru les vingt-quatre états de l'Union, et qui, dans le cours de plus

d'une année, ai eu chaque jour l'occasion d'entendre de très-longues et très-vives discussions sur ce sujet, je déclare n'avoir rencontré qu'une seule personne défendant sérieusement ce principe : c'était un jeune homme, dont la tête, assez mal organisée, était remplie d'idées confuses et passablement ridicules sur l'histoire romaine, et qui ignorait complétement l'histoire de son pays. « La grandeur des Romains, » me disait-il en répondant à l'expression de mon chagrin de voir l'esclavage tristement accolé à la liberté américaine, « la grandeur des Romains reposait sur
» l'esclavage. Si, comme ces anciens maîtres du
» monde, nous voulons conserver à notre carac-
» tère cette dignité austère qui conduit à la
» vertu, il ne faut pas que nous ayons à nous
» occuper de détails qui ne sont propres qu'à
» rétrécir l'esprit. Comment parvenir à appro-
» fondir la science du gouvernement, par exem-
» ple, si nous sommes obligés de consacrer notre
» temps à l'administration de nos biens, à la
» culture de nos terres, à la direction de nos fa-
» briques? Comment conserver une noble fierté
» en traitant avec nos égaux, si nous n'acquérons
» d'abord l'habitude du commandement en nous
» faisant obéir par nos esclaves? » — Toute cette longue tirade, débitée avec emphase, ne me parut que ridicule, et je ne jugeai pas à propos d'y répondre. C'est cependant souvent sur de pareils

faits isolés que quelques écrivains se sont appuyés pour affirmer que les Américains des États-Unis sont les partisans obstinés de l'esclavage.

Pour tout homme de bonne foi, voici, je crois, les points les plus essentiels de la discussion sur l'esclavage des États-Unis.

1°. Les Américains ont-ils adopté volontairement l'esclavage ?

2°. Depuis qu'ils ont conquis leur indépendance, ont-ils témoigné par leurs actes leur aversion pour l'esclavage ?

3°. Aujourd'hui comprennent-ils bien tout le danger de la situation dans laquelle les place l'esclavage, et font-ils consciencieusement tout ce qu'il est possible de faire pour déraciner le mal ?

4°. Quels seraient les moyens les plus efficaces pour arriver le plus tôt possible à l'affranchissement des noirs ?

Si ces quatre questions étaient examinées avec impartialité, il est probable qu'on renoncerait à ces déclamations violentes qui blessent sans instruire, et qui n'offrent à ceux contre lesquels elles sont dirigées, aucun moyen de réparer les torts dont on les accuse. Je ne me livrerai point à un examen approfondi de ces questions qui réclament un cadre plus grand que celui que je puis leur accorder ici : je ne ferai, pour ainsi dire, que les effleurer ; mais toutes les fois que, dans le cours de mon voyage, l'occasion s'en présentera, je rapporterai exactement les faits dont j'ai été le témoin, et qui, je l'espère, seront, plus que toutes les discussions, propres à faire connaître l'état de l'esclavage, et les progrès que chaque jour l'esprit public paraît faire à ce sujet.

Ce crime, par lequel un homme, abusant de sa force et de ses lumières, soumet à ses caprices ou à la satisfaction de ses besoins, un autre homme moins éclairé que lui, et le réduit à l'état d'esclavage, fut commis en Virginie, l'an 1620. Il eut pour auteurs la misère des colons, dont les bras fatigués et rares ne pouvaient plus féconder le sol, et l'avarice des Hollandais qui leur livrèrent, comme bêtes de somme, de malheureux nègres qu'ils avaient volés dans les sables d'Afrique, pour les vendre ensuite. Les Anglais, non moins avides d'argent que les Hollandais, virent bientôt dans cet abus de la force encourageant la paresse, une source de richesses qu'ils s'empressèrent d'exploiter à leur profit, et dès cet instant leurs vaisseaux vomirent annuellement sur le continent américain des milliers d'esclaves. Cependant les sentimens d'humanité que la faim avait, pendant quelque temps, comme étouffés dans le cœur des colons virginiens, se ranimèrent au retour du bonheur et de l'abondance. L'assemblée générale de la Virginie, vers l'an 1680, demanda à la métropole qu'on mît enfin un terme à ce commerce infâme de chair humaine, et désormais inutile, puisque maintenant la population était assez nombreuse et assez active pour cultiver une terre qui ne demandait qu'à récompenser richement le plus léger travail; d'autres colonies répétèrent ce cri de justice et de philanthropie, mais la métropole y fut insensible et n'y répondit que par cette atroce décision du parlement : *l'importation des esclaves en Amérique est trop lucrative pour que les colonies puissent exiger que l'Angleterre y renonce jamais*; et cette réponse fut accompagnée de menaces auxquelles il fallut céder, puisqu'on était hors d'état d'y résister. L'assemblée générale renouvela néanmoins plusieurs fois sa demande, qui n'eut d'autre résultat que d'obtenir, en 1699, un acte par lequel l'importation des esclaves, en Virginie, fut frappée d'une taxe assez forte. Ce n'était point un remède au mal, c'était du moins un palliatif.

Cet état de choses dura tant que les colonies furent sous le joug de l'Angleterre; lorsqu'elles l'eurent brisé, et qu'elles eurent assuré leur indépendance, leurs divers gouvernemens tournèrent leurs regards vers l'esclavage, et recherchèrent les moyens de le faire disparaître. Mais ce mal affreux avait jeté de si profondes racines, qu'il était, pour ainsi dire, passé dans les mœurs des citoyens. Dès lors, le remède était difficile et ne pouvait plus obtenir d'effets immédiats; cependant ceux qui avaient entrepris de le faire triompher ne perdirent pas courage; leurs écrits et leurs discours réchauffèrent tous les esprits, et la Virginie eut encore l'honneur de donner un grand exemple, en proscrivant la première l'importation des noirs sur son territoire. Cet exemple fut bientôt suivi par presque tous les autres états, et quelques-uns allèrent plus loin; plusieurs, comme la Pensylvanie, déclarèrent libres tous les enfans de couleur qui naîtraient après la promulgation de la loi; d'autres, comme l'état de New-York, déclarèrent qu'après un certain temps, personne ne pourrait posséder d'esclaves; le congrès, suivant le mouvement général des esprits, fit ce qu'aucune puissance européenne n'avait encore osé faire : il proscrivit la traite des noirs, qu'il assimila à la piraterie, en la frappant de la peine de mort; enfin, des treize états primitifs, huit proclamèrent l'affranchissement des noirs par des actes de leurs législations particulières; il ne resta en arrière que les états les plus méridionaux dans lesquels la population noire s'était accrue avec une telle rapidité, que, sur quelques points, elle était quadruple de la populotion blanche à laquelle elle inspirait des craintes.

Aujourd'hui la confédération se compose de vingt-quatre états : treize d'entre eux ont aboli l'esclavage par leurs lois, les onze autres en sont encore entachés; parmi ces derniers, cinq sont d'anciens états; les autres ont été formés par le démembrement de ceux-ci, ou de portions du territoire de la Louisiane après qu'on l'eut achetée aux Français. Dans cette dernière partie des États-Unis, les préjugés contre la couleur noire tiennent encore, il faut bien l'avouer, le bandeau sur les yeux d'un grand nombre de propriétaires d'esclaves; habitués, comme ils le sont dès leur plus tendre enfance, à ne voir dans la race africaine qu'une espèce inférieure incapable d'acquérir jamais les qualités qui conviennent à un citoyen libre, ils n'essaient point de donner à leurs esclaves cette instruction sans laquelle il est bien vrai que la liberté ne serait entre leurs mains qu'une arme nuisible à la société et à eux-mêmes; et ils croient avoir assez fait pour l'humanité, en adoucissant les horreurs de l'esclavage par de bons traitemens; mais, dans leur aveuglement, ils oublient que dans un état social, le droit de citoyen ne peut être refusé à une classe d'hommes sans les mettre, pour ainsi dire, dans un état de guerre à l'égard de ceux qui en jouissent; et que si les opprimés sont en nombre suffisant pour demander raison de ce refus, il est à présumer qu'ils ne souffriront pas toujours tranquillement une telle injustice, à moins qu'ils ne soient écrasés sous le poids de la tyrannie. Cette terrible vérité, répétée depuis long-temps sur tous les points de l'Union par la voix de la philanthropie, et par celle de la religion, qui, quoique moins puissante dans le sud que dans le nord, y exerce encore une très-grande influence, commence cependant à frapper les esprits dans les états à esclaves, et chaque jour voit s'augmenter le nombre des hommes qui désirent et qui recherchent les moyens de débarrasser leur pays de cet horrible fléau. De tous ceux qui ont été présentés jusqu'à présent, aucun n'a encore produit de résultat bien efficace; il est vrai que tous offrent de grandes difficultés dans l'exécution; car, quoiqu'en disent certains philanthropes européens, qui seraient peut-être fort embarrassés eux-mêmes s'ils étaient à la place d'un planteur carolinien ou géorgien, on ne peut songer à l'affranchissement instantané et général des esclaves sans exposer aux plus grands malheurs, non-seulement les blancs, mais aussi les noirs, qui, en raison de leur excessive ignorance, ne voient encore dans la liberté que la faculté de ne rien faire, et de se livrer à tous les excès. J'ose affirmer que, pour les quatre cinquièmes au moins des esclaves des États-Unis, l'affranchissement immédiat ne serait qu'une condamnation à mourir de faim, après avoir tout dévasté autour d'eux. Je crois donc que dans de pareilles circonstances, ne pas rendre sur-le-champ à des hommes l'exercice de leurs droits, ce n'est ni violer ces droits, ni continuer à en protéger les violateurs, c'est seulement mettre, dans la manière de détruire le mal, la prudence nécessaire pour que la justice qu'on veut rendre à ces hommes devienne plus sûrement pour eux un moyen de bonheur. Ici la prudence veut que l'affranchissement soit graduel. Reste donc à examiner si, aux États-Unis, les propriétaires d'esclaves font bien ce qu'il faut faire pour opérer sûrement et rapidement cet affranchissement graduel.

Parmi ceux qui désirent délivrer leur patrie de l'opprobre et de l'abaissement de l'esclavage, tous ne pensent pas de même sur les mesures qu'il faut prendre relativement au sort des esclaves. Quelques personnes avaient proposé d'abord que, pour indemniser les maîtres de la perte de leurs esclaves, on les vendît aux colonies anglaises ou françaises des Antilles; mais cette idée inhumaine fut repoussée avec horreur par la plupart des planteurs qui déclarèrent qu'ils ne pourraient jamais se résoudre à envoyer périr sous le fouet cruel des colons de la Guadeloupe ou de la Martinique, des hommes qu'ils avaient habitués à un régime de douceur; quelques autres eurent l'idée de consacrer une portion du vaste territoire qui s'étend au pied des montagnes rocheuses, à l'établissement d'une colonie dans laquelle on aurait pu envoyer tous les jeunes nègres de vingt ans, et les jeunes négresses de dix-huit ans, après leur avoir donné, aux dépens du public, une première éducation, et leur avoir fourni tous les objets nécessaires à leur établissement. Cette colonie aurait pu, par la suite, se gouverner par elle-même, et devenir une alliée puissante des États-Unis ; mais lorsque cette proposition fut faite, la prospérité des États-Unis n'était pas encore assez grande pour qu'on pût trouver les fonds nécessaires à une pareille entreprise, et, disons-le, l'esprit public n'était peut-être pas encore assez avancé pour en sentir toute l'importance.

Depuis quelques années cette idée a été reprise, modifiée, et enfin mise à exécution par une société qui se forma, en 1818, sous la présidence de M. Bushrod Washington. Cette société, qui compte maintenant dans son sein tous les hommes les plus distingués des divers états de l'Union, et dont le général Lafayette vient d'être nommé vice-président à vie, est parvenue à fonder, sous la protection du gouvernement américain, une colonie sur les côtes d'Afrique, qui probablement atteindra bientôt le double but de servir d'asile aux noirs des États-Unis, à mesure qu'ils recouvreront leur liberté, et d'être en même temps pour l'Afrique un foyer de lumières et d'industrie d'où s'élancera un jour la civilisation de cette partie du monde.

Cependant, quels que soient les efforts et les succès de cette philanthropique société de colonisation des hommes noirs des États-Unis, on ne peut raisonnablement espérer qu'elle opère à elle seule l'abolition de l'esclavage. Si les propriétaires d'esclaves ne s'empressent de faire instruire les enfans de leurs noirs pour les préparer à la liberté; si les assemblées des états méridionaux ne fixent pas une époque plus ou moins éloignée, à laquelle ces états ne pourront plus posséder d'esclaves, cette partie de l'Union sera peut-être encore long-temps exposée au reproche mérité d'outrager le principe sacré contenu dans le premier article de la déclaration des droits : *que tous les hommes naissent également libres et indépendans*. Mais tout porte à croire que le moment est arrivé où l'abolition graduelle de l'esclavage va marcher avec rapidité. Le sentiment de l'*intérêt personnel bien entendu*, mieux compris maintenant par les propriétaires méridionaux, commence à leur faire sentir que, dans quelques années, leur produits auront de la peine à soutenir la concurrence avec ceux du Mexique et de l'Amérique du sud, s'ils ne renoncent bientôt à leur ruineux système de culture; et déjà beaucoup d'entre eux ne craignent pas d'attaquer ouvertement les malheureux préjugés de leurs concitoyens, en déclarant qu'ils seraient bien plus heureux et bien plus riches si la population noire était assez diminuée pour qu'on pût sans danger avoir des ouvriers de cette couleur à la journée, et remplacer ainsi, par l'émulation du travail libre, cette masse ruineuse d'enfans et de vieillards qu'on est obligé de nourrir dans l'oisiveté.

Ainsi donc, selon l'opinion des hommes les plus disposés à l'abolition de l'esclavage, le plus grand obstacle à l'affranchissement, soit général, soit graduel, se trouve dans la trop grande population des noirs; c'est donc d'abord à la diminution de cette population qu'il faut s'attacher, et le système de colonisation est alors sagement imaginé, puisqu'il a pour objet d'offrir un écoulement à la surabondance de cette population. L'émancipation de la république d'Haïti ajoute encore aux facilités offertes pour cet écoulement par la colonie africaine de *Liberia*, mais à moins qu'on ne veuille compromettre la sûreté et la prospérité de la colonie de *Liberia*; et de la république d'Haïti, il ne faut envoyer sur l'un et sur l'autre de ces points, que des émigrans dont les mœurs et l'intelligence puissent contribuer au bonheur de ces nouvelles sociétés; or, il n'est malheureusement que trop vrai, que la presque totalité des noirs des États-Unis est encore trop abrutie par l'ignorance et l'esclavage pour fournir aujourd'hui de bons citoyens à l'émigration. C'est donc à éclairer et former les jeunes générations de race africaine que doivent tendre tous les efforts des amis de l'humanité, et de cette véritable liberté qui n'admet point entre les hommes cette ridicule distinction fondée sur la différence de couleur de leur peau. On ne parviendra à ce noble but qu'en établissant, multipliant et encourageant partout des écoles libres pour les enfans de couleur des deux sexes. C'est en vain que quelques hommes aveuglés par leurs préjugés s'écrieront qu'il faut renoncer à l'espoir de perfectionner la race africaine, que cette race n'est qu'un intermédiaire entre l'homme et la brute dans l'échelle des êtres. Déjà des faits nombreux répondent à cette absurde assertion; et d'ailleurs ne pourrait-on pas demander à ces hommes si fiers de la blancheur de leur peau, et qui ne jugent les nègres que sur ce qu'ils sont, et non sur ce qu'ils pourraient être, ne pourrait-on pas leur demander s'ils savent bien ce que seraient leurs descendans après quelques générations, si tout à coup l'esclavage passait des nègres aux blancs? Mais pourquoi craindre cette résistance de préjugés que chaque jour voit s'affaiblir, et dont la prochaine extinction est présagée par l'humanité avec laquelle, en général, tous les planteurs américains se croient aujourd'hui obligés à traiter leurs esclaves!

Quelques traits, que j'aurai occasion de citer, achèveront de prouver, je l'espère, que relativement à l'esclavage, l'esprit public des États-Unis est maintenant dans une bonne direction, qu'il n'a plus besoin que d'être encouragé, et que quelques bons conseils sur les moyens à employer lui seraient bien plus utiles que des attaques trop violentes et souvent injustes par leur exagération.

Je terminerai ces observations en faisant remarquer que l'état de Virginie, sur une population d'un million soixante-cinq mille trois cent soixante-six habitans, compte quatre cent soixante-deux mille deux cent quatre-vingt-un individus de couleur, dont trente-sept mille cent treize sont libres. Ce dernier nombre ne paraît jamais beaucoup s'accroître, parce que c'est celui qui particulièrement fournit à la colonisation de *Liberia* et à l'émigration pour Haïti, et qu'en général la vie peu régulière des nègres libres dans les grandes villes, nuit beaucoup à leur reproduction.

MADISSON.

CHAPITRE XV.

FÊTE MAÇONNIQUE. — VOYAGE DE PETERSBURG. — VISITE A M. JEFFERSON. — SA MAISON, SA CULTURE, SES ESCLAVES. — MONTPELLIER. — M. MADISON. — LIBERTÉ RELIGIEUSE. — RETOUR A WASHINGTON PAR ORANGE-COURT-HOUSE ET FREDERIKSBURG.

Parmi les fêtes brillantes que les citoyens de Richmond offrirent à leur hôte national, et à la description desquelles je suis forcé de renoncer, il en est une cependant dont je ne puis me dispenser de parler, parce qu'elle est propre à donner une idée de ce qu'est aux États-Unis cette institution, en persécution de laquelle l'inquisition a tant de fois allumé ses bûchers en Espagne et en Italie, et que quelques gouvernemens de l'Europe ne souffrent encore aujourd'hui qu'avec répugnance. Je veux parler de l'institution de la franc-maçonnerie.

Le samedi 30 octobre, après avoir été introduits, avec les cérémonies accoutumées, dans le temple maçonnique où s'étaient réunis tous les membres des diverses loges de Richmond, nous en ressortîmes en grande procession pour nous rendre au banquet fraternel qui avait été préparé dans un hôtel à l'autre extrémité de la ville. Le cortége, qui se composait de plus de trois cents personnes, était ainsi formé :

En tête, un détachement de *frères* armés de glaives, ouvrant la marche.

Après ce détachement, une troupe de musiciens jouant des airs nationaux américains et français, au nombre desquels était *la Marseillaise*.

Derrière la musique, deux longues files de frères des grades inférieurs, et entre ces deux files tous les grands dignitaires de la société, portant au milieu d'eux une Bible posée sur un riche coussin de velours brodé d'or, et entouré des symboles de la maçonnerie. Parmi ces grands dignitaires, figuraient aux premiers rangs le gouverneur de la Virginie, le grand chef de justice des États-Unis, et beaucoup d'autres officiers de l'état. Tous les frères étaient revêtus des insignes de leur grade, et leur variété offrait un tableau vraiment original. Toutes les rues que nous parcourûmes étaient remplies d'une grande foule de spectateurs qui, par leur attitude et leur silence, exprimaient tout le respect que leur inspirait cette cérémonie. Avant de prendre place à la table qui avait été dressée dans une salle richement décorée, un ministre protestant, appartenant à l'ordre maçonnique, nous adressa un discours dans lequel il nous rappela que la vraie maçonnerie reposait sur la *vérité*, *l'égalité et la charité* ; que remplir nos devoirs de maçon n'était autre chose que nous acquitter de ceux que nous avons à remplir envers Dieu et envers les hommes. Il termina son discours en bénissant notre repas, que nous commençâmes avec beaucoup de gravité, mais qui se termina au milieu des éclats de cette joie franche, et si souvent spirituelle, qui distingue particulièrement les habitans de la Virginie. Avant de nous retirer, un grand nombre de toasts patriotiques furent portés par les convives. Celui du général Lafayette fut reçu avec enthousiasme ; il était ainsi conçu :

« Liberté, égalité, philanthropie, véritables
» symboles maçonniques : puisse la pratique de
» ces principes nous mériter toujours l'estime de
» nos amis et l'animadversion des ennemis du
» genre humain ! »

Nous reprîmes ensuite la route du temple avec les mêmes cérémonies et dans le même ordre qu'en venant à l'hôtel, et nous allâmes terminer la soirée au milieu d'une nombreuse société qui s'était réunie à notre demeure. Là je retrouvai, dans la foule qui remplissait les appartemens, un grand nombre de *nos frères*, et naturellement la conversation roula sur la fête du jour. L'un d'eux m'ayant demandé ce que j'en pensais, je ne pus m'empêcher de lui dire que je croyais qu'une pareille cérémonie paraîtrait fort extraordinaire en France, et que je doutais fort qu'une

procession maçonnique pût parcourir les rues de Paris sans exciter la gaîté et les mauvaises plaisanteries du peuple. « Mais vous avez cependant
» aussi des processions en France, » me dit-il,
« car je me rappelle en avoir vu plusieurs pen-
» dant le voyage que je fis il y a deux ou trois ans
» dans votre pays, et je n'ai pas remarqué qu'elles
» fussent frappées de ridicule par le peuple.....»
« Oh! mais c'est bien différent, » m'écriai-je,
» ces processions que vous avez vues en France
» sont les processions de l'église catholique, elles
» ont un autre but et d'autres formes que vos
» processions de francs-maçons. » — « C'est bien
» différent, dites-vous, » reprit gravement *mon frère* (que je me rappelai alors avoir vu dans notre cérémonie revêtu des insignes des plus hauts grades), « voyons donc ces différences
» Pour moi, je vous l'avoue, je n'y trouve au
» contraire, soit dit sans vous offenser, que des
» ressemblances. Si ce sont les tabliers et les or-
» nemens de nos frères que vous trouvez trop
» ridicules pour être montrés en public, je vous
» dirai que je trouve les bonnets et les vêtemens
» de vos prêtres non moins bizarres. Si nous por-
» tons en tête de nos processions des reliques,
» les prêtres catholiques n'en portent-ils pas aussi?
» et croyez-vous que la Bible, qui renferme
» la parole de Dieu, mérite moins de figu-
» rer à la tête d'une procession qu'une croix d'ar-

» gent ou même qu'une croix d'or? Comme celles
» des catholiques, nos processions marchent au
» bruit de la musique et des chants des initiés,
» et ici l'avantage de la comparaison est, je crois,
» en notre faveur, d'abord, parce que notre mu-
» sique, sans être moins grave, est cependant
» moins monotone, et que nos chants étant en
» langue nationale, peuvent être compris de la
» multitude. Enfin, mon frère, » ajouta-t-il en
me pressant la main, « si de la comparaison des
» formes extérieures je passe à la comparaison du
» but moral, je me plais à croire qu'il n'y a en-
» core aucune différence. Nous nous proposons,
» comme vous le savez, dans notre association,
» d'améliorer l'espèce humaine en l'éclairant, et
» de soulager les malheureux en partageant nos
» biens avec eux. Quel plus noble but les catho-
» liques chercheraient-ils à atteindre par la pra-
» tique de leurs cérémonies religieuses? Et si
» nous marchons avec eux vers ce but commun,
» pourquoi paraîtrions-nous plus ridicules aux
» yeux de la multitude....? » — Comme étranger et comme franc-maçon, il ne me convenait
pas de pousser plus loin la discussion, et je gardai
le silence, d'où mon interlocuteur en conclut probablement que je me rangeais à son avis. Quelques instans après il reprit la conversation sur le
même sujet, et m'apprit pourquoi la franc-maçonnerie jouit d'une si grande faveur aux États-

Unis : « Mes compatriotes sont, comme vous le
» savez », me dit-il, « grands voyageurs, surtout
» par mer ; ils courent souvent, par conséquent,
» le risque de tomber entre les mains des pirates
» qui infestent les parages des Antilles que nous
» visitons beaucoup. Ces pirates, qui pillent et
» pendent tout le monde sans distinction de
» croyances religieuses, ont un respect particu-
» lier pour les francs-maçons qu'ils traitent pres-
» que toujours en frères. Je pourrais vous mon-
» trer, sans sortir de Richmond, un grand
» nombre d'individus qui n'ont dû le salut de
» leur vie et de leur fortune qu'à un signe ma-
» çonnique fait à propos sous le cimeterre des écu-
» meurs de mer. » — Je compris alors la vénération et le zèle des Américains pour la franc-
maçonnerie.

Le général Lafayette comptait, en sortant de
Richmond, aller faire une visite à son bon et
vieil ami, l'ex-président Jefferson, mais une invitation pressante qu'il reçut des citoyens de Petersburg apporta un léger changement à ce projet.
Il résolut de se rendre d'abord à cette invitation, et de revenir ensuite à Richmond pour y
reprendre la route de Monticello. Il nous fallut
près de six heures pour parcourir la route sablon-
neuse et boisée de Richmond à Petersburg, qui
n'est que de vingt-cinq milles environ. Chemin
faisant, les cavaliers de l'escorte nous montrèrent

dans une clairière une vieille église en bois qui servit de quartier général à Lafayette lorsque, pendant la guerre de Virginie, il manœuvra sur ce terrain pour tâcher d'empêcher la jonction de Cornwallis avec le général Phillips. En nous approchant davantage de la ville, le général Lafayette reconnut la position de laquelle il avait canonné et incendié Petersburg pour en déloger les Anglais qui y étaient entrés par une marche tellement rapide qu'il n'avait pu les prévenir. Les détails de cette partie de la campagne de Virginie, si intéressans sous le rapport stratégique, sont brièvement, mais très-clairement rapportés dans l'excellent ouvrage de M. Marshall, ayant pour titre : *Life of general Washington.*

Les vingt-quatre heures que le général Lafayette put passer au milieu des citoyens de Petersburg furent marquées par des plaisirs de tout genre. En parcourant les rues, des habitans lui firent remarquer, avec beaucoup de gaîté, combien la ville avait gagné à être incendiée par lui, en 1781. « Voyez, » lui disaient-ils, « à cette époque nous n'aurions pu vous rece- » voir que dans de misérables maisons de bois, » aujourd'hui elles sont grandes et bien bâties en » briques, et nous pouvons vous y offrir toutes » les commodités de la vie. »

Petersburg offre en effet un aspect agréable qui annonce l'aisance de ses habitans. C'est une jolie petite ville d'environ sept mille âmes, bâtie sur la rive sud-est de la rivière Apamatock, qui est navigable depuis ce point jusqu'à son embouchure dans James-River, pour les navires de soixante tonneaux. Tous les produits du sud de la Virginie, et la plupart de ceux de la Caroline du nord, n'ont, pour ainsi dire, d'autre débouché que Petersburg ; aussi le commerce de cette place est-il particulièrement considérable en tabac et en farine, qui est en grande partie fabriquée par les nombreux moulins situés près de la ville, au-dessous des chutes de l'Apamatock.

Après être revenus à Richmond, prendre quarante-huit heures de repos, nous nous mîmes en route pour Monticello, qui en est éloigné de quatre-vingts milles. Les cavaliers volontaires de Richmond et une députation du comité d'arrangement nous accompagnèrent. Nous allâmes coucher la première nuit à Milton, petit village situé à moitié chemin, où s'étaient réunis un grand nombre de cultivateurs des environs, pour offrir un banquet patriotique au général Lafayette. Le lendemain matin, au moment où nous allions monter en voiture, je fus pris d'un horrible vomissement de bile, et je ne pus sortir de ma chambre. On crut, et je crus moi-même un instant que j'étais menacé d'une fièvre bilieuse, maladie fort commune dans la Virginie, à cette époque de l'année, et qui souvent est mortelle.

Cependant une tasse de thé et deux heures de sommeil me rendirent assez de forces pour pouvoir monter en voiture, et continuer la route. Malgré mes prières, M. George Lafayette avait quitté le cortége de son père pour rester avec moi. Ce témoignage d'amitié, et les tendres soins qu'il me donna, me firent un bien que je n'oublierai jamais, et contribuèrent beaucoup, je crois, à achever de me rétablir. Nous voyageâmes assez lestement pour n'arriver que peu de temps après le général à Monticello. Nous trouvâmes M. Jefferson encore tout ému du plaisir d'avoir pu presser dans ses bras son ancien ami ; il nous reçut au milieu de sa nombreuse famille avec une aménité qui dissipa en un instant la timidité dont je ne pouvais d'abord me défendre en approchant un homme qui a tant fait pour les autres hommes.

Quand on se rappelle combien la vie de Jefferson fut remplie et utile à ses semblables, on se sent pénétré d'une sainte vénération pour lui ; mais bientôt à ce sentiment vient se joindre celui de la confiance et de l'amitié, quand on a vécu quelques jours près de lui. Il est difficile, je crois, de trouver un homme dont la conversation soit à la fois plus agréable et plus instructive. Doué d'une mémoire qui le reporte facilement au milieu de tous les événemens de sa vie, familier avec presque tous les arts et toutes les sciences, sa conversation peut aisément satisfaire à tous les besoins d'un esprit désireux de s'instruire.

Né à Shadwell, dans le comté d'Albemarle, état de Virginie, le 2 avril 1743, Thomas Jefferson fut élevé au collége de Williamsburg, et consacra les premières années de sa jeunesse à l'étude des lois. La situation avantageuse dans laquelle le plaçait la fortune considérable que lui avait laissée son père, Pierre Jefferson, un des plus anciens colons, et plus encore l'élévation de son esprit et de son caractère, le firent bientôt appeler à la législature de la Virginie qui l'envoya, en 1774, comme son représentant au congrès continental. Il ne tarda pas à se faire une grande réputation au sein de cette auguste assemblée qui, en 1776, adopta sa rédaction de *la déclaration d'indépendance*, composition non moins remarquable par la profondeur des pensées que par la clarté, la dignité et l'énergie du style, et qui eût suffi pour illustrer à jamais son auteur; mais Jefferson ne pouvait s'arrêter après un si glorieux début dans la carrière politique, il devait la parcourir toute entière du même pas, et chemin faisant, trouver encore le moyen de payer son tribut aux sciences et aux arts, qu'il ne négligea jamais.

Tour à tour législateur, gouverneur de la Virginie, représentant, ministre plénipotentiaire,

secrétaire d'état, vice-président des États-Unis, il passa pendant près d'un quart de siècle par tous les hauts emplois publics pour arriver à la première magistrature de la république. Sa nomination, qui eut lieu en 1801, en opposition à John Adams, fut regardée comme le triomphe du parti démocratique sur le parti fédéraliste. Alors, comme dans tous les temps, le parti vaincu exhala son désespoir par de grands cris, par de sourdes agitations, par des pamphlets incendiaires. Les journaux qui étaient son organe, déblatérèrent sans mesure contre le nouveau président et contre tous les hommes qui l'aidaient à supprimer les emplois inutiles, à introduire la plus sévère économie dans toutes les branches de l'administration, à réduire l'armée au strict nécessaire, et à donner enfin à la constitution cette allure franche qui convient si bien à la simplicité de sa conception. Mais Jefferson dédaigna ces vaines clameurs, et n'en continua pas moins l'œuvre de réforme et d'amélioration qu'il avait entreprise. En vain quelques amis, dans leur zèle mal entendu, vinrent lui conseiller de recourir à une loi répressive des abus de la presse, il repoussa leurs dangereux conseils : « Je suis trop heureux, » leur répondit-il, « de cette censure continuelle qu'exercent les
» journaux contre mon administration; car, par-
» mi toutes ces violences dictées par la passion,

» il peut se trouver une vérité, et j'en profiterai. » D'ailleurs, » ajouta-t-il, « un gouvernement » dont tous les actes se font au grand jour, dont » les membres vivent au milieu de leurs conci-» toyens, auxquels toutes leurs paroles sont » adressées, et sous les yeux desquels toutes » leurs mesures sont exécutées, n'a rien à crain-» dre que de sa mauvaise conduite. »

Sublime et sévère leçon dont les gouvernemens européens devraient bien profiter!

Tant de sagesse et de fermeté ne pouvait rester sans récompense au milieu d'une nation d'un sens droit. Jefferson fut réélu président à la presque unanimité des suffrages, en 1805. Parmi les faits remarquables qui signalèrent son administration, l'acquisition de la Louisiane, en 1803, ne fut pas un des moins avantageux aux États-Unis.

Enfin, en 1809, il rentra dans la vie privée, et vint chercher le repos dans sa retraite de Monticello. Là, au sommet d'une montagne qui domine au loin une fertile et riante vallée, sous un toit simple, mais de bon goût, élevé sous sa direction, et, pour ainsi dire, de ses mains, au milieu de ses enfans et petits-enfans dont il est l'idole, il consacre encore tout son temps et toutes ses facultés à l'amélioration, au bonheur de ses semblables. Par ses soins, *Charlotteville* a vu s'élever dans son sein une université, maintenant richement dotée, et renfermant déjà un grand nombre d'élèves. Encore quelques années, et cet établissement sera pour les états du Sud et de l'Ouest, ce que Cambridge est pour les états du Nord, une source féconde de lumières, à laquelle la jeunesse viendra puiser les connaissances et les principes qui forment les bons citoyens.

La retraite de M. Jefferson jouit, dans toute la Virginie, d'une grande réputation d'hospitalité; je remarquai, en effet, qu'elle était constamment ouverte, non-seulement à un grand nombre de visiteurs des environs, mais encore à tous les voyageurs étrangers qui y sont amenés par la curiosité ou par le désir bien naturel de voir *le sage de Monticello*, et de s'entretenir avec lui. J'ai déjà dit qu'il avait été l'architecte, et, pour ainsi dire, le constructeur de son habitation. Elle a la forme d'un octogone irrégulier, avec des portiques à l'est et à l'ouest, et des péristyles au nord et au midi. Son étendue, y compris péristyles et portiques, est d'environ cent dix pieds sur quatre-vingt-dix. L'extérieur, d'ordre dorique, est surmonté de balustrades; l'intérieur de la maison est orné de différens ordres d'architecture; le vestibule est d'après l'ionique, la salle à manger en dorique, le salon en corinthien, et le dôme en attique. Les appartemens sont ornés de diverses formes de ces ordres dans leurs véritables proportions, d'après Palladio. Partout, dans cette délicieuse demeure, on retrouve des preuves du bon goût du propriétaire, et de son amour éclairé pour les arts. Son salon est orné d'une collection de tableaux, dans laquelle on remarque avec plaisir une Ascension du *Poussin*, une Sainte Famille par *Raphaël*, une flagellation du Christ par *Rubens*, et le Crucifiement par le *Guide*. Dans la salle à manger, il y a quatre beaux bustes de Washington, Franklin, Lafayette et Paul Jones; il y a aussi quelques autres beaux morceaux de sculpture dans diverses parties de la maison. La bibliothèque, sans être considérable, est d'un excellent choix; mais ce qui excite surtout la curiosité des visiteurs, c'est le riche muséum qui est à l'entrée de la maison. Il renferme, en armes offensives et défensives, en vêtemens, ornemens et ustensiles des diverses tribus sauvages de l'Amérique septentrionale, la collection la plus variée, la plus complète qui ait jamais été faite. M. Trist, gendre de madame Randolphe, fille de M. Jefferson, jeune homme aussi aimable qu'instruit, eut la complaisance de me faire remarquer, parmi ces armes, celles qui ont appartenu au fameux Tecumseh; elles n'ont rien de remarquable, ni par la forme, ni par la matière, mais on ne peut s'empêcher de les considérer avec intérêt quand on connaît l'histoire de l'homme extraordinaire auquel elles ont appartenu. On sait que Tecumseh, né au milieu des Indiens Chipewas, sur les frontières du Canada, était chef de sa nation, et que son courage et son génie lui avaient acquis une immense influence sur toutes les nations voisines. Cet enfant de la nature avait été marqué, par sa mère, du sceau de la grandeur. Dans un corps parfaitement modelé, et de l'aspect le plus imposant, il renfermait l'âme d'un héros; et l'on peut affirmer que si le hasard l'eût fait naître au milieu des lumières de la civilisation, sa vaste intelligence lui aurait bientôt assigné une place parmi les premiers hommes de son siècle. Depuis long-temps il nourrissait en secret l'espoir d'opposer à la puissance toujours croissante des blancs une barrière insurmontable. A cet effet, il avait, pendant plusieurs années, parcouru presque toutes les tribus indiennes, pour les engager à entrer dans la ligue qu'il voulait former. Son éloquence persuasive, entraînante, lui avait assuré de nombreux partisans; déjà il croyait entrevoir dans un avenir assez rapproché l'époque à laquelle il pourrait lever, contre les blancs, le *tomahawk* qui devait régénérer ses frères, lorsque tout à coup la guerre éclata entre les États-Unis et l'Angleterre. Tecumseh contempla cet événement avec joie, car, selon lui, il devait être favorable à ses projets, puisqu'il allait hâter la destruction de ses ennemis par leurs propres mains. Il résolut, d'abord, de rester spectateur inactif, mais bientôt il changea d'avis. Aider premièrement à la destruction des plus forts, pour n'avoir plus ensuite qu'à frapper sur les plus faibles, lui parut d'une politique plus sage; et il céda volontiers aux sollicitations des Anglais qui recherchèrent son alliance par tous les moyens possibles. Il avait alors quarante ans; depuis son enfance il avait pris part à tous les engagemens contre les blancs, et personne encore ne pouvait lui reprocher une de ces actions cruelles si communes à ses compatriotes dans l'enivrement de la victoire. Il avait horreur du sang versé après le combat, et on le vit souvent défendre ses prisonniers contre la fureur de ses propres guerriers. Avec un si noble caractère, il devait bientôt avoir à rougir de l'atroce conduite de ses alliés, qui excitaient lâchement les Indiens qu'ils avaient enivrés, à massacrer leurs prisonniers blessés. Il leur témoigna bien tout le mépris qu'ils lui inspiraient, lorsqu'il refusa avec une noble fierté, et le grade de brigadier-général, et l'écharpe de soie que le général Proctor lui offrit au nom du roi d'Angleterre, comme récompense de son courage aux combats de Brownstown et de Magagua; mais toujours préoccupé de ses vastes projets, il crut devoir persister dans son alliance avec les Anglais jusqu'à ce que les Américains, qu'il regardait comme ses plus dangereux ennemis, fussent anéantis. A sa voix formidable, de nouvelles tribus vinrent se ranger sous ses ordres, et ce fut à la tête de l'élite de ses guerriers qu'il vint sur les bords de la rivière de Thames, prêter pour la dernière fois l'appui de son bras à ses alliés dans le combat qu'ils livrèrent au général Harrison. Dès le commencement de l'action, Tecumseh s'était élancé avec fureur au milieu des bataillons qui lui étaient opposés, et les avait d'abord ébranlés par l'audace de son attaque; mais ces bataillons reprirent bientôt leur aplomb, et le combat devint horrible. Les Indiens, excités par l'exemple de leur vaillant chef, renouvelaient sans cesse leurs attaques, que les Américains repoussaient avec une égale intrépidité. Au milieu de la mêlée, le colonel Johnson s'avança presque seul vers un groupe épais d'Indiens qui se ralliaient à la voix de Tecumseh. L'éclat de son uniforme, la blancheur de son cheval, le firent remarquer, et il devint le point de mire de tous les coups. En un moment il fut renversé criblé de blessures. Tecumseh arriva dans cet instant près de lui, et leva son tomahawk pour lui donner la mort; mais frappé, soit de son intrépidité, soit de sa triste situation, il hésita un instant, et cet instant lui fut fatal, il fut celui de sa mort.... Le colonel Johnson, recueillant les forces qui lui restaient, et reconnaissant toute l'étendue du danger qu'il courait, saisit un pistolet à sa ceinture et le tira presque à bout portant dans la poitrine de Tecumseh, qui tomba mort à ses côtés..... Ainsi périt cet homme extraordinaire sur lequel reposaient toutes les espérances de tant de nations qui décroissent chaque jour, et dont la civilisation aura bientôt détruit jusqu'aux traces de leur existence passée. Le corps de Tecumseh fut retrouvé parmi les morts après le combat. Les Américains le reconnurent à son aspect imposant, et pour rendre hommage à son courage, qu'ils avaient si souvent éprouvé, ils l'enterrèrent avec tous les honneurs militaires.

Les terres qui environnent la maison de M. Jefferson, et qui constituent sa propriété, ont plusieurs mille arpens d'étendue, mais douze à quatorze cents arpens seulement sont défrichés, le reste est encore couvert de forêts. Les principaux produits sont les céréales et le tabac. La culture me parut assez soignée en général, mais si j'en juge sur quelques observations que j'ai faites, elle doit être bien coûteuse, et par conséquent laisser très-peu de bénéfice au propriétaire. Comme tous les cultivateurs de la Virginie, M. Jefferson fait valoir ses terres avec des bras esclaves, c'est-à-dire que s'il a besoin, pour son exploitation, de cinquante nègres, il faut qu'il en nourrisse, qu'il en loge et qu'il en habille cent; car si sur cent esclaves on défalque les vieillards, les enfans, les femmes faibles et les malades, on trouvera certainement qu'il reste à peine cinquante individus en état de travailler; encore faut-il ajouter que les cinquante individus actifs ne font pas l'ouvrage que feraient trente hommes libres payés à la journée, et cela se conçoit facilement. L'ouvrier libre, payé à la journée, sait que s'il n'apporte pas à son travail toutes ses forces et toute son intelligence, celui qui le paye cessera de l'employer pour en prendre un autre plus laborieux, et qu'il sera réduit à la misère; l'ouvrier esclave, au contraire, sait que quelle que soit la faiblesse ou la valeur de son travail, son sort sera toujours le même; il n'ignore pas que pour conserver le capital que représente son individu, son maître sera toujours forcé de le nourrir, de le loger, de l'habiller, de soigner sa santé et de le garder. Aussi, sans inquiétudes comme sans espérances pour l'avenir, l'ouvrier esclave ne peut, ne doit avoir qu'un désir, c'est celui du repos. Que lui importe en effet, que la prospérité de son maître augmente ou diminue! Les résultats pour lui ne sont-ils pas toujours les mêmes? n'est-il pas toujours dans l'esclavage? De ces considérations on peut hardiment conclure que trente ouvriers libres, payés à la journée, feraient l'ouvrage de cent esclaves qu'un propriétaire est obligé de nourrir et habiller pendant toute l'année pour avoir cinquante travailleurs. Je suppose que l'entretien de chaque esclave ne coûte qu'un franc par jour au maître, et que le salaire d'un ouvrier libre en coûte trois, il y aurait donc une différence de dix pour cent, par jour, en faveur de la culture par des mains libres. Cette différence ne paraît pas, d'abord, très-considérable, mais si l'on fait ensuite entrer en ligne de compte l'énorme capital de cinquante mille francs au moins que doivent coûter l'achat de cent esclaves; si l'on tient compte aussi des cinquante-deux dimanches et des fêtes que l'on ne paye pas aux ouvriers libres, et pendant lesquels les esclaves mangent, néanmoins, quoiqu'ils ne travaillent pas, on verra alors combien cette différence devient plus grande, et on aura peine à comprendre comment un propriétaire cultivateur (à part ses sentimens d'humanité, et ne consultant que son intérêt personnel), ne fait pas plus d'efforts pour remplacer la culture esclave par la culture libre.

La bonne mine et la gaîté des nègres de Monticello attesteraient au besoin l'humanité de leur maître, si un aussi noble caractère avait besoin d'attestation. Tous ceux avec lesquels je m'entretins m'assurèrent qu'ils se trouvaient parfaitement heureux, qu'ils n'étaient soumis à aucun mauvais traitement, que leur tâche était fort douce, et qu'ils cultivaient la terre de Monticello avec d'autant plus de plaisir, qu'ils avaient à peu près la certitude de n'en être point arrachés pour être transportés ailleurs, tant que vivrait M. Jefferson. Cette conversation me prouva que, quoi qu'en disent les propriétaires, il y aurait un moyen infaillible d'éveiller parmi les esclaves l'amour du travail, et de gagner leur affection; ce moyen serait de les attacher à la glèbe, de les habituer à se considérer comme faisant partie inaliénable de la propriété à laquelle ils appartiennent, de leur donner enfin l'assurance qu'ils jouiront des améliorations ou des embellissemens qu'ils créent à la sueur de leur front. Lorsqu'ils sauraient que la terre qui les a vus naître doit les nourrir jusqu'à la fin de leurs jours, ils s'y attacheraient et prendraient plaisir à la rendre plus productive. Les maîtres eux-mêmes s'affectionneraient davantage à des êtres qu'ils ne seraient plus habitués à considérer comme des bêtes de somme dont on se défait quand on n'a pas le talent de les conduire. Forcés de les garder, ils apporteraient plus de soins à leur perfectionnement moral et physique. Alors cesseraient ces horribles marchés qui, brisant sans pitié les liens de la nature ou des affections, arrachent l'enfant à sa mère, séparent le mari de sa femme, le frère de sa sœur, le malheureux, des amis auxquels l'unissait du moins la même chaîne.

Les objections contre l'émancipation générale

et immédiate sont sans réplique; les objections contre l'émancipation graduelle sont sujettes à discussion; mais les objections contre le changement de l'esclavage en servitude, comme je viens de l'indiquer, me paraissent bien faciles à réfuter. Le gouvernement des États-Unis a donné une grande leçon au monde entier, en flétrissant et punissant comme un crime capital la traite des noirs. La Virginie s'est acquis de grands droits à la reconnaissance des amis de l'humanité, en s'opposant dès son enfance, pour ainsi dire, à l'importation des esclaves sur son territoire; mais il reste encore bien des palmes à cueillir dans cette carrière de justice et de philanthropie; la première à décerner appartiendra, je crois, à l'état qui le premier remplacera ses esclaves par des *serfs*.

Avant de quitter M. Jefferson, nous allâmes avec lui visiter l'université de Charlotteville; il nous y conduisit dans une calèche fort élégante, fabriquée par ses nègres sur son habitation; elle me parut fort bien exécutée, et je trouvai qu'il y avait dans sa perfection un argument puissant contre ceux qui prétendent que l'intelligence des nègres ne pourra jamais s'élever à la hauteur des arts mécaniques.

A Charlotteville tout avait été préparé avec soin par les citoyens et les élèves de l'université, réunis pour recevoir dignement le général Lafayette. La vue de l'hôte de la nation, assis au banquet patriotique, entre Jefferson et Madison, excita parmi les convives un enthousiasme qui s'exprima par des saillies pétillantes de franchise et d'esprit. M. Madison, qui était arrivé le jour même à Charlotteville pour assister à cette réunion, se fit remarquer entre tous par l'originalité de son esprit, et la délicatesse de ses allusions. Avant de quitter la table, il demanda à porter un toast, et il but : « *A la liberté : elle a la vertu* » *pour hôte, et pour fête la reconnaissance.* » Sa pensée fut facilement comprise par les convives et applaudie avec transports.

Après le repas, nous visitâmes l'établissement. Il se compose de deux lignes parallèles de petits bâtimens, offrant, dans leur construction, chacun un genre différent d'architecture. Entre ces deux lignes, à leur extrémité, s'élève un autre bâtiment construit sur les plans du *Parthenon d'Athènes*, réduits au cinquième de leurs dimensions primitives, renfermant la bibliothèque et une vaste salle circulaire destinée aux réunions générales. Toutes ces diverses constructions ont été conduites par M. Jefferson lui-même, qui se plaît à passer, chaque jour, plusieurs heures, tantôt au milieu des ouvriers, tantôt au milieu des élèves et des professeurs, qui tous se trouvent également bien de ses sages conseils.

Avant de prendre congé de la jeunesse de Charlotteville, et de ses respectables professeurs,

M. Spottswood nous conduisit dans une petite
salle, où il nous fit voir un serpent à sonnettes
qui se promenait librement sur le parquet. On
l'avait fait prendre quelques jours auparavant
dans les bois, pour l'offrir à M. George Lafayette,
qui avait témoigné le désir d'en avoir un. Nous
contemplâmes avec plaisir ce dangereux reptile,
dont le regard perçant, les mouvement souples,
le corps livide, coupé de larges bandes noires,
et la queue bruyante, nous auraient sans doute
inspiré un sentiment d'une autre nature, si nous
n'avions su qu'on avait rendu sa rage impuissante
en lui arrachant la dent canelée à l'aide de laquelle cet animal introduit si subtilement la
mort dans les veines de la victime qu'il peut
atteindre. Le poison distillé par le serpent à sonnettes est, dit-on, si violent, qu'il donne souvent
la mort en moins d'une demi-heure. On a long-
temps douté de la possibilité d'apporter un remède efficace à la morsure de ce reptile ; peut-
être même quelques personnes en doutent-elles
encore ; cependant le docteur Thacher affirme
positivement, dans son excellent journal militaire de 1776, que l'emploi de l'huile d'olive et
du mercure lui a parfaitement réussi dans le cas
suivant :

En arrivant à Ticonderoga, un soldat américain eut l'imprudence de vouloir prendre un serpent à sonnettes, en le saisissant par la queue ;

le serpent se retourna et le mordit à la main. En moins d'une demi-heure, le bras et l'épaule enflèrent de plus du double de la grosseur naturelle, et la peau prit une teinte d'un jaune d'orange foncé. Bientôt tout le même côté du corps éprouva les mêmes accidens, et l'estomac ressentit de violentes envies de vomir. Cependant plusieurs heures se passèrent sans que la mort survint; alors le docteur Thacher, et deux médecins de ses amis, prirent la résolution de faire avaler au patient une grande quantité d'huile d'olive, à doses souvent répétées, et de frictionner en même temps les parties affectées, avec de l'onguent mercuriel. Au bout de deux heures, le remède opéra d'une manière efficace. Les symptômes alarmans disparurent, l'enflure diminua, et au bout de quarante-huit heures le retour de la santé était complet.

Les Indiens prétendent avoir un spécifique contre la morsure des serpens à sonnettes; ils assurent qu'en appliquant immédiatement sur la plaie, la pulpe bien mâchée d'une espèce de tubercule assez semblable à une petite pomme-de-terre, ils paralysent complétement l'action du venin, et évitent tous les accidens. Je ne donne ceci que comme une opinion populaire qui mériterait un examen attentif, auquel je n'ai pas eu occasion de me livrer pendant le cours trop rapide de notre voyage.

Malgré tout le bonheur que le général Lafayette goûtait près de son vieil ami, M. Jefferson, il lui fallut le quitter, car d'autres affections et d'autres engagemens l'appelaient encore sur bien des points de cette vaste république dont nous n'avions encore visité qu'une faible partie, quoique depuis notre débarquement nous eussions constamment voyagé à raison de près de quarante milles par jour. En quittant Monticello, nous nous rendîmes à Montpelier, charmante résidence de l'ex-président des États-Unis, M. Madison. Là, nous trouvâmes, à quelques nuances près, les mêmes habitudes, les mêmes vertus qu'à Monticello.

La carrière de M. Madison eut une étonnante conformité avec celle de M. Jefferson, avec lequel il fut toujours lié de la plus tendre amitié.

Comme son illustre ami, M. Madison se livra de bonne heure à l'étude des lois, et fut appelé encore jeune, par ses concitoyens, à défendre leurs plus chers intérêts dans les assemblées législatives. Comme lui, il brilla par son talent oratoire et par la hardiesse de ses conceptions, dans cette assemblée qui s'immortalisa en déclarant la *patrie indépendante*. Comme lui, il fut appelé deux fois par le peuple à la première magistrature de la république, et pendant une partie de son administration, eut à soutenir une guerre étrangère qu'il termina glorieusement : comme lui, enfin, en sortant du palais du président des États-Unis, il alla dans la retraite fructifier son champ et cultiver les lettres avec lesquelles il n'avait jamais rompu tout commerce, malgré les nombreuses occupations politiques de sa vie si active.

M. Madison a maintenant soixante-quatorze ans, mais son corps, bien conservé, renferme une âme encore jeune et pleine d'une douce sensibilité qu'il ne craignit pas de laisser voir toute entière quand il exprima au général Lafayette le plaisir qu'il avait de le posséder dans sa maison. Quoique l'habitude de la réflexion et du travail ait fait contracter à son visage les apparences d'une grande sévérité, cependant toutes les impressions de son cœur se peignent rapidement dans ses traits, et sa conversation est ordinairement animée d'une douce gaîté. Madame Madison contribue beaucoup aussi, par les grâces de son esprit et l'aménité de son caractère, à rendre plus précieuse encore la franche hospitalité avec laquelle les étrangers sont accueillis à Montpellier.

Je ne donnerai aucun détail sur la culture de la propriété de M. Madison; elle est tout ce qu'elle peut être entre les mains d'un homme remarquable par son bon goût et son esprit d'ordre, mais qui ne peut employer que des esclaves qui, quelle que soit leur reconnaissance pour les bons traitemens de leur maître, doivent toujours préférer leur repos présent à l'augmentation de sa richesse.

Les quatre jours que nous passâmes chez M. Madison furent agréablement employés en promenades sur sa belle propriété, et plus agréablement encore en conversations du soir, sur tous les grands intérêts américains qu'on sait être si chers au général Lafayette. La société qui était alors habituellement rassemblée à Montpellier, se composait presque en totalité de propriétaires du voisinage, qui, en général, me parurent au moins aussi versés dans la connaissance de toutes les grandes questions politiques de leur pays, que dans celles de l'agriculture. Le général Lafayette qui, tout en comprenant bien la fâcheuse position des propriétaires d'esclaves aux États-Unis, et ne pouvant méconnaître la plupart des obstacles qui s'opposent à une plus rapide émancipation des noirs, ne manque cependant jamais l'occasion de défendre les droits *que tous les hommes sans exception* ont à la liberté, souleva, au milieu des amis de M. Madison, la question de l'esclavage. Elle fut abordée et discutée par eux franchement et de manière à me confirmer dans l'opinion que je m'étais déjà faite des nobles sentimens de la majorité des Virginiens, sur cette déplorable matière. Il me semble que maintenant, en Virginie, l'esclavage ne peut plus subsister long-temps, car son principe y est condamné par tous les hommes éclairés, et quand l'opinion publique condamne un principe, ses conséquences n'ont plus long-temps à subsister.

Après la question de l'esclavage corporel des États-Unis, on traita la question non moins importante de l'*esclavage spirituel* auquel sont condamnés quelques peuples d'Europe par les *religions dominantes*, par les *religions d'État*. Les amis de M. Madison se félicitèrent de ce que cet esclavage-là du moins n'était pas connu dans leur chère patrie. Ils entrèrent dans quelques détails qui m'apprirent qu'ils ne seraient pas hommes à se contenter de ce que nous invoquons sans cesse en Europe comme un bienfait; je veux parler de la *tolérance* religieuse.

« La tolérance, » nous dit l'un d'eux, « est sans
» doute préférable à la persécution, mais elle se-
» rait insupportable dans un pays libre, parce
» qu'elle marque un orgueil insultant. Pour don-
» ner à une religion le droit de tolérer, et pour
» faire subir aux autres la honte d'être *tolérées*,
» il faut d'abord prouver que la tolérante est la
» seule bonne, tandis que les *tolérées* sont mau-
» vaises. Mais comment obtenir cette preuve,
» puisque chacun croit sa propre religion la
» meilleure? Le mot de tolérance est donc une
» insulte, et ne peut être raisonnablement rem-

» placé que par le mot *liberté*. Cette liberté re-
» ligieuse, nous l'avons maintenant dans toute
» l'étendue de son acception, et nous pouvons
» assurer que, de nos vingt-quatre états, il ne s'en
» trouve pas un où elle ne soit mieux entendue
» que dans aucune partie de l'Europe. Cepen-
» dant nous avons eu aussi nos temps de *tolé-*
» *rance*, je dirai même nos temps d'*intolérance*;
» avant notre glorieuse révolution, par exemple,
» nous gémissions encore sous des lois en vertu
» desquelles, pour certains degrés d'hérésie, un
» père pouvait être privé d'élever ses propres
» enfans, tout individu pouvait perdre les droits
» de citoyen et une partie de la protection des
» lois, et quelquefois même être brûlé..... Au-
» jourd'hui, quelle heureuse différence! Grâces à
» nos nouvelles lois, dignes des sages immortels
» qui ont été appelés à les rédiger, nul individu
» ne peut plus être forcé d'observer aucun
» culte religieux, ni de fréquenter aucun lieu,
» ni d'entretenir aucun ministre, de quelque
» religion qu'il soit, ni contraint, retenu, in-
» quiété ou opprimé dans sa personne ou ses
» biens; et enfin, on ne peut le persécuter en
» aucune manière au sujet de ses opinions reli-
» gieuses; mais tous les hommes ont la liberté
» *de professer et de soutenir, par des raison-*
» *nemens*, leurs opinions en matière de religion,
» et ces opinions ne peuvent rien diminuer, ac-

» croître ou produire par rapport à leurs droits
» civils. »

J'avais, comme on le pense bien, prêté une attention scrupuleuse à cette conversation si intéressante; un de nos interlocuteurs, qui s'en était aperçu, me prit à part pendant que madame Madison préparait le thé, et me dit : « Puisque vous
» prenez un si vif intérêt à tout ce qui se ratta-
» che à la création de nos institutions, je veux
» vous faire connaître un fait dont mon ami n'a
» point parlé, dans la crainte, sans doute, de
» blesser la modestie du maître de la maison.
» — Vous savez peut-être qu'avant la révolution
» la religion anglicane était dominante dans cet
» état; ses ministres, mécontens de l'égalité que
» la loi de 1776 établissait entre les diverses re-
» ligions, plus mécontens encore de la loi de 1779
» qui les privait des appointemens qu'ils avaient
» jusqu'alors reçus du gouvernement, déclarè-
» rent qu'ils ne pouvaient se contenter des con-
» tributions volontaires, et firent présenter à l'as-
» semblée générale, pendant la session de 1784
» à 1785, une pétition tendant à obtenir l'*en-*
» *tretien des ministres de l'Évangile* par le gou-
» vernement. Cette pétition, soutenue par les
» talens les plus populaires de la chambre, sem-
» blait devoir réunir la majorité des suffrages.
» Pour paralyser ce succès, quelques membres
» demandèrent et obtinrent le renvoi de la pé-

» tition à la session suivante, ainsi que son im-
» pression, pour être soumise au jugement du
» public. Pendant ce temps, le colonel G. Ma-
» son et le colonel G. Nicholas, prièrent M. Ma-
» dison de rédiger une réfutation de la pétition.
» Cette réfutation, distribuée avec profusion
» au peuple, eut un tel succès, que bientôt
» elle fut revêtue d'un nombre prodigieux de si-
» gnatures d'hommes de toutes les sectes ou com-
» munions, et qu'à la session suivante la péti-
» tion fut repoussée avec force. Vous serez, je
» n'en doute pas, satisfait de la lecture de cet
» écrit qui, selon moi, renferme tout ce que l'on
» peut dire de plus fort et de plus sage en faveur
» de la liberté religieuse; je puis vous l'envoyer
» demain, car j'en possède encore plusieurs exem-
» plaires.

» Depuis la *déclaration de liberté religieuse*
» qui a fait droit à cette pétition, il n'y a point
» aux États-Unis de religion nationale; les frais
» du culte sont fournis par des contributions vo-
» lontaires. Cet état de choses contraste singu-
» lièrement avec la politique des nations euro-
» péennes; et cependant la religion n'est nulle-
» ment négligée parmi nous. Il est vrai que la
» population des campagnes ne possède pas un
» grand nombre de lieux où elle puisse célébrer
» son culte; mais on ne doit pas oublier que
» cette population est répandue en petites por-

» tions sur un territoire nouveau; et qu'en outre
» l'Europe doit la grande magnificence de ses
» églises, non au zèle religieux d'un siècle éclairé,
» mais à la superstition et à la bigoterie des siè-
» cles d'ignorance. On remarquera d'ailleurs que,
» dans les grandes villes de l'Europe, où l'excès
» de la population ne se trouve plus en rapport
» avec les fonds primitifs de l'église, les lieux où
» le culte se célèbre ne sont pas dans une pro-
» portion beaucoup plus grande que dans les
» États-Unis. En 1817, Boston, dont la popu-
» lation s'élevait à quarante mille âmes, avait
» vingt-trois églises; New-York, dont la popu-
» lation était de cent vingt mille âmes, en
» possédait cinquante-trois; Philadelphie, qui
» contenait cent mille âmes, en avait quarante-
» huit. Cincinnati, dans l'état de l'Ohio, peu-
» plé de huit mille habitans, quoiqu'il comptât
» à peine sept ans depuis sa fondation, avait
» cinq temples, et l'on en construisait deux au-
» tres. Ce n'est qu'entre les grandes villes d'Amé-
» rique et d'Europe que la comparaison peut
» s'établir; et si l'entretien des églises est regardé
» comme une preuve irrécusable de zèle pour la
» religion, nous observerons que l'on construit
» les nouvelles églises d'Europe au moyen de
» contributions obligées, tandis qu'en Amérique
» elles s'élèvent au moyen de contributions vo-
» lontaires. »

Le lendemain matin, avant de quitter Montpellier, je reçu en effet l'écrit en question, et je le parcourus avec empressement : je ne le trouvai point au-dessous de l'éloge qu'on m'en avait fait. Les principes qu'il renferme sont si simples, si raisonnables, si éloquemment établis et défendus, qu'il me semble difficile qu'on puisse dire maintenant quelque chose de plus sur cette matière. La publicité d'un pareil écrit ne pouvant, selon mon opinion, que produire de bons résultats dans tous les temps et dans tous les lieux, je crois devoir en donner ici une traduction aussi fidèle que le permet la différence du génie des deux langues.

« *A l'assemblée générale de l'état de Virginie ;*
» *mémoire et remontrances.*

» Nous, soussignés, citoyens de la république
» de Virginie, ayant pris sérieusement en con-
» sidération un bill imprimé par ordre de l'as-
» semblée générale dans sa dernière session,
» ayant pour titre : « *Bill pour la fixation du*
» *traitement des ministres de la religion chré-*
» *tienne,* » persuadés que ce bill, protégé par la
» sanction de la loi, peut devenir entre les mains
» du pouvoir une source d'abus, nous nous croyons
» obligés, comme membres fidèles d'un état li-
» bre, à voter contre ce bill, et à motiver ainsi
» qu'il suit notre vote :

» Nous votons contre le bill.

» Parce que : nous regardons comme une vé-
» rité incontestable que notre religion ou le culte
» que nous rendons à notre Créateur, ainsi que
» nos pratiques extérieures, ne peuvent être dé-
» terminées que par la raison et la conviction,
» et non par la force ou la violence. C'est un
» droit pour chaque homme de pratiquer sa re-
» ligion selon sa conscience. Ce droit est naturel
» et inaliénable. Il est inaliénable parce que
» l'opinion des hommes ne se formant que par
» l'évidence créée par leur propre esprit, ils
» ne peuvent obéir aux préceptes d'un autre
» homme. C'est un devoir pour chaque homme
» de rendre au Créateur un hommage, mais seu-
» lement un hommage que lui-même juge digne
» de lui ; ce devoir précède, dans l'ordre des
» temps, les droits du corps social, il doit être
» considéré comme sujet du gouverneur de l'u-
» nivers. Si un membre d'un corps social, en
» entrant dans une association inférieure, ne doit
» point s'écarter de ses devoirs envers l'autorité
» générale, à plus forte raison un homme qui
» devient membre d'un corps social ne doit-il
» point oublier le respect et la fidélité qu'il doit
» au souverain de l'univers. Nous soutenons, par
» conséquent, que les droits de l'homme, en
» matière de religion, ne peuvent en aucune
» façon être restreints par l'institution d'un

» corps social, et que la religion n'est en aucune
» façon du ressort de son autorité. Il est vrai
» que, dans le cas où une question divise la
» société, il n'y a d'autre règle pour la décider
» que le vœu de la majorité; mais il est vrai
» aussi que la majorité peut blesser les droits de
» la minorité.

» Parce que : si la religion n'est point du res-
» sort du corps social, elle est encore bien moins
» soumise à l'autorité du corps législatif. Ce der-
» nier n'est que la créature et le vice-gérent du
» premier; sa juridiction est dérivative et limi-
» tée; si elle est limitée à l'égard des autres corps
» du même degré, à plus forte raison doit-elle
» l'être à l'égard de ses constituans. La conser-
» vation d'un gouvernement libre n'exige pas
» seulement que les démarcations et les limites
» qui déterminent les attributions de chaque
» département du pouvoir soient invariablement
» maintenues, mais bien qu'il ne soit permis
» à aucun d'eux de franchir la grande barrière
» qui défend les droits du peuple. Les législa-
» teurs qui ne respectent point cette garantie,
» abusent de l'autorité qui leur est confiée, et
» deviennent tyrans; et les peuples qui souffrent
» ces abus ne sont plus gouvernés par des lois
» faites par eux, ni par une autorité établie par
» eux, mais deviennent esclaves.

» Parce que : il est juste de prendre l'alarme à la

» première attaque dirigée contre notre liberté.
» Nous croyons que cette prévoyante sollicitude
» est un des premiers devoirs des bons citoyens,
» et l'un des plus nobles traits caractéristiques
» de notre révolution. Les hommes libres de
» l'Amérique n'ont point attendu qu'un pouvoir
» usurpateur se soit fortifié par l'exercice, et ait
» compliqué la question par des précédens. Dans
» le principe même ils virent les conséquences,
» et ils s'empressèrent d'éviter les conséquences
» en détruisant le principe. Nous estimons cette
» leçon trop bonne pour vouloir l'oublier sitôt.
» Qui ne voit pas que la même autorité qui peut
» favoriser le christianisme à l'exclusion de toutes
» les autres religions, pourra aussi favoriser, avec
» la même facilité, une secte particulière du
» christianisme à l'exclusion de toutes les autres
» sectes? Et que la même autorité qui, aujour-
» d'hui, peut forcer un citoyen à payer *trois*
» *pences seulement* pour l'entretien d'un éta-
» blissement quelconque, pourra bientôt le forcer
» aussi à contribuer d'une grande partie de sa
» fortune à l'entretien de tous les établissemens
» et dans tous les cas possibles.

» Parce que : ce bill viole l'égalité qui doit
» être la base de chaque loi, et qui devient plus
» indispensable en proportion de ce que la vali-
» dité ou l'influence de la loi est plus exposée à
» être détruite. Si *tous les hommes sont, par*

» *leur nature, également libres et indépen-*
» *dans* [1], on doit aussi regarder tous les hommes
» comme entrant dans la société à des conditions
» égales, comme perdant et regagnant une égale
» portion de leurs droits. Et avant tout, ils
» doivent être regardés comme ayant *un titre*
» *égal au libre exercice de la religion, en n'écou-*
» *tant que la voix de leur conscience* [2]. Lorsque
» nous nous assurons à nous-mêmes la liberté d'em-
» brasser, de professer et d'observer la religion
» que nous croyons être d'origine divine, nous
» ne pouvons refuser une liberté égale à ceux dont
» l'âme ne s'est point encore ouverte à la convic-
» tion qui nous a frappés. Si quelqu'un abuse de
» cette liberté, c'est une offense envers Dieu et
» non envers les hommes; c'est donc à Dieu
» seul et non aux hommes qu'il faut en rendre
» compte. Ce bill viole l'égalité en frappant des
» impôts sur les uns et créant des exemptions
» pour les autres. Les quakers et les menonistes
» sont-ils donc les seuls qui regardent comme
» inutile ou blâmable que l'autorité soutienne
» leur religion ? Sont-ils donc les seuls à la piété
» desquels on puisse confier le soin d'un culte
» public ? Leur secte doit-elle être douée, au
» préjudice de toutes les autres, de priviléges

---

[1] Déclaration des droits, art. 1er.
[2] *Idem*, art. 16.

» extraordinaires qui lui fassent des prosélytes
» jusque dans le sein des autres sectes ?

» Parce que : le bill permet au magistrat civil
» de se constituer juge compétent d'une vérité
» religieuse, ou de se servir de la religion comme
» instrument de l'autorité civile. Le premier fait
» est une prétention arrogante torturée d'après
» les opinions contradictoires des législateurs de
» tous les temps et de tous les lieux. Le second
» est un renversement impie des moyens de
» salut.

» Parce que : l'établissement proposé par le
» bill est inutile au soutien de la religion chré-
» tienne ; dire qu'il est nécessaire, c'est contre-
» dire l'histoire même de cette religion, dont
» chaque page renie l'autorité des puissances de
» ce monde. C'est contredire aussi les faits, car
» il est bien reconnu que cette religion a long-
» temps existé et prospéré, non-seulement sans
» l'appui des lois humaines, mais même malgré
» ces lois ; et non-seulement pendant la période
» des secours miraculeux, mais même long-temps
» après qu'elle fut abandonnée à ses propres
» forces et aux soins ordinaires de la Providence.
» Parler de lois pour soutenir une religion, c'est
» affaiblir en ceux qui professent cette religion
» une pieuse confiance dans son excellence innée,
» et dans la protection de son auteur ; c'est nour-
» rir en ceux qui la rejettent encore, ce soupçon,

» que ses amis connaissent trop bien toute sa
» fausseté pour oser l'abandonner à ses propres
» forces.

» Parce que : l'expérience a prouvé que les
» établissemens ecclésiastiques, loin de conserver
» la pureté et l'efficacité de la religion, avaient
» une influence contraire. Pendant près de quinze
» siècles on a tenté l'établissement légal du chri-
» stianisme : quels ont été les fruits de ces ten-
» tatives? Partout plus ou moins d'orgueil et
» d'indolence dans le clergé ; d'ignorance et de
» servitude dans les laïques ; de bigoterie, de
» superstition et de persécution dans les uns et
» dans les autres. Demandez aux prêtres quel
» fut le plus beau temps du christianisme. Tous,
» de quelque secte qu'ils soient, vous diront que
» ce fut celui qui précéda l'époque de son incor-
» poration à la politique civile. Maintenant,
» proposez de ramener le christianisme à son état
» primitif, dans lequel les prêtres n'auront de
» salaire à espérer que de la reconnaissance de
» leurs troupeaux ; aussitôt ils vous prédiront sa
» ruine. Dans quel cas devons-nous donc croire
» leur témoignage ? Est-ce lorsqu'ils parlent
» pour ou contre leur intérêt personnel ?

» Parce que : si la religion n'est pas du ressort
» de l'autorité civile, comment peut-on dire que
» son établissement légal est nécessaire à cette
» autorité ? Quelle influence, au fait, ont eu jus-

» qu'ici les établissemens ecclésiastiques sur la
» société civile ? On les a vus quelquefois ériger
» une tyrannie spirituelle sur les ruines de l'au-
» torité civile ; on les a vus souvent soutenir la
» tyrannie politique, mais jamais on ne les a
» vus défenseurs des libertés du peuple. Des
» législateurs qui désiraient détruire les libertés
» publiques peuvent avoir recherché un appui
» dans l'établissement d'un clergé, mais un gou-
» vernement juste, institué pour protéger et
» perpétuer la liberté, n'a pas besoin d'un tel
» auxiliaire. Un bon gouvernement se maintien-
» dra bien mieux en protégeant chaque citoyen
» dans l'exercice de sa religion, comme il le pro-
» tége dans sa personne et dans sa propriété,
» en respectant les droits de chaque secte, et en
» ne permettant à aucune secte de blesser les
» droits d'une autre secte.

» Parce que : l'établissement proposé s'éloigne
» de cette politique généreuse qui, offrant un
» asile aux persécutés et aux opprimés de chaque
» nation et de chaque religion, promettait une
» gloire nouvelle à notre pays, et un accroisse-
» ment au nombre de ses citoyens. Mais quel
» triste présage d'une dégénération soudaine nous
» offre ce bill ! Au lieu de consacrer un asile aux
» persécutés, il est par lui-même un signal de
» persécution. Il repousse des rangs de l'égalité
» tout citoyen dont les opinions religieuses ne se

» plient pas à celles de l'autorité législative ; quel-
» que différent qu'il paraisse, par sa forme, de
» l'inquisition, il n'en diffère cependant que par
» une nuance. L'un est le premier pas, l'autre
» le dernier dans le chemin de l'intolérance.
» L'homme généreux qui gémit sous ce fléau,
» dans d'autres contrées éloignées de nous, doit
» regarder ce bill comme un signal placé sur nos
» côtes pour l'avertir que désormais il doit cher-
» cher, sous un autre ciel, cette liberté et cette
» philanthropie qui autrefois auraient pu lui of-
» frir parmi nous un refuge assuré contre la per-
» sécution.

» Parce que : il tend aussi à bannir nos ci-
» toyens. Leur nombre diminuera chaque jour
» par les avantages que leur offriront d'autres
» situations. Ajouter de nouveaux motifs à leur
» émigration, en détruisant la liberté dont ils
» jouissent maintenant, serait donner un exem-
» ple de folie pareille à celle qui a déshonoré et
» dépeuplé des royaumes florissans.

» Parce que : il tend à détruire cette modéra-
» tion et cette harmonie que la défense faite par
» nos lois de se mêler de discussions religieuses
» a établies entre les différentes sectes. Des tor-
» rens de sang ont été répandus dans le Vieux-
» Monde, par les efforts du bras séculier, pour
» éteindre toutes discussions religieuses, en fai-
» sant disparaître toutes différences dans les opi-

» nions religieuses. Le temps a indiqué enfin le
» véritable remède. Le relâchement d'une poli-
» tique étroite et rigoureuse, partout où on l'a
» essayé, a seul adouci le mal. L'Amérique a
» prouvé qu'une liberté sans restrictions, a,
» sinon entièrement détruit, du moins combattu
» efficacement son influence sur la prospérité de
» l'état. Si malgré les heureuses expériences du
» passé, nous commençons aujourd'hui à resserrer
» les limites de la liberté religieuse, je ne sais
» plus de quel nom assez sévère flétrir notre folie.
» Profitez au moins des leçons que nous donnent
» les premiers effets de l'innovation projetée. La
» seule apparition du bill a changé cette indul-
» gence, cet amour et cette charité chrétienne
» qui, il y a peu de jours encore, régnaient par-
» mi nous, en animosités et en jalousies qui ne
» seront point apaisées de sitôt. Que n'aurons-
» nous point à redouter si cet ennemi de la
» tranquillité publique vient armé de la force et
» de la loi ?

» Parce que : les tentatives pour renforcer par
» la sanction des lois des actes nuisibles à un si
» grand nombre de citoyens, tendent à énerver
» les lois en général et à relâcher les liens sociaux.
» S'il est difficile de faire respecter une loi qui
» n'est point jugée généralement nécessaire ou
» utile, combien la difficulté n'augmente-t-elle
» pas lorsque la loi est reconnue inconvenante

» ou dangereuse ! Et alors combien peut être
» funeste la preuve de l'impuissance du gouver-
» nement dans l'exercice de son autorité générale !

» Parce que : une mesure d'une si grande im-
» portance ne doit point être adoptée sans qu'on
» ait acquis la preuve qu'elle est réclamée par la
» majorité des citoyens. Mais, jusqu'à présent,
» aucune méthode satisfaisante n'a encore été
» proposée pour reconnaître dans ce cas-ci la
» voix de la majorité et son influence. — Les
» citoyens de chaque comté sont invités, il est
» vrai, à exprimer leur opinion relativement à
» l'adoption du bill, à la prochaine session de
» l'assemblée.

» Notre espoir est qu'après un examen sérieux,
» aucun des premiers n'adoptera les principes
» dangereux du bill. Si l'événement nous trom-
» pait, il nous resterait encore cette confiance,
» qu'un appel sincère fait aux derniers, ferait
» rejeter cette loi ennemie de nos libertés.

» Parce qu'enfin : le droit égal de chaque ci-
» toyen *au libre exercice de sa religion, d'après*
» *la voix de sa conscience*, se lie par le même
» acte à tous nos autres droits. C'est un droit
» naturel dont nous sentons toute l'importance.
» Si nous consultons la déclaration de ces droits,
» qui appartiennent au bon peuple de Virginie,
» comme la base fondamentale de son gouverne-
» ment, nous l'y trouvons spécifié et développé

» avec solennité. Maintenant, ou nous devons
» reconnaître que la législature n'a pour règle de
» son autorité que sa volonté, et que dans la plé-
» nitude de cette autorité elle peut détruire nos
» droits fondamentaux; ou bien qu'elle est obli-
» gée de respecter ce droit sacré : qu'elle peut
» altérer la liberté de la presse, abolir le jury,
» s'approprier les pouvoirs exécutif et judiciaire,
» nous priver du droit de suffrage, et enfin se
» constituer en assemblée indépendante et héré-
» ditaire; ou bien qu'elle n'a pas l'autorité suffi-
» sante pour ériger en loi le bill proposé.

» Nous, soussignés, déclarons que l'assem-
» blée générale de cet état n'a point cette au-
» torité, et pour qu'aucun effort ne soit omis
» par nous contre une usurpation si dangereuse,
» nous y opposons cette remontrance. Puisse le
» suprême Législateur de l'Univers éclairer ceux
» à qui elle est adressée ! Puisse-t-il, d'une main,
» les détourner de toute résolution capable de
» blesser ses saintes prérogatives, et tromper la
» confiance que nous avons mise en eux ; et de
» l'autre, les conduire à des mesures dignes de sa
» bénédiction, capables d'augmenter leur propre
» gloire, et de consolider les libertés, la prospé-
» rité et le bonheur de la république ! »

(*Suivaient une multitude de signatures.*)

Le 19 novembre nous quittâmes Montpellier

pour nous rendre à Fredericksburg en passant par Orange-Court-House. Une nombreuse escorte, sous les ordres du capitaine Masson, était venue dès le matin attendre le général Lafayette, et M. Madison voulut l'accompagner. En arrivant à Orange-Court-House, nous trouvâmes toute la population rangée sur deux lignes, entre lesquelles le général passa pour arriver auprès du colonel Barbour, ex-gouverneur de l'état de Virginie, chargé par ses concitoyens de haranguer l'hôte de la nation. En traversant ces deux lignes, le général reçut l'expression des regrets de quelques vieux soldats révolutionnaires que l'âge et l'éloignement avaient empêchés de venir se joindre à leurs compagnons d'armes pour la célébration de l'anniversaire de York-Town. Il les consola par des témoignages d'amitié et de souvenir auxquels ils parurent extrêmement sensibles. Après le discours du colonel Barbour, mademoiselle Derby lui présenta, au nom de ses jeunes compagnes, un bouquet de fleurs, auquel elle joignit un discours affectueux et tendre. Nous ne nous arrêtâmes ensuite que le temps nécessaire pour assister à un banquet présidé par le colonel Barbour qui, selon l'usage, proclama treize toasts pendant le dessert. Ces treize toasts officiels furent suivis d'un grand nombre de toasts particuliers qui tous exprimèrent les sentimens de patriotisme et de reconnaissance excités par la fête du jour. Après le repas nous nous séparâmes de M. Madison qui, malgré ses soixante-quatorze ans, monta lestement à cheval et regagna seul, à travers les bois, sa paisible demeure. Pour nous, nous continuâmes notre route au milieu de l'escorte qui avait accompagné le général Lafayette le matin, et qui se grossit considérablement du grand nombre de citoyens qui voulurent, en le suivant, prolonger le plaisir qu'ils avaient d'être avec lui.

Après quelques instans de marche, nous rencontrâmes sur la route une grande affluence de peuple, pressée autour d'un arc de triomphe élevé à l'intersection de la route et d'un sentier étroit que l'on peut à peine distinguer à travers l'épaisseur des bois. Nous apprîmes bientôt que ce sentier, que de jeunes filles parsemaient de fleurs et que la foule parcourait avec un touchant intérêt, était le chemin que Lafayette avait ouvert, le 15 juin 1781, pour se porter, par une marche rapide et dérobée, des bords du Rapidan aux bords du Michunk-Creek, où Cornwallis fut fort étonné de le trouver en ordre de bataille au moment où il croyait pouvoir s'emparer sans résistance des magasins de tous les états méridionaux établis à Albemarle. Cette nouvelle preuve du souvenir honorable que les Américains conservent de toutes ses actions, toucha profondément le général Lafayette; il était ému presque

jusqu'aux larmes, lorsqu'il se vit couvert de fleurs par les jeunes filles, et qu'en descendant de voiture il se trouva entouré et tendrement pressé par tous les citoyens qui l'attendaient sous l'arc de triomphe. Il causa long-temps avec eux et raconta aux jeunes gens combien ces lieux lui rappelaient les obligations qu'il avait à leurs pères. « C'est ici même, » leur dit-il, « au mo-
» ment où j'exécutais par ce sentier un mou-
» vement qui pouvait m'être si funeste s'il n'é-
» tait point couronné par le succès, qu'ils aban-
» donnèrent leurs récoltes pour se joindre à ma
» petite armée, et que durant toute cette cam-
» pagne, l'éloignement de leurs familles, les
» fatigues de toute espèce, l'abandon ruineux
» de la culture des terres, et la difficulté d'avoir
» des vivres, ne les empêchèrent pas de rester à
» l'armée bien au-delà de ce que l'on était en
» droit d'exiger d'eux. » — Mais ce que le général Lafayette ne raconta pas, parce que sa modestie lui défendait d'en parler, c'est l'adresse avec laquelle, dans cette même circonstance, il releva le courage des plus abattus, et sut retenir près de lui ceux qui étaient le plus disposés à se retirer. Les miliciens étant retenus beaucoup au-delà de leur temps, par le retard de ceux qui devaient les remplacer, et s'en plaignant tous les jours de plus en plus, le général convint que leur mécontentement était juste; il leur exprima

combien il était sensible au préjudice considérable qui devait résulter pour eux de ce qu'ils restaient si long-temps éloignés de leurs maisons, et surtout de ce retard inattendu, inconvénient qu'il n'avait pu prévoir avant de partir; il ajouta qu'il ne pouvait en imaginer la cause. Il leur fit des excuses de ce qu'il les avait retenus au-delà de leur temps; il leur déclara qu'il n'avait pas le courage de les retenir encore, et finit par leur accorder à tous la permission de s'en aller, les avertissant, au reste, que pour lui il ne pouvait abandonner le poste qui lui avait été confié, et qu'il resterait avec le petit nombre de troupes réglées qu'il avait. Il connaissait parfaitement le caractère des hommes qu'il commandait, et par ce moyen il obtint les résultats qu'il attendait, car après ce discours il aurait eu beaucoup de peine à en faire partir un seul sans lui donner un certificat portant qu'il l'avait forcé de s'en aller. « Quel est le malheureux, » se disaient-ils les uns aux autres, « qui pourrait seulement » songer à abandonner le marquis ? » C'est ainsi que, pendant tout le temps de la guerre, les Américains nommaient Lafayette. Cette manière de le désigner était devenue une telle habitude qu'elle était encore en usage dans tous les États-Unis lorsque nous arrivâmes à New-York. Pendant plusieurs jours les journaux rendant compte de ses mouvemens et des fêtes qu'on lui donnait, n'employèrent point d'autre appellation en parlant de lui, et ils ne cessèrent de l'employer que lorsqu'ils apprirent que le général avait constamment refusé de reprendre ce titre depuis la renonciation qu'il y avait faite au sein de l'assemblée nationale. Mais les contemporains avaient beaucoup de peine à se défaire d'une vieille habitude qui n'était point sans quelques charmes pour eux, parce qu'elle les reportait au temps de leur jeunesse. Je me rappelle qu'à Philadelphie, une vieille dame qui l'avait beaucoup connu pendant la révolution, et qui, probablement se le représentait encore tel qu'elle l'avait vu alors, se précipitait au-devant de lui dans la foule, en criant : « Laissez, laissez-moi » passer, que je puisse revoir ce bon jeune » marquis ! »

Ce ne fut qu'au coucher du soleil que nous arrivâmes, le 20 novembre, à l'entrée de Frédéricksburg où le général fut reçu par les jeunes enfans formés en bataillon, sous le nom de Cadets de Lafayette. La nuit était déjà sombre et la ville resplendissante d'illuminations, quand nous arrivâmes à la place, où le maire prononça son discours de réception. Un repas splendide et un bal où brillèrent toutes les dames de Frédéricksburg, terminèrent cette journée de voyage. Le lendemain dimanche, nous assistâmes au service divin, dans l'église épiscopale, avec les francs-maçons qui nous y avaient conduits en grande cérémonie. Le ministre qui officiait était un membre de la loge. Le lundi nous passâmes une partie de la journée avec la famille du capitaine Lewis, neveu du général Washington, et le soir nous partîmes pour Washington-City, accompagnés, pendant plusieurs milles, par le peuple de Frédéricksburg. Sur la ligne du comté de Strafford, dont nous ne traversâmes que l'extrémité, les milices accoururent au devant du général pour l'escorter jusqu'au Potomac, où nous attendait le navire qui nous porta à Washington après une nuit d'heureuse navigation.

FIN DU TOME PREMIER.

TABLE DES CHAPITRES

CONTENUS

DANS CE VOLUME.

Pages.

Chapitre 1er. — Invitation du congrès des États-Unis au général Lafayette. — Départ du Havre. — Traversée. — Arrivée à Staten-Island. — Entrée à New-York. — Revue des milices. — Fêtes données à Lafayette. — Statistique de l'état de New-York. — Sa constitution, etc. 1

Chapitre ii. — Départ de New-York. — Route de New-York à Boston. — Entrée à Boston. — Visite à l'université de Cambridge. — Visite à Charlestown et à Bunker's-Hill. 37

Chapitre iii. — Premiers établissemens dans le Massachusets. — Précis des événemens de la révolution dans cette province. — Son état actuel. . . 70

Chapitre iv. — Camp de Savin-Hill. — Visite à John Adams. — Revue des milices. — Règlemens concernant les milices du Massachusets. 103

Chapitre v. — Route de Boston à Portsmouth. — Séjour à Portsmouth. — Histoire, constitution et statistique du New-Hampshire. — Route de Portsmouth à New-York. — Description de Long-Island. 135

Pages.

Chapitre vi. — Fête donnée par la société de Cincinnatus. — Origine et statuts de cette société. — Visite des établissemens publics. — Épée offerte par un régiment de milices. — Dîner donné par des Français de New-York. — Fête de Castelgarden. 172

Chapitre vii. — Navigation sur l'Hudson. — Trahison d'Arnold. — École militaire de West-Point. — Newburg. — Pougkheepsie. — Clermont. — Catskill. — Hudson. — Albany. — Troy. — Retour à New-York. 208

Chapitre viii. — New-York. 252

Chapitre ix. — Départ de New-York. — Route de New-York à Trenton. — Combats de Trenton et de Princeton. — Visite à Joseph Bonaparte. — État de New-York. 269

Chapitre x. — Entrée à Philadelphie. — Histoire et constitution de l'état de Pensylvanie. — Commerce, agriculture, etc. — Ville de Philadelphie. — Ses monumens, ses établissemens publics, ses prisons, etc. 284

Chapitre xi. — Voyage de Philadelphie à Baltimore. — Aristocratie américaine. — Fort Mac-Henry. — Entrée à Baltimore. — Description de Baltimore. — Défense de la ville en 1814. . . . 330

Chapitre xii. — Adieux des habitans de Baltimore à Lafayette. — Route de Baltimore à Washington. — Entrée dans cette ville. — Visite au président. — Description de Washington. — Jésuites. 371

Chapitre xiii. — Départ pour York-Town. — Tombeau de Washington. — Célébration de l'anniversaire de la prise de York-Town. — Détails du siége de cette ville en 1781.............. 390

Chapitre xiv. — Route de York-Town à Richmond par Williamsburg et Norfolk. — Histoire de la Virginie. — Quelques considérations sur l'esclavage des noirs................ 423

Chapitre xv. — Fête maçonnique. — Voyage de Petersburg. — Visite à M. Jefferson. — Sa maison, sa culture, ses esclaves. — Montpellier. — M. Madison. — Liberté religieuse. — Retour à Washington par Orange-Court-House et Frederiksburg................ 455

FIN DE LA TABLE DU TOME PREMIER.

www.ingramcontent.com/pod-product-compliance
Lightning Source LLC
Chambersburg PA
CBHW071615230426
43669CB00012B/1943